湖北省资源环境发展报告（2019）

湖北省自然资源空间布局优化研究

汤尚颖　主编

科学出版社

北京

内 容 简 介

本书共分七章，在分析湖北省经济社会发展的实际和自然资源开发利用和空间布局现状的基础上，重点就新时代湖北省自然资源空间布局优化问题进行深入的探讨。其内容包括湖北省经济社会发展现状、湖北省自然资源空间布局、湖北省自然资源对经济和社会发展的支撑作用分析、新时代对湖北省自然资源空间布局的要求、湖北省自然资源空间布局优化的条件分析、湖北省自然资源空间布局优化和促进湖北省自然资源空间布局优化的政策建议。

本书可供资源环境经济管理的研究单位、高等学校、政府管理部门的研究人员、教师、研究生和政府工作人员阅读参考。

图书在版编目（CIP）数据

湖北省自然资源空间布局优化研究/汤尚颖主编.—北京:科学出版社，2020.1
（湖北省资源环境发展报告.2019）
ISBN 978-7-03-063902-8

Ⅰ.①湖… Ⅱ.①汤… Ⅲ.①自然资源-最优布局-研究-湖北 Ⅳ.①F124.5

中国版本图书馆 CIP 数据核字（2019）第 289041 号

责任编辑：刘 畅 / 责任校对：高 嵘
责任印制：彭 超 / 封面设计：苏 波

科 学 出 版 社 出版
北京东黄城根北街 16 号
邮政编码：100717
http://www.sciencep.com

武汉中科兴业印务有限公司印刷
科学出版社发行 各地新华书店经销
*

开本：B5（720×1000）
2020 年 1 月第 一 版 印张：16 1/2
2020 年 1 月第一次印刷 字数：328 000
定价：**98.00 元**
（如有印装质量问题，我社负责调换）

"湖北省资源环境发展报告" 系列丛书

丛书主编：郝　翔

副 主 编：成金华　汤尚颖

编委（按姓氏笔画）：

邓宏兵　帅传敏　成金华　汤尚颖

严　良　李通屏　杨树旺　吴巧生

余　敬　余瑞祥　郝　翔　郭海湘

前言 Foreword

　　湖北地处我国中部，是我国重要的省份之一，科技、教育、人文和自然资源丰富，现代交通发达，人杰地灵，是我国著名的"鱼米之乡"和工业重地，经济社会发展条件优越，发展基础良好，自古以来就是我国经济比较发达的地区之一。经过改革开放40年的发展，湖北优越的经济地理区位条件得到了凸显，铁、公、空、水等现代综合交通基础设施得到了全面的建设和提升，产业分布广泛，教育、科技、经济、交通和人文、地理区位和经济优势突出，已成为我国重要的现代综合交通运输枢纽中心、中部地区经济中心和科教中心，是我国经济社会发展较快和发展最为活跃的地区之一，经济发展潜力和空间巨大，并在我国区域经济协调发展中起着重要的支撑和带动作用。

　　党的十八大以来，湖北省紧紧抓住国家实施"一带一路"倡议、长江经济带战略和长江中游城市群战略的重要机遇，认真贯彻和落实党的十八大、十九大精神和习近平新时代中国特色社会主义思想，通过调结构、转方式，充分发挥科技、教育、人才、产业和综合区位优势，大力开展创新发展、协调发展、绿色发展、开放发展和共享发展，新旧动能逐步得到转换，经济社会发展进入了新的发展时代，并对中国经济社会的高质量发展起到了重要的支撑作用，也成为我国经济社会协调发展和可持续发展的重要力量。但湖北省却是一个人多地少、能源等重要矿产严重缺乏、水资源供需矛盾凸显、传统产业分布比较集中、资源环境约束日益突出、区域发展不平衡不充分的地区，长期以来，粗放式的发展方式不仅使湖北省自然资源供给不足的问题日益突出，也带来了各种环境问题，并影响了湖北省可持续发展战略的进一步实施。

　　在中国经济社会发展进入以结构优化、区域协调和高质量发展为主要特征的新时代，贯彻和落实党的十八大、十九大精神和"五大发展"理念，突出生态优先、绿色发展，共抓大保护，不搞大开发，从国家主体功能区定位和长江经济带发展战略定位的要求出发，积极转变经济发展方式，调整产业结构和经济结构，培育新动能，着力处理好人口、资源、环境与经济社会发展的关系，实施可持续发展战略，走新型工业化和城镇化道路，打好"三大攻坚战"，开放自然资源市场，充分利用好国内外两个市场、两种资源，通过开放，积极引进先进的技术、人才、管理、资金，全面提高自然资源开发利用效率，着力调整和优化自然资源空间布局，加强自然资源管理，走集约、节约利用自然资源和绿色发展的道路，探索出一条有利于湖北省自然资源空间布局进一步展开和优化的实现路径，突出生态和自然资源参与宏观经济决策的重要作用，推进和形成人与自然和谐发展的现代化建设新格局，实现高质量发展就成为新时期湖北省经济社会发展面临的主要任务和重要课题。

  本书按照党的十八大、十九大精神的要求，以习近平新时代中国特色社会主义思想和可持续发展理论为指导，适应新时代发展的需要，结合湖北省经济社会发展的实际和自然资源开发利用现状，利用相关分析方法，就湖北省自然资源空间布局优化问题进行了深入的探讨。其内容包括湖北省经济社会发展现状、湖北省自然资源空间布局、湖北省自然资源对经济和社会发展的支撑作用分析、新时代对湖北省自然资源空间布局的要求、湖北省自然资源空间布局优化的条件分析、湖北省自然资源空间布局优化和促进湖北省自然资源空间布局优化的政策建议7章。

  本书的出版得到了中国地质大学（武汉）资源环境经济研究中心（湖北省高等学校人文与社会科学重点研究基地）、中国地质大学（武汉）中国矿产资源战略与政策研究中心[中国地质大学（武汉）学术创新基地]2018年度开放基金重点项目"湖北省国土资源空间布局优化研究"（项目编号：H2018004A）和中国地质大学（武汉）经济管理学院学科建设基金的资助。全书由汤尚颖负责组织、协调、设计、写作分工和定稿工作。初稿写作分工情况如下：第一章，傅振仪；第二章，刘云忠、汪明；第三章，饶茜、朱高建、王璐；第四章，徐翔、杨光粲；第五章，齐睿、曹钰；第六章，张意翔；第七章，刘江宜、杜洋。资料整理：朱高建、饶茜、王璐、蔡颖、艾萍。

  由于作者水平有限，疏漏之处在所难免，欢迎读者朋友批评指正。

"湖北省自然资源空间布局优化研究"课题组

2019年10月

目录 Contents

第一章 湖北省经济社会发展现状 ... 1
第一节 湖北省经济社会发展基本情况 ... 2
一、湖北省经济社会发展总体情况 ... 2
二、湖北省区域经济社会发展总体情况 ... 9

第二节 湖北省经济社会发展主要特征 ... 14
一、湖北省经济社会发展阶段性分析 ... 14
二、不同阶段经济社会发展主要特征 ... 16

第三节 湖北省经济社会发展区域差异 ... 19
一、湖北省经济社会发展区域划分 ... 19
二、不同区域经济社会发展主要特点 ... 22

第四节 湖北省经济社会发展存在的主要问题 ... 26
一、资源环境问题 ... 26
二、新动能的培育问题 ... 28
三、结构调整问题 ... 30
四、区域发展差异问题 ... 30

第五节 湖北省经济社会发展主要进展 ... 32
一、绿色发展取得新成效 ... 32
二、高质量发展取得新突破 ... 33
三、"三大攻坚战"取得新进展 ... 34
四、新旧动能转换实现良好开局 ... 37
五、区域协调获得新发展 ... 39

第二章 湖北省自然资源空间布局 ... 41
第一节 湖北省自然资源禀赋状况 ... 42
一、湖北省自然资源总体情况 ... 42

二、湖北省自然资源分布情况 ………………………………………… 49
　　三、湖北省自然资源找矿突破情况 …………………………………… 53
　第二节　湖北省自然资源开发利用情况 ……………………………………… 57
　　一、湖北省自然资源利用 ……………………………………………… 57
　　二、湖北省自然资源产业发展情况 …………………………………… 65
　第三节　湖北省自然资源空间布局现状 ……………………………………… 72
　　一、湖北省自然资源空间布局举措 …………………………………… 72
　　二、湖北省自然资源空间布局与产业发展 …………………………… 74
　　三、湖北省自然资源空间布局的主要特征 …………………………… 77
　第四节　湖北省自然资源空间布局中存在的主要问题 ……………………… 81
　　一、资源配置问题 ……………………………………………………… 81
　　二、产业支撑问题 ……………………………………………………… 83
　　三、资源潜力问题 ……………………………………………………… 86
　　四、区域布局问题 ……………………………………………………… 89

第三章　湖北省自然资源对经济和社会发展的支撑作用分析 ………………… 92
　第一节　研究文献综述 ………………………………………………………… 93
　　一、国内外研究现状 …………………………………………………… 93
　　二、文献评述 …………………………………………………………… 97
　第二节　研究模型 ……………………………………………………………… 98
　　一、现有研究模型比较 ………………………………………………… 98
　　二、研究模型确立 ……………………………………………………… 99
　第三节　湖北省自然资源对经济和社会发展的总体影响实证分析 ………… 99
　　一、数据及其说明 ……………………………………………………… 99
　　二、实证过程 …………………………………………………………… 103
　第四节　湖北省自然资源对经济发展的区域影响实证分析 ………………… 118
　　一、数据及其说明 ……………………………………………………… 118
　　二、实证过程 …………………………………………………………… 123
　　三、结果 ………………………………………………………………… 126
　第五节　结论及政策建议 ……………………………………………………… 127
　　一、主要结论 …………………………………………………………… 127
　　二、政策建议 …………………………………………………………… 129

第四章 新时代对湖北省自然资源空间布局的要求 … 131
第一节 新时代的主要特征 … 132
一、绿色发展 … 132
二、高质量发展 … 133
三、区域协调发展 … 133
第二节 新时代对湖北省自然资源空间布局的新要求 … 134
一、绿色发展应成为转换新旧动能的重要引擎 … 135
二、高质量发展应成为结构调整的重要方向 … 137
三、区域协调应成为自然资源空间布局的重点 … 140
第三节 自然资源制度改革对湖北省自然资源空间布局的要求 … 143
一、自然资源资产管理体制改革的要求 … 143
二、自然资源监管制度改革的要求 … 144
三、自然资源参与宏观经济决策的要求 … 146
第四节 资源禀赋对湖北省自然资源空间布局的要求 … 148
一、区域分布协调的要求 … 148
二、区域产业布局的关联性要求 … 151
三、资源种类优化的要求 … 153
四、开放与合作的要求 … 154

第五章 湖北省自然资源空间布局优化的条件分析 … 157
第一节 自然资源空间布局优化的基础 … 158
一、资源条件 … 158
二、科学技术条件 … 161
三、产业条件 … 162
四、人才条件 … 166
五、市场条件 … 170
六、发展环境条件 … 171
第二节 新时代给湖北省自然资源空间布局带来的挑战 … 172
一、"三大攻坚战"的挑战 … 172
二、绿色发展的挑战 … 174
三、长江经济带发展战略实施的挑战 … 177
四、新旧动能转换的挑战 … 178

第三节　新时代给湖北省自然资源空间布局带来的机遇 ········· 179
 一、绿色发展的机遇 ··········· 179
 二、结构调整的机遇 ··········· 181
 三、高质量发展的机遇 ··········· 182
 四、创新发展的机遇 ··········· 183
 五、共享发展的机遇 ··········· 185

第六章　湖北省自然资源空间布局优化 ··········· 187
第一节　湖北省自然资源空间布局优化思路 ··········· 188
 一、自然资源空间布局优化原则 ··········· 188
 二、自然资源空间布局优化思路 ··········· 189
第二节　湖北省自然资源空间布局优化目标 ··········· 190
 一、总体目标 ··········· 190
 二、阶段目标 ··········· 190
第三节　湖北省自然资源空间布局优化方向 ··········· 194
 一、空间布局结构优化方向 ··········· 195
 二、区域布局优化方向 ··········· 195
第四节　湖北省自然资源空间布局优化重点 ··········· 201
 一、空间布局优化重点 ··········· 201
 二、区域布局优化重点 ··········· 209
第五节　湖北省自然资源空间布局优化领域 ··········· 213
 一、矿产资源空间布局优化 ··········· 213
 二、土地资源空间布局优化 ··········· 215
 三、水资源空间布局优化 ··········· 216
第六节　湖北省自然资源空间布局优化区域 ··········· 217
 一、鄂东南自然资源空间布局优化 ··········· 217
 二、鄂西北自然资源空间布局优化 ··········· 219
 三、鄂西南自然资源空间布局优化 ··········· 220
 四、江汉平原自然资源空间布局优化 ··········· 222

第七章　促进湖北省自然资源空间布局优化的政策建议 ··········· 224
第一节　加强自然资源管理，提高自然资源参与宏观调控的能力 ··········· 225

  一、建立灵活高效的自然资源形势分析报告制度 ……………… 225
  二、完善自然资源利用规划 …………………………………… 226
  三、突出自然资源管理宏观调控功能，引导国民经济发展 …… 228
 第二节　转变自然资源监管方式，提高自然资源执法监察能力 … 231
  一、多部门参与自然资源监管，升级监察力量 ……………… 231
  二、加快卫星遥感应用体系建设，升级监察手段 …………… 232
  三、融服务于监管之中，升级监察理念 ……………………… 233
 第三节　开放土地资源市场，提高土地资源的供给能力 ………… 234
  一、加快建设农村土地流转市场 ……………………………… 235
  二、搭建补充耕地指标交易平台 ……………………………… 236
 第四节　不断深化节约集约用地制度，提高土地资源开发利用率 … 237
  一、提高新增建设用地利用效率 ……………………………… 238
  二、科学合理开发自然资源空间 ……………………………… 238
  三、推进矿产资源节约与综合利用 …………………………… 240
 第五节　调整自然资源空间布局，实现区域经济社会协调发展 … 241
  一、加快自然资源空间规划体系建设，把握总体格局 ……… 241
  二、逐步完成主体功能区规划编制 …………………………… 243
  三、基于资源环境承载力优化产业布局 ……………………… 244

参考文献 ……………………………………………………………… 246

第一章

湖北省经济社会发展现状[①]

改革开放40年来，我国经济一直保持高速增长状态。从2010年至今，我国GDP（按美元计）稳居世界第二，经济总体规模庞大，经济发展目标已由追求高速增长转向注重高质量发展。湖北省是我国华中地区重要的省份之一，位于长江中游，是国家实施推动长江经济带发展战略和促进中部地区崛起战略的重要中心省份之一。在当前全面推进供给侧结构性改革、经济社会向高质量发展的新时代，湖北省正处于结构优化、产业转型升级与新旧动能转换过程中，改革发展的重点集中在引领经济发展新常态、优化区域布局、调整资源结构、培育新动能上，并力争实现社会主义现代化强省的战略目标。为了进一步说明湖北省经济社会发展现状，本章将从湖北省经济社会发展的基本情况出发，重点总结和分析湖北省经济社会发展过程中的主要特征、区域差异、主要问题及主要进展。

[①] 本章原始数据均来自《中国统计年鉴》、《湖北省国民经济与社会发展统计公报》和《湖北统计年鉴》、湖北省各市州《国民经济与社会发展统计公报》和《统计年鉴》。

第一节　湖北省经济社会发展基本情况

湖北省是全国主要交通干线——京广铁路线和长江干流的交汇点,联通东西,贯穿南北,综合地理区位优势显著,科教实力雄厚,发展空间和潜力巨大,经济发展水平已跻身于全国经济总量第一方阵。2018年湖北省GDP和人均GDP分别排名全国第七位和第十位,相比2012年的第九位和第十三位,增长明显,反映出湖北省综合竞争实力的不断提升,经济社会发展局面总体向好。在转方式、调结构、新旧动能转换的进程中,湖北省开始进入以绿色发展和高质量发展为主要特征的经济社会发展新时代。

一、湖北省经济社会发展总体情况

改革开放40年来,湖北省充分发挥其综合地理区位、教育、人才、科技、交通和产业优势,经济社会呈现出了良好的发展态势,但在转方式、调结构,培养新动能的过程中,经济增速总体趋势虽然有所下降,但仍然保持了稳定的中高速增长,并逐步向绿色发展、高质量发展方向转变。

(一)地区GDP逐年增长,增长率总体呈现下降趋势

改革开放以来,湖北省的优势得到了全面的发挥,潜能得到了充分的释放,经济社会呈现出了良好的发展局面,经济增长态势明显,表现在三个方面。

一是地区经济总量稳步增加。在改革开放不断深入的进程中,湖北省充分发挥科技、产业和区位等优势,大力发展经济,着力改善民生,经济社会得到了又好又快的发展,现已成为我国经济社会快速发展的重要支撑力量。资料表明,2017年和2018年湖北省地区生产总值分别达到3.547 8万亿元和3.936 7万亿元,占全国GDP比重由4.32%升至4.37%,净增0.388 9万亿元。按可比价格计算,连续两年保持7.8%的经济增长率,经济增速超过全国平均水平,经济总量保持全国第七位,稳居全国经济总量第一方阵。2017年湖北省人均GDP达到60 198.68元,自2014年来连续四年超过全国平均水平,由2014年的第13位升至2017年的第11位;2018年湖北省地区生产总值超过千亿元的市州达到11个,其中,随州成为新增的千亿元地区。这表明湖北省区域经济进入了快速发展的时期,区域经济快速发展趋势明显。

二是经济增速总体呈现下降趋势。从表1-1可以看到,自2010年以来,湖北省经济总量增速呈现出了下降趋势,但一直高于全国经济增速水平。2018年保持

了与 2017 年持平的增速，抑制了 2010 年以来增速下滑的态势，增速在全国排名中进入前十位，反映湖北经济稳定增长的局面开始形成。

表 1-1　湖北省经济发展总体情况

年份	GDP/万亿元	增长率/%
2010	1.58	14.8
2011	1.96	13.8
2012	2.23	11.3
2013	2.47	10.1
2014	2.74	9.7
2015	2.96	8.9
2016	3.23	8.1
2017	3.65	7.8
2018	3.94	7.8

数据来源：湖北省统计局《湖北统计年鉴》2011～2019

三是投资、消费稳步增长，经济增长动力结构不断优化。资料表明，2017 年湖北省固定资产投资达到 31 872.57 亿元，增长 8%，其中，按所有者性质看，私营个体固定资产投资总额仍占比最大，但国有固定资产投资增速超过私营个体投资；全省共实现社会消费品零售总额 17 394.10 亿元，同比增长 11.1%，增速较上年同期下降 0.7 个百分点。城乡常住居民人均可支配收入 31 889.42 元和 13 812.09 元，同比增长分别为 8.52% 和 8.54%，城镇居民收入增速居中部第一，资本形成总额和最终消费支出对经济增长的贡献率分别为 58.8% 和 48.4%。内需拉动作用明显增强，经济增长从依靠投资拉动转向投资、消费协同拉动。投资的增加，为发展生产要素市场、推动经济和社会发展打下了坚实的基础，消费的发展成为推动经济增长的强大动力，生产和投资保持持续增长态势。这些变化对于湖北省经济稳定增长、人民生活进一步改善有明显的贡献。

（二）产业结构进一步调整优化

湖北省是一个以传统产业分布为主的地区，但在改革开放不断深入的过程中，随着经济的快速发展，特别是科技、教育、产业和区位等优势的进一步发挥，湖北省产业结构也呈现出了不断调整、优化和升级的态势。

一是产业结构调整效果明显。改革开放以来，湖北省充分发挥自身的区位、教育、科技和产业基础优势，在经济社会得到快速发展的同时，区域和地区产业结构也得到了进一步的调整和优化。资料表明，2018年，湖北省第一产业完成增加值达到3547.51亿元，占全省国内生产总值的9%，同比增长2.9%；第二产业完成增加值17088.95亿元，占比43.41%，同比增长6.8%；第三产业完成增加值18730.09亿元，占比47.6%，同比增长9.9%。三次产业结构也由2017年的10.0∶43.5∶46.5调整为2018年的9.0∶43.4∶47.6，保持了自2017年以来的"三二一"产业结构发展模式，并呈现出第一产业比重有所降低、第二产业比重相对稳定、第三产业比重明显提高的趋势。其中，第三产业在2015年约为第一产业的近4倍，到2018年超过5倍，总量增加显著，与第二产业的占比差距同比也增加了1个百分点。在地区分布中，武汉市、黄冈市、恩施土家族苗族自治州（以下简称恩施州）和神农架林区主要表现为"三二一"的产业结构模式，其他地区仍保持"二三一"的产业结构模式。总体来看，湖北省产业结构在发展中得到了调整，并呈现出了进一步优化和升级的发展态势，但产业发展质量、产业结构层次和区域布局优化水平仍然存在许多的不足，有待进一步提高。

二是第三产业成为产业结构优化的重要力量。第三产业在湖北省经济中的比重呈现出了逐年上升的态势，现已成为湖北省经济增长的主动力，并表现为湖北省的发展趋势和常态。同时，湖北省经济发展向服务主导型经济转变的趋势日趋显著，第三产业对经济的推动作用明显展现出来。实践表明，产业结构的进一步调整和优化，能促进资金、技术、劳动力等各项生产要素的有效合理配置，对湖北经济的全方位发展及缩小与发达省份之间的差距带来持久和显著的影响，但从湖北省发展的实际来看，现代服务业在湖北省的发展仍然不足，特别是现代服务业和生产性服务业的发展明显不足，对经济社会发展的引领作用不强，仍然需要进一步加强。

三是高新技术产业成为引领产业结构转型升级的主要因素。在各产业发展中，2017年湖北省主营业务收入过千亿元的产业已达到17个，其中，高技术制造业继续保持较快增长，如全省高新技术产业增加值达到5937.89亿元，占GDP的比重达到16%，年均增长13.2%，超过规模以上工业企业6.1个百分点，其中，计算机、通信和其他电子设备制造业增速最快，达到18.8%。在第三产业中，规模以上其他营利性服务业也增长迅速，达到15.4%，其中，商务服务业、软件和信息技术服务业拉动作用明显，成为主要经济增长点。规模以上高新产业市场主体增长13.7%，其中，高新技术企业占比达到60.97%，新增高新技术产业市场主体对全省高新技术产业增长的贡献率达28.5%。高新技术产业的发展推动了产业结构由低层次向高层次的转换，并引领产业结构转型升级，提升了产业和地区发展的竞争实力，是保持经济平稳增长的重要手段和客观要求。目前，湖北省高新技术产业主要分布在各类开发区和产业园区中，其在高新技术产业发展方面的作用得到了充分的体现,但其对区域经济发展的带动作用则仍然不十分突出,加强引领,可进一步促进区域之间产业的融合发展和结构调整,为区域的协调和融合发展提供产业支撑。

四是技术类投资比重上升,第三产业投资持续增长。随着产业结构的调整、优化和升级进程的不断加快,湖北省的投资结构也发生了显著的变化。资料表明,2017年,全省工业投资累计完成12 712.39亿元,增长11.9%,比上年提高4.5个百分点。其中,第三产业投资占比提高。第三产业投资累计完成17 723.86亿元,增长10.6%,超过全国9.5%的增长率,占全省投资比重达55.6%,比上年提高0.1个百分点。高技术产业投资保持快速增长,投资增长点尤其集中在新兴高端制造领域。2017年,湖北省高技术产业投资累计完成1 404.93亿元,增长33.4%,高于全省投资水平22.4个百分点。改建和技术改造投资占比有所提高。全省改建和技术改造投资完成4 213.81亿元,增长34.8%,高于全省投资平均水平23.8个百分点,占全省投资比重为13.2%,比上年提高2.3个百分点,技改投资增幅位居中部第一、全国第六。铁路船舶航空航天设备制造、电气机械、电子设备制造、医药制造等行业分别增长55.9%、35.2%、31.7%、25.2%。同时,金融、服务等第三产业的投资也呈现出了持续增长的态势。

五是产业结构的调整也引起就业结构的相应变化。第三产业的快速发展带动了区域产业结构的调整和升级,而随着第三产业增加值的不断提高,在湖北省就业人员中,第三产业已成为吸纳就业人员的主力产业。资料表明,2017年,湖北省第三产业从业人员占全社会从业人员的41.4%,比2016年增加1.3%,分别超过第一、第二产业从业人员6%和18.2%,第三产业从业人数的增加,也使产业增加值有了明显提升,占比增长,体现出一定的人口数量红利。目前,湖北省现代服务业发展较快,并已成为推动第三产业快速发展和结构调整、优化的重要推动因素。

随着经济的不断发展,湖北省产业结构不断调整、优化的态势明显,成效渐显,但相对全国水平而言,湖北省的产业结构和产业布局仍然存在一些不可忽视的问题。主要表现在:产业结构虽已保持了"三二一"的模式,但第三产业占比仍低于全国平均水平4.6个百分点,说明湖北省第三产业经济规模仍然不足,仍需加快发展,同时,第三产业发展优势虽然渐显,但相对于全国而言,对经济发展的推动力还有很大的提升空间,另外,引领产业结构调整升级的高新技术产业和战略性新兴产业发展不足,区域产业分工与合作关系没有完全形成也是影响湖北省产业结构调整和升级的重要不利因素。总之,湖北省产业结构虽然处于调整和优化过程中,但产业的发展质量仍然有待进一步加强和提高、区域产业布局仍需进一步调整和优化。

（三）交通设施逐渐完善，有力支撑了经济发展

依托良好的综合区位优势，湖北省借助国家新一轮现代交通等基础设施的进一步展开机遇，积极开展现代交通等基础设施建设，并逐步构建起了全方位、立体的现代综合交通运输网络体系。这不仅进一步增强了运输能力，提高了运输效率，加快了生产要素流通速度，加强了区域联系，也为湖北省经济社会的快速发展提供了坚实的物质支撑。

一是高速铁路网络建设取得重要进展。在国家新一轮现代交通布局进一步展开的过程中，湖北已构建起沟通南北、横贯东西的铁路运输通道，高铁骨架网络初步形成。资料表明，截至2017年，湖北铁路运营里程达到4 211.24 km，湖北省正在建设和完善"四纵三横"普速铁路网和"三纵三横两斜"高速铁路主骨架，高铁、动车已覆盖除荆门、神农架以外的所有省内市州，并可通过高铁网在5小时内直达全国24个大中城市，武汉已成为全国铁路四大路网主枢纽之一。随着"一带一路"的推进，以武汉为起点的"汉新欧"国际铁路货运班列发运量于2017年已居全国第二，可直达"一带一路"沿线28个亚欧国家，成为亚欧大陆物流大通道之一。

二是现代公路网络体系建设成效明显。资料表明，2017年，湖北省公路总里程达到26.95×10^4 km，其中，高速公路通车里程已达到6 252 km，"七纵五横三环"的高速公路网基本形成，实现了县域高速公路全覆盖。目前，湖北省公路总里程、农村公路总里程数已进入了全国前三名。湖北还成立了全国首个综合交通公共信息联盟，智慧交通发展成效显著。湖北省域内已建和在建长江大桥37座，解决了跨江运输的难题，多渠道联通南北，深化了地区之间的经济协作和联系。

三是水运建设进入新的阶段。依托长江良好的航道优势，积极响应国家长江经济带战略的部署，湖北全面开展长江航道和港口建设，改善航运条件，水运建设成果斐然。目前，湖北已建成三级以上高等级航道里程1 930 km，港口38个，武汉长江中游航运中心建设雏形初现。

四是航空运输布局已全面展开。近年来，武汉天河机场共开通直飞五大洲的国际航线达到59条，国际及地区旅客吞吐量位居中部第一，已成为我国重要的航空枢纽。同时，鄂州等其他地区的机场建设也得到了进一步的布局，而三峡、恩施等机场也得到了建设和发展，现已形成了"一主五支四通用"的机场发展新格局，其中，民用机场覆盖湖北省70%以上的县级城市、75%以上的人口。

近年来，湖北省交通等基础设施在国家新一轮现代交通布局展开的过程中得到了优先发展。它的进一步改善和提高为湖北省经济社会的快速发展提供了重要的物质支撑，也为湖北省高质量发展创造了条件。

(四)自然资源有效利用能力得到了提升

近年来,在创新发展、绿色发展不断深入的过程中,湖北省自然资源管理部门积极工作,自然资源开发利用效率得到了显著的提升。

一是湖北省各项资源能源储量居全国中游水平,属于资源比较丰富的地区。截至 2017 年底,湖北省累计已发现矿种 150 种,其中,已查明资源储量的矿种 91 种,分别占全国已发现矿产 173 种和已查明矿产 162 种的 86.71%和 56.17%。其中,磷矿资源储量占全国保有资源储量的 29.61%,排名全国第一。2018 年新发现矿产地共计 11 处,其中,大型 1 处、中型 2 处、小型 8 处,特别是鄂西地区破碎的岩层中页岩气勘探的重大突破,不仅填补了中扬子寒武系油气勘探的空白,也对广大南方复杂构造区块油气勘探具示范引导作用,实现了我国页岩气勘查从长江上游向长江中游的战略拓展,对形成南方页岩气勘查开发新格局创造了条件。找矿突破行动取得重要进展,不仅使湖北省能源供给能力的提高取得了重要的突破,也为湖北省能源结构的调整创造了条件。

二是新能源生产能力不断提高,能源结构不断优化。根据湖北省第一次地理国情普查,截至 2017 年,湖北省平原面积占全省陆地面积的 23.33%,丘陵占 12.78%,山地占 48.06%。全省单条长度 500 m 以上的河流,总长度超过 10×10^4 km,其中,十堰市河流累计长度最长,达到 21 686.23 km。全省单个面积在 5 000 m² 以上的湖泊总面积为 2 793.08 km²。按面积统计,29.10%的湖泊分布在武汉市,24.44%的湖泊分布在荆州市,10.56%的湖泊分布在黄石市。

湖北省不仅是一个水资源丰富的地区,也是一个水能资源丰富的地区。近年来,湖北省积极开展水电、风力发电、太阳能发电、生物质发电等能源建设,生产能力不断提高,能源结构不断优化。资料表明,2017 年,全省能源生产总量达 $5\,492.4\times10^4$ t 标准煤,占全国能源生产总量的 1.53%。三峡水利枢纽工程作为世界上规模最大的水利水电枢纽工程,是我国"西电东送"和"南北互供"的骨干电源点。设计装机容量达到 $2\,250\times10^4$ kW,年设计发电量 882×10^8 kW·h,2018 年发电量突破 $1\,000\times10^8$ kW·h,创国内单座水电站年发电量新纪录,相当于节约标准煤 0.319×10^8 t,减排二氧化碳 0.858×10^8 t。2017 年湖北省风力发电、太阳能发电、生物质发电等新能源发电量为 82.27×10^8 kW·h,占全省规模以上工业发电量的比重达到 3.2%。可以看出,湖北省的能源供给结构逐渐得到优化。

三是能源消费总量得到了有效的控制,单位能耗呈现出了持续下降的态势。在绿色发展过程中,湖北省加大科技投入,推进能源节约集约利用水平,单位能耗明显下降,而能源消费总量也得到有效的控制。资料表明,2017 年湖北省能源消耗总量为 $17\,149.68\times10^4$ t 标准煤,占全国的 3.82%,较上一年增加 300.1×10^4 t

标准煤，比年初增量控制目标 500×10^4 t 标准煤低了近 200×10^4 t 标准煤，很好地完成了控制目标任务。单位生产总值能耗为每万元 0.492 7 t 标准煤，同比下降 5.54%，超出年度 3.5% 的目标任务 2.04 个百分点，能源消耗得到了较好控制。在国务院关于 2017 年度能源消耗总量和强度"双控"考核中，湖北省被评定为超额完成等级。

四是能源结构的变化和利用效率的提高也为绿色生态资源得到较好利用创造了条件。湖北绿色生态资源较为丰富。资料表明，2017 年全省自然保护区达 46 个，其中，国家级自然保护区 24 个，省级自然保护区 22 个，自然保护区面积保持不变。到 2018 年全省自然保护区达 82 个，增加了 36 个，其中，国家级自然保护区 22 个，全国排名第六位，省级自然保护区 24 个，自然保护区面积 112.1×10^4 hm^2[①]。对传统产业的绿色改造升级成效明显。资料同时表明，近年来，湖北省已对沿江 134 家化工企业进行了关、改、搬、转，将宜昌长江干流沿线 1 km 及支流流域内入江工业污染全部清零、网箱养殖全部清零、非法排污口和码头全部清零。人员、设备、垃圾、土地"四清"的做法在湖北省得到有效推广。2017 年 12 月国家统计局牵头公示的《2016 年生态文明建设年度评价结果公报》中，湖北的绿色发展指数位居全国第七、中部第一。总体来看，湖北省绿色经济发展有所成效，循环经济、低碳经济稳步发展，但与全国平均水平相比还存在一定的差距，仍需加大工作力度，以取得明显的实效。

（五）新经济发展推动新旧动能加快转换

湖北是科教大省，2017 年拥有"双一流"建设高校 7 所，数量在全国排名第五，2016 年有国家重点实验室数量 18 个，在 25 个拥有国家重点实验室的省份中排名第四，仅次于北京市、上海市和江苏省[②]。科技基础环境较好，科技研发实力较强，创新主体实力稳步提升，科技对经济社会的支撑力不断增强，以科技为依托的新经济发展为湖北省加快新旧动能转换和推动高质量发展提供了强有力的支撑。

一是新经济推动实体经济、传统制造业向高智能化、高技术、高质量方向发展。传统制造业质量不高、创新能力不足一直是我国经济发展、产业发展的短板。湖北省作为传统产业集中的地区，也存在同样的问题。资料表明，传统产业在湖北省经济总量的贡献中占比超过七成，医药制造业、电子通信业、装备制造业、

[①] 资料来源于湖北省生态环境厅
[②] 科技部发布的《2016 年国家重点实验室年度报告》《2016 年省部共建国家重点实验室年度报告》《2016 企业国家重点实验室年度报告》三项报告，对我国国家重点实验室和省部共建国家重点实验室的运行情况进行了详细介绍。根据报告，2016 年国家重点实验室分布在全国 25 个省（自治区、直辖市），其中北京市 79 个，上海市 32 个，江苏省 20 个，湖北省 18 个，陕西省 13 个，广东省和浙江省分别有 11 个和 9 个。资料来源于《湖北省制造业质量竞争力分析报告（2017）》

资源加工类制造业、食品类制造业等产业在湖北省属于较强竞争力的产业,汽车、石化、钢铁、冶金、建材等千亿产业仍是湖北省经济发展的主力军。为了推动制造业创新发展,2016年湖北省组建了首批三个制造业创新中心,并推出多个支持制造业适应新经济发展要求的政策措施。截至2018年底,湖北省已累计建成16家国家级新型工业化示范基地,涉及汽车及新能源汽车、船舶与海洋工程、有色金属矿业、化工等多个产业和领域,成为湖北省产业转型升级和建设强省的重要载体。通过产业优化升级、技术革新,湖北省传统产业形成了新兴竞争力,而淘汰落后产能、化解过剩产能、增强面对风险的防范和应变能力,加强传统产业和新兴产业的融合,加大传统产业和新型服务业的融合,创造出传统产业高质量供给和高质量发展也已成为湖北省加快新经济发展,推动新旧动能转换的重要力量。

二是新经济推动新兴产业的培育壮大。新技术的不断研发,特别是互联网技术的发展,催生了很多新产业、新业态,众创、众筹、众扶、众包等新模式的应用,有效汇聚资源,促进创新驱动发展的新格局产生。资料表明,2017年,湖北省高新技术产业(四上)实现增加值5 841.29亿元,同比增长12.9%,高新技术产业增加值占湖北省GDP的16.8%,对湖北省经济增长的贡献度达到26%。截至2018年8月,湖北省已有国家级科技企业孵化器47家,国家级众创空间62家,各级孵化器近500家。通过专业化服务,引领高技术人员创业就业,不断提升产业发展质量,激发创新创业活力,加快创新成果产业化,为湖北经济持续发展打造了强劲的动力。

二、 湖北省区域经济社会发展总体情况

湖北省土地面积为18.59×10^4 km^2,占全国总面积的1.94%,居全国第16位。从行政区划看,湖北省有12个省辖市、1个自治州、1个林区和3个省直辖县级行政单位,共17个省辖行政区,其中,武汉市是湖北省的省会城市,也是湖北省经济社会发展的中心城市,是湖北经济发展水平最高的城市,襄阳和宜昌是"一主两副多极"战略中的省域副中心城市,承担了湖北省西部地区的经济辐射功能,在湖北省区域经济协调发展中有重大贡献。随着湖北省区域发展战略的不断推进,全省区域结构布局逐渐优化,地区发展的协同性逐渐增强。

(一)"一主两副多极"区域发展战略布局雏形初现

进入21世纪以来,特别是党的十八大以来,湖北省积极贯彻落实中央精神,一心一意谋发展,区域发展进入了新的发展时期,"一主两副多极"区域发展战略布局取得新的进展。

一是区域经济发展离不开区域内中心城市的发展带动。发挥中心城市经济集

聚和辐射优势,能更好地提高资源利用效率,并以点带线、以线带面促进区域经济社会发展。2015年在湖北省"十三五"规划中首次提出"一主两副多极"城市带动战略。2017年强调深化该战略,形成中心带动,突出"一主两副"发展,培育"多极发展"格局。目前,"一主两副多极"城市带动战略实施效果明显。资料表明,2017年,武汉市GDP达到1.341 0万亿元,在全国15个副省级城市中位居第四位,中心城市地位进一步稳固;宜昌、襄阳两个省域副中心城市分别达到3 857.17亿元和4 064.90亿元,分别领跑于鄂西南、鄂西北经济发展。GDP总量过千亿的城市还有荆州、黄冈、孝感、荆门、十堰、黄石和咸宁。区域呈现出了多级竞相发展的态势(表1-2)。

表1-2 湖北省区域经济发展情况 (单位:万亿元)

地区	2010年	2011年	2012年	2013年	2014年	2015年	2016年	2017年
武汉市	0.556 6	0.676 2	0.800 4	0.905 1	1.006 9	1.090 6	1.191 3	1.341 0
襄阳市	0.153 8	0.213 2	0.250 2	0.281 4	0.312 9	0.338 2	0.369 4	0.406 5
宜昌市	0.154 7	0.214 1	0.250 9	0.281 8	0.313 2	0.338 5	0.370 9	0.385 7
荆州市	0.083 7	0.104 3	0.119 6	0.133 5	0.148 0	0.159 1	0.172 7	0.192 2
黄冈市	0.086 2	0.104 5	0.119 3	0.133 3	0.147 7	0.158 9	0.172 6	0.192 2
孝感市	0.080 1	0.095 8	0.110 5	0.123 9	0.135 5	0.145 7	0.157 7	0.174 2
荆门市	0.073 0	0.094 3	0.108 2	0.120 3	0.131 1	0.138 8	0.152 1	0.166 4
十堰市	0.073 7	0.085 1	0.095 6	0.108 1	0.120 1	0.130 0	0.142 9	0.163 2
黄石市	0.069 0	0.092 6	0.104 1	0.114 2	0.121 9	0.122 8	0.130 6	0.147 9
咸宁市	0.052 0	0.065 2	0.077 3	0.087 2	0.096 4	0.103 0	0.110 8	0.123 5
随州市	0.041 1	0.051 8	0.059 0	0.066 2	0.072 3	0.078 5	0.085 2	0.093 6
鄂州市	0.039 5	0.049 1	0.056 0	0.063 1	0.068 7	0.073 0	0.079 8	0.090 6
恩施州	0.035 1	0.041 8	0.048 2	0.055 2	0.061 2	0.067 1	0.073 6	0.080 1
仙桃市	0.029 1	0.037 8	0.044 4	0.050 4	0.055 2	0.059 8	0.064 8	0.071 9
潜江市	0.029 1	0.037 8	0.044 2	0.049 3	0.054 0	0.055 8	0.060 2	0.067 2
天门市	0.021 9	0.027 5	0.032 1	0.036 5	0.040 2	0.044 0	0.047 1	0.052 8
神农架林区	0.001 2	0.001 5	0.001 7	0.001 9	0.002 0	0.002 1	0.002 3	0.002 6

数据来源:湖北省统计局网站"湖北数据"。根据2017年指标由大到小排列

二是县域经济成为带动区域发展的主要依托力量。各地区依托相应的区位、资源优势及特点,积极参与区域分工与合作,大力发展特色经济,县域经济得到了快速发展,为湖北省打造"中部支点"提供了重要的支撑。资料表明,2017年

湖北省县域经济总量达到 2.206 万亿元，纳入考核的 80 个县（市、区）的经济总量合计占全省 GDP 的 60.4%，已连续三年占比超过 60%。其中，GDP 超过 500 亿元的县（市、区）已增至 13 个，全国百强县上榜县市中湖北占据四席，大冶、宜都、枣阳、仙桃领跑湖北县市发展，12 家企业跻身"中国民营企业 500 强"，民营经济占县域经济的比重逐步提高。县域经济发展是湖北区域经济协调发展、经济结构优化升级、人民生活改善提高的重要基础和必然要求[①]。

（二）区域经济发展的分化格局继续呈现

湖北省中心城市的城市集聚效应明显，但由于区域城市体系不完整，缺乏大城市的支撑，中心城市对周围地区辐射影响较小。位于鄂东南的武汉市仍是一城独大的发展现状，副中心城市和其他市州的经济差距也较大，区域发展的分化格局仍继续保持。

一是武汉的中心地位得到了进一步稳固。武汉市作为湖北省政治、经济、文化中心，凭借其突出的区位、市场、科教优势和雄厚的工业基础，一直保持着湖北经济发展的龙头地位。资料表明，武汉市土地面积仅占湖北省的 4.57%，按 2017 年底人口数统计，武汉市常住人口数仅占湖北省的 13.9%，但高校数量却居全国第三位，带来了巨大的人口数量红利和人口质量红利。2017 年，武汉的经济总量占湖北的 36.7%，同比增长 8.0%，超过全省经济增速 0.2 个百分点；人均地区生产总值达到 12.38 万元，约为全省人均地区生产总值的 2 倍。同时，武汉市工业经济发展较快，形成了汽车、石化、电子信息等支柱产业，而第三产业也增长迅速，增长率达到 9.2%，分别高于第一产业和第二产业 6.4 个百分点和 2.1 个百分点。但武汉市与周边地区产业互补性不强，对周围州、市、县的辐射能力有限，武汉城市圈除武汉之外的其他城市地区生产总值仅为武汉的 68.6%，武汉周边地区发展缓慢，武汉独大的局面没有改变。

二是宜昌市和襄阳市经济得到了较快发展，但发展水平较武汉市仍存在较大差距。资料表明，2017 年宜昌市和襄阳市两市地区生产总值之和未达到武汉市经济总量的 60%。襄阳市实现地区生产总值 4064.9 亿元，增速 7.2%，汽车产业是襄阳市支柱产业，既有东风汽车整车生产基地，也有配套零部件产业，形成汽车产业集群发展。宜昌市实现地区生产总值 3857.17 亿元，被襄阳市反超，位居湖北省第三，增速仅 2.4%。宜昌在推进转型发展，调整产业结构过程中，将一批不符合环保要求的企业、项目关停并转，对宜昌传统支柱产业——化工企业造成冲击，这也是宜昌由追求高速增长阶段向追求高质量发展阶段转变中的必经过程。

[①] 根据中国社会科学院发布的《2017 年度湖北省县域经济发展报告》

三是其他地区虽然经济发展较快,但与宜昌、襄阳相比也有较大差距。资料表明,以 2017 年为例,地区生产总值排名第四的荆州经济总量约为宜昌的 50%。宜荆荆城市群中,荆州、荆门生产总值之和低于宜昌,约为宜昌的 93%。襄十随城市群中,十堰和随州的经济总量仅约为襄阳的 63%,其经济差距较大。可见,其他地区经济发展不仅与武汉有明显的差距,也与宜昌、襄阳有较大差距,发展不足明显。这种状况与这些地区自然资源禀赋不足,经济发展水平相对落后,产业发展基础不牢固和科技、人才不足有关,也导致了湖北区域经济发展呈现明显的梯次分化发展格局,因此,区域之间的协调发展工作还有很大的调整和优化空间。

(三)区域创新能力加强,区域经济质量不断提升

高质量发展是科技进步、创新驱动实现的发展。区域经济高质量发展是构成我国经济高质量发展的重要支撑。湖北省区域经济综合实力在不断加强的同时,开始向注重经济发展质量转变。

一是高新技术产业得到了较快的发展。资料表明,2017 年,湖北省高新技术产业增加值达到 5 937.89 亿元,其中,武汉市占比约为 46.4%,成为湖北省高新技术产业发展的领头羊,襄阳市排名第二,占比 15.1%。其他 11 个市州增加值在 100 亿~500 亿元,其中,十堰市增速最高,达到 16.1%,超过全省增速 3.2 个百分点,黄冈、鄂州、黄石、荆州增速均超过 15%。高新技术产业的快速发展为湖北省区域创新能力不断上升和区域经济质量发展创造了条件。

二是高新区在湖北经济高质量发展中的推动作用日益突出。在湖北科技发展中,高新区是推动技术进步、增强区域自主创新能力的核心载体,为实现高质量发展提供了有力的支撑。截至 2018 年,湖北省共获批 12 家国家级高新区,与山东并列第三,仅次于江苏和广东,是中部第一位。湖北国家级高新区包括:东湖高新区、襄阳高新区、宜昌高新区、孝感高新区、荆门高新区、随州高新区、仙桃高新区、咸宁高新区、黄冈高新区、荆州高新区、黄石大冶湖高新区和潜江高新区。其中,荆州高新区、黄石大冶湖高新区和潜江高新区是 2018 年获批的高新区。此外,湖北还有 18 家省级高新区,它们和国家级高新区共同形成了沿长江、汉江布局的高新技术产业带。自 2015 年以来,湖北高新区生产总值占全省的比例均超过 30%,年均增速约为 20%,高于全省生产总值增速 13 个百分点。高新区也成为全省特色优势产业的集聚区,形成了涵盖国家实验室、国家重点实验室、国家研究中心、国家工程研究中心、国家制造业创新中心和各类新型研发机构在内的多层次自主创新体系。2017 年,湖北省高新区新增注册企业 3 万余家,近 130 家企业入选国家高新区瞪羚企业榜单。高新区对于湖北经济高质量发展的推动作

用日益显著。

三是区域创新资源和要素的优化整合趋势明显。在创新发展的过程中，湖北省充分发挥教育、科技资源丰富、分布广泛，优秀科技人才富集和科技成果突出的优势，大力发展特色产业和高新技术产业，积极推动创新发展进程，并取得了明显的成效，如武汉市获批武汉光电国家研究中心、国家信息光电子创新中心、国家知识产权强市，五大支柱产业光电子信息产业、生物医药、高端装备制造、节能环保、现代服务业收入规模跨越千亿元，企业总收入突破万亿元大关；襄阳市到2018年共主导或参与制定国家、省级、行业标准296项，成为汉江流域工业质量标准化创新中心，是我国汽车工业、军工企业的聚集地；宜昌市着力打造生物医药及食品、新材料及新能源、汽车及装备制造、电子信息、精细化工等五大工业主导产业及现代服务业；孝感已形成光电子信息、高端装备制造、特种汽车及零部件三大高新技术产业集群；荆门基本形成了五大特色产业集群，包括再生资源利用与环保产业集群、新能源汽车产业集群、精细化工产业集群、生物医药产业集群、新能源新材料产业集群，此外荆门农产品加工业已跻身千亿产业，农业经营主体突破2万家，稳居全省首位；随州作为"中国专用汽车之都"主动实施创新驱动发展战略，逐步形成了专用汽车、生物农业、医药化工、电子信息为主体的产业发展格局，专用汽车生产和出口规模稳居全国第一。随州形成了30 km专用汽车生产走廊。在专用汽车产业强势带动下，随州铸造、风机、食用菌等产业跻身全省重点产业集群，香菇出口稳居全国第一，茶叶出口、新能源发电全省第一；仙桃初步形成了生物医药、新材料、新能源、电子信息、装备制造五大产业集群；咸宁形成了先进装备制造、生物医药、电子信息、新材料与节能环保等六大特色产业集群；黄冈以"千企联百校"为突破口，478家企业分别与清华、复旦、武大等80多所高校技术对接，并形成了装备制造、现代家居、食品饮料、新材料及浆纤一体化等产业集群，构建了"创业苗圃-孵化器-加速器-产业园"创业生态链；荆州已形成林浆一体化、高端装备制造、纺织品加工、食品精深加工、现代农业生产示范、农业生物科技等主导产业；黄石重点围绕生命健康、高端装备制造、新型材料三大传统优势主导产业，以及环保节能、光电信息两大战略新兴产业进行重点打造；潜江已形成化工、机械、轻纺三大支柱产业；"华中屋脊"神农架林区扬长避短，着力整合生态、地质、人文资源，建设世界著名生态旅游目的地，大力发展旅游健康产业。

目前，湖北省各地区特色优势产业和高新技术产业都得到较好的发展和壮大，为深化区域分工与合作关系，更好地促进湖北省区域创新资源和要素的优化整合及高新技术产业的快速发展创造了有利的条件。

第二节　湖北省经济社会发展主要特征

区域经济发展是一个动态的过程,而在发展过程中也会呈现不同的发展阶段,并在每个发展阶段呈现相应的阶段发展目标和特征。合理划分和分析阶段,并充分认识阶段发展目标和特征,对制定科学正确的区域经济发展战略、采取合适的区域经济发展政策有重要指导意义,也对湖北省区域经济持续、稳定、协调发展具有更全面的作用。

一、湖北省经济社会发展阶段性分析

改革开放以来,我国经济社会经历了由计划经济体制向市场经济体制转变的重要发展历程。在这个过程中,我国的经济社会发展方式发生了重大的变化,并呈现出了不同的发展阶段。湖北省作为我国重要的省份之一,其经济社会发展也经历了不同的阶段,并呈现出不同的发展特征。

(一) 阶段划分原则

判断和分析区域经济发展阶段按照科学、客观的标准,合理分析区域经济发展的复杂性,探寻影响经济发展的主要因素,一般需遵循四项原则。

(1) 代表性原则。在分析各因素的基础上,选取判断和划分的指标应强调典型性、代表性,指标能够覆盖并代表地区经济发展水平,指标体系应简单实用,避免指标之间意义的重复。

(2) 可得性原则。选取的判断指标应能通过现有的统计资料获得,判断依据口径应统一,容易量化和计算,具有规范性和权威性。

(3) 相关性原则。选择的判断指标概念清晰,与研究对象有较高的相关性,能保证指标计量的内容对于阶段性分析有重要价值。

(4) 动态性原则。数据资料应能反映较长时期的经济状况,能进行不同时期的比较研究,能充分体现出可持续性发展的科学性和动态性,同时根据经济环境变化、发展战略调整、政策变动情况和研究目标的转变,判断指标也应有适应性调整。

(二) 发展阶段的判断

根据以上所确立的原则,从三个方面来进行区域经济社会发展阶段的判断。
一是从产业发展来判断。从产业结构指标来看,随着改革开放进程的不断加快,特别是优势的不断发挥,湖北省的产业得到了较快的发展,在产业结构不断

优化和升级的过程中，产业发展呈现出了明显的阶段性特征。资料表明，1978～1983年，湖北省第一、二产业交替领先，未形成稳定的产业结构模式；1984～1992年，随着工业发展的不断推进和深化，第二产业稳定地超过第一产业，产业结构调整为"二一三"模式，1992～2015年，随着第三产业迸发越来越强的活力，并成为新增经济增长点，产业结构调整为"二三一"模式，2015～2018年，第三产业增速持续超过第二产业，湖北省产业结构转变为"三二一"产业结构模式。在这40年内，湖北省第一产业产值占比变化明显，从1978年占经济总量的40.5%，到2018年的9%，总体呈下降趋势；第二产业占比变化不显著，从1984年的42%到2018年的43%，处于稳定且小幅增长趋势，并在湖北省经济发展中一直处于主体地位；第三产业产值变化较为明显，从1978年占湖北省经济总量的17.3%，发展到2002年的42.6%，此后第三产业有所回落，又回归缓慢增长，到2018年占比为47.6%。分析表明，湖北省产业发展的阶段性特征较为明显。

二是从经济总量来判断。地区生产总值可以反映一个地区经济社会发展水平和综合经济实力，也是进行区域比较的一个重要指标。从地区生产总值指标来看，随着改革开放的不断深入和以经济建设为中心的国家发展战略的提出并实施，湖北经济总量也不断实现突破，并呈现出了快速发展和规模不断扩大的发展特征。资料表明，1978年，湖北省地区生产总值为151亿元，1992年突破1000亿元，此后，每千亿元的突破速度越来越快，1995年突破2000亿元，1998年突破3000亿元。受东南亚金融危机的影响，湖北省经济发展适度放缓，但2002年仍然突破了4000亿元大关，2004年突破5000亿元，2005年突破6000亿元，2007年突破9000亿元，2008年登上万亿元台阶，2012年突破2万亿元，2016年跨越3万亿元门槛。可见，湖北省经济总量和规模在市场经济体制不断建立和完善的过程中提高明显。这种经济发展加速现象充分体现出了湖北经济发展的巨大动力，也说明湖北省经济发展具有巨大的空间和潜力。总体来看，湖北省经济总量和规模的变化在改革开放以来呈现出了阶段性的发展特点。

三是从就业结构来判断。从就业结构来看，随着改革开放的不断深入，特别是第二、三产业的快速发展，湖北省就业人数和就业结构也发生了显著的变化，并呈现出了不同的发展阶段。资料表明，1978～1993年，湖北省以第一产业就业人数居多，呈"一二三"就业结构。1994年，第三产业就业人数首次超过第二产业；1994～2014年，湖北省工业现代化的发展及国有企业改革使得第二产业劳动力大量分流，向进入门槛较低的部分第三产业转移，同时，随着农村劳动生产率的上升、农业现代化程度的提高及城镇化战略的实施，受比较利益的影响，农村人口大量进入城镇，并从事第二、三产业工作，第一产业劳动力数量明显下降，而第三产业所需劳动力数量也大幅上升，大量吸纳了第一、二产业转移出的劳动力，就业结构呈现出"一三二"产业模式，第三产业就业人数比重从1978年的8.9%发展到2014年37%，再到2017年的41.4%，2015年第三产业就业人数首次超过第一产业。2015~2017年，湖北省保持连续三年的"三一二"就业结构。就业人数的变化反映的是产业结构的变化，即在我国改革开放不断深入的过程中第二、三产业得到了较快的发展。它也是我国工业化、城镇化加快发展的结果。总体来看，湖北省就业结构也呈现出了阶段性发展特征。

二、不同阶段经济社会发展主要特征

区域经济处于不同发展阶段，就具有不同阶段的发展特点。阶段性发展也是一个量变到质变的过程。在不同的发展阶段，经济发展水平的各项指标呈现出由量到质的转变，并对区域政策的制定和实施、区域经济协调健康发展等产生重要的影响。按照产业结构、地区生产总值和就业结构来划分，湖北省经济社会发展从1978~2017年大致可划分为三个大的发展阶段，并呈现出不同的发展特征。

（一）第一阶段（1978~1992年），产业结构向"二一三"转变，经济处于稳定增长状态，并突破千亿元大关

在这一时期，湖北省大力推进改革开放进程，生产要素开始得到流动，经济发展活力和潜能得到充分释放，出现了百业兴盛、市场繁荣的局面，经济总量持续增长。资料表明，湖北省地区生产总值从1978年的151亿元增至1992年的1 088.39亿元，增加了620.8%，突破千亿大关，人均生产总值由1978年的332.03元增至1992年的1 962元，其中，1984年、1985年均出现了20%以上的经济增长率。以中高速增长率增长的主要特点，反映出改革开放以后湖北省解放思想、谋求发展、大力提升物质基础的经济调整与深化展现成效。地区生产总值在全国的排名也有了一些转变，1978年湖北省全国排名第十位，人均地区生产总值在全国位居第十六位，反映出整体经济实力虽然在全国上游水平，但人均富裕程度偏低，生活水平不高，到1992年人均GDP上升为第十五位，地区生产总值保持在全国第十位。投资、消费和出口同时发力，出现了井喷的局面，并成为带动湖北省经济发展的"三驾马车"，经济社会快速发展的局面开始形成，但经济发展主要以要素的高投入为主，经济增长速度快，资源环境消耗大，发展方式粗放，经济社会不协调的问题比较突出，并对经济社会的可持续发展产生了不利的影响。

同时，湖北省产业结构也出现了向"二一三"模式转变的特征。三次产业产值呈现上涨趋势，但产业结构调整中第一、二产业比重由1978年基本持平到1987年第二产业超过第一产业约8个百分点，此后，第二产业保持稳定地超过第一产

业，第一产业比重出现下降趋势，而第三产业比重逐渐上升。从就业结构看，这一时期，就业人数仍以分布在第一产业为主，占比超过50%。第二产业构成仍以工业为主。1978年工业总产值占第二产业的81.89%，到1987年，工业总产值1112亿元，占比达到90%，表现出第二产业生产总值的增长很大程度上依赖于工业经济的发展。从企业的产权结构看，国有企业产值占比逐渐下降，港澳台、外资和其他经济成分企业占比上升趋势明显。以国有经济为主，其他所有制经济共同发展的格局基本形成。

总体来看，在这一时期，湖北省发展战略主要以重视经济节点建设为主，力图以点带线，以线代面，有层次的、有规划的推进区域经济发展。湖北省根据区域发展实际情况，颁布和实施了一系列促进地区发展的政策措施，其中，"城市先导"和"四区一中心"战略成为重要的区域经济发展战略，但经济发展质量、规模和效率不高，传统发展方式是主导的特征明显。

（二）第二阶段（1993~2015年），生产总值增速加快，第三产业全面发展

在这一时期，湖北省经济发展迅速，经济规模扩展迅速，发展提升频率加快。资料表明，湖北省地区生产总值从1992年突破千亿元门槛后，仅仅到了1995年，便实现了翻番，突破2000亿元，达到2109.38亿元，此后，在此阶段内基本保持2~4年突破一个1000亿元，地区生产总值增速明显加快。到2015年湖北省地区生产总值到达3万亿元临界点，湖北全面进入了工业化中期发展新阶段。

另外，产业结构呈现出了向"二三一"模式转变的发展态势。1992年，《中共中央、国务院关于加快发展第三产业的决定》发布以后，并伴随邓小平南方谈话，第三产业展示了强大的发展动力和提升后劲，并和第二产业共同成为拉动经济增长的主要动力。在湖北省地区生产总值突破1000亿元的同时，第三产业增加值首次超过第一产业，位居第二位。此后，第三产业保持了高速增长态势，对地区生产总值的贡献度优势也日益突出。其中，2000~2003年连续四年，湖北省出现了第三产业生产总值超过了第二产业的产业结构现象。2004年，第一产业产值首次突破1000亿元，其中，农业所占比重逐渐下降，而第一产业中其他产业如牧业、渔业比重显著提高，农业经济开始向全面发展转变，并更加注重规模化、区域化、专业化、特色化。就业结构产业比表现为"一三二"形式，产值低的产业就业人口多，而产值高的产业就业人数少，体现不同产业吸纳就业能力的不同，产业集约化、技术化提升了经济效率，经济发展的持续性逐渐凸显。

在这一时期，工业仍然是湖北省第二产业发展的主要推动力量。其占第二产业产值的比重保持在85%~89%，对全省国内生产总值的增加贡献率保持在30%

以上。同时，重型化特征表现明显，工业经济发展对重工业的依赖性增强，民营股份制企业越来越展现出发展潜力，在制造业中的贡献度越来越高。工业化加速推进，即使是在2008年次贷危机的影响下，湖北省规模以上工业增加值仍保持了20%的增长率，体现出明显的工业化中后期特征。在特色产业发展中，汽车行业是湖北省支柱产业，十襄汉和宜荆黄汽车走廊已初步规划并建设，截至2015年，湖北已有17个产业成为千亿产值产业，并带动了其他产业的发展。支柱产业的快速发展有力地支撑了湖北省工业规模总量的扩张。而投资、出口在湖北省经济发展中占有重要的地位。

这一时期，湖北省在进一步规划和提升经济节点的基础上，开始构建和完善经济板块，一特五大城市发展战略、湖北省长江经济带开放开发战略、金三角战略、一主两副城市经济圈战略等战略的提出和实施，对于省内经济协调、省际经济共建，提升湖北省综合实力，推进经济社会全面发展发挥了重要作用，但传统的以高投入和高消耗的发展方式所形成的资源环境约束问题已经对经济社会可持续发展产生了制约作用。转变发展方式，调整产业结构已成为形势发展的需要和必然选择。

（三）第三阶段（2015年～），产业结构模式调整为"三二一"结构，支柱产业发展强劲，高质量发展要求成为主要目标

在这一时期，传统的经济发展方式对经济社会发展带来的不利影响已经开始显现，资源环境约束问题日益突出，调结构，转方式，实施可持续发展战略已成为中国经济社会发展的主要特点，而高质量发展和绿色发展作为可持续发展的重要支撑对湖北经济社会发展也产生了重要的影响。资料表明，2016年，湖北省地区生产总值已突破3万亿元大关，产业结构也变化为"三二一"模式。其中，第一产业比重持续下降，到2018年占地区经济总量不到10%，第三产业基本平稳，接近48%，第二产业比重处于缓慢增长的状况。工业总产值比重保持在85%～87%，与最高值相比，第二阶段有所下降。转变经济发展方式，调整和优化产业结构，培育新的发展动能已成为各级政府的主要工作任务，但也是新时代我国发展的主要特征。

作为重工业分布比较广泛的地区，在高质量发展和绿色发展的过程中，湖北省重工业产业必须实现转型升级。从湖北省的实际来看，其主要特点是重工业开始由劳动密集型向资本、技术密集型方向转变，高新技术产业发展迅速，金融业、信息业等第三产业发展领先，产业集群化趋势明显，科技含量和推动力大幅增加，新经济发展理念得到较好的推广。科技创新在经济增长中发挥着重要的作用，对经济的推动力效果也日益突出，但消化吸收能力还有待进一步增强。由于国际

环境的变化,对外贸易增速呈现出了放缓的态势,经济发展不确定的因素明显增加,扩大内需,刺激消费已成为该时期经济发展的重点,而"创新、协调、绿色、开放、和谐"五大发展理念深入人心,高质量发展、绿色发展得到了全面的贯彻和落实。

第三节 湖北省经济社会发展区域差异

区域经济发展差异是一定时期特定区域之间经济发展总体水平的非均等现象(覃成林,1997)。区域经济发展差异是客观存在的经济现象,也是具有普遍性的经济现象。经济区域划分是对空间分布状况的战略性划分,是经济发展的空间组织结构,是结合自然资源、经济要素、地域特点、人文历史等特征,经济区划史研究经济发展的重要领域,对我国制定区域经济政策具有重要作用。

在全国经济发展空间战略布局中,湖北位于中部,具有承东联西、南北交接的区位优势和条件,经济发展地理位置十分重要。目前,湖北省下辖12个省辖市、3个省直管市、1个民族自治州和1个林区,共计17个地区。各地区之间由于受地理分布、产业基础、技术水平等因素的影响,经济差异较大,区域划分需要统筹规划,通过正确分析区域发展差异状况,建立适当的经济区划体系和框架,对于制定湖北省经济可持续发展战略有着重要的指导意义。

一、湖北省经济社会发展区域划分

经济区域划分是制定区域发展政策的一项基础性工作。它不仅要遵循区域经济发展的一般规律和原则,还要有利于研究和分析区域发展的差异性和存在的各种问题。根据湖北省区域发展的实际和经济社会发展的差异性,对湖北省进行合理的区域划分是十分必要的。

(一)区域划分原则

湖北省内经济区域划分根本目的是要实现区域经济的协调发展,以实现资源的优化配置并达到经济效益和社会福利的最优化。总体来看,经济区域划分一般需遵循以下原则和划分标准。

1. 地理毗邻标准

经济区域内的各构成地区应在地理空间上相互毗邻,地缘接近,从而有利于生产要素的流动,达成区域内经济协调发展。

2. 区域相似标准

区域内各地区经济发展水平具有相似性或连续性，经济差异相对较低，社会结构相仿，自然条件、资源禀赋结构相近，避免经济发展呈现掠夺性集聚现象，加重差异化，阻碍区域协调性发展。

3. 区块规模适度标准

各区域地理规模应适度，土地面积相对差异不大，行政区划保持完整，并适当考虑历史延续性，有利于区域研究和区域政策分析。

4. 多层级发展体系标准

区域发展差异大是中国的特色，但地区发展差异性大，则区域划分就应建立相应的多层级、多规模、有特色的体系和框架。区域内应有一个具有辐射力、带动力和发展力的中心城市作为一级经济区划的核心，并能带动和推进次级区域的发展，有利于经济区域内的经济联合和协调发展。

（二）湖北省内经济区域划分

按照上述原则，依托行政区划和区域发展的差异性，湖北省内经济区域可以划分为四大区域：鄂东南地区、鄂西南地区、鄂西北地区和江汉平原（表1-3）。

表1-3 湖北省区域划分情况

区域	地级城市或地区
鄂东南	武汉市
	黄石市
	鄂州市
	孝感市
	黄冈市
	咸宁市
鄂西南	宜昌市
	恩施州
鄂西北	襄阳市
	十堰市
	神农架林区
	随州市

续表

区域	地级城市或地区
江汉平原	荆门市
	荆州市
	仙桃市
	潜江市
	天门市

在区域经济划分上,考虑宜昌和襄阳的经济辐射和带动能力,以及位于鄂中东地区的武汉市向湖北西部的经济传导和影响力,在传统的一主两副省域中心城市带动的区域划分基础上,将江汉平原的荆门市、荆州市、仙桃市、潜江市和天门市划分为一个经济区域,承担湖北东部和东南部经济优势向湖北西部传导的责任;鄂东南地区以武汉市为中心城市,相邻的黄石、咸宁、黄冈、鄂州、孝感共同构成鄂东南经济区域;鄂西南地区以宜昌市为中心增长级城市,辐射西部的恩施州;鄂西北地区以襄阳市为中心城市,涵盖随州、十堰和神农架林区。

从地理面积来看,鄂东南区域总体面积约占湖北省面积的27.4%,鄂西南约占24.3%,鄂西北约占30.2%,江汉平原约占18.1%。鄂东南和鄂西南面积相对平均,分别约占湖北省面积的1/4;面积最大的区域鄂西北拥有湖北省面积第二位的十堰市,同时,区内的随州市与区域内中心城市襄阳市存在深厚的历史渊源,相比南部的荆门市,随州与襄阳市的区位距离更具优势,承载了武汉城市圈和鄂东南经济区域对鄂西北区域的带动力和辐射效应。江汉平原整体面积相对偏小,位于长江中游,是长江和汉江的冲积平原,自古以来的地缘联系和经济联系比较紧密,农业发达,是我国重要的农副产品和淡水产品生产和供应基地,经济发展具有较明显的同质性特点。

从区域中心城市发展来看,鄂东南地区的武汉市是湖北省的省会城市,在经济发展、产业结构、科技实力、交通优势等方面都具有绝对优势和领先水平,不仅承担着鄂东南地区发展的引导作用,更承担着湖北省区域发展的带头作用;鄂西南地区以省域副中心城市宜昌为中心,鄂西北地区以省域副中心城市襄阳为中心,两座城市经济总量在湖北省位居第二、三位,2018年均突破4 000亿元,竞争性发展在两座城市之间表现极为明显,产业结构、城市建设、绿色环保、区位优势等既有相似性,又各具特色,在区内经济发展和区域间协调上发挥着重要作用;江汉平原的荆州、荆门各具优势,从经济总量看,2017年,荆州超过荆门258亿元,在三次产业结构中,第一产业、第三产业都优于荆门,第二产业基本持平,但在人均生产总值上,荆门超过荆州2万多元,2017年固定资产投资增速全省排名第一，规模以上工业总产值超过荆州，发展潜力巨大。目前，江汉平原形成了荆门、荆州双中心城市的发展态势。

二、不同区域经济社会发展主要特点

从湖北省各经济区域的经济发展情况来看，区域发展的层次性和差异性是明显的，而不同地区经济发展差异又受不同因素制约，并呈现出不同的发展特点。

（一）鄂东南地区经济领先，科技实力强，区域内经济存在差异，但整体协调性较好

以省会城市武汉为中心的鄂东南经济区域,在武汉城市圈发展战略的推动下，在改革开放不断深入的进程中，经济社会得到了快速的发展，经济总量占湖北省生产总值的50%以上，成为引领湖北经济社会发展的领头羊。除武汉市外，其余五个地市级城市的经济总量也占到了近20%，超过其他经济区域，拥有经济发展的绝对优势。其中，武汉市和鄂州市人均GDP超过全省平均水平，在人均GDP超过省均值的6个城市中占据2个席位，但黄冈市人均GDP仅高于恩施，发展水平和质量有待进一步加强。人均GDP指标在区域内存在较大的极差，表明湖北区域发展不平衡的问题十分突出。

从产业结构来看，武汉市表现为突出的"三二一"产业结构模式，第二产业和第三产业增加值远高于省内其他地市州，第一产业发展略有减缓，但总量增长较快为城市服务的郊区经济发展特色明显；黄冈市第一产业在区域内发展领先，省内排名第三位，但第三产业与第二产业发展基本持平；黄石、鄂州、孝感、咸宁地区则仍保持着"二三一"产业结构，但第三产业发展增速超过第二产业，并与第二产业差距逐年缩小，其中，鄂州和黄石位于湖北省冶金工业走廊上，是老工业城市，人均经济指标高于孝感、黄冈和咸宁，第二产业发展在省内排名前列。

鄂东南地区科技教育实力雄厚，区内共拥有普通高等学校98所，占全省128所的76.6%；专利申请量和授权量占全省比重分别为62.7%和69.8%，除去武汉市的绝对优势占比，区内的其他五个地区的专利申请量和授权量也高于其他经济区域；高新技术产业增加值占全省的61%，以武汉市为核心的区域集聚化发展的优势明显体现，武汉市对区域内地区的影响力得到较大的发挥。

鄂东南经济区域内产业群发展体现出了区域内经济协调性向好的局面。武汉已形成了以汽车、机械制造、光电子信息、石油化工为主要支柱，医药、轻工、建材、食品、节能环保、生物等具有较强优势的综合性产业格局，区域内其他城市依托武汉市的产业发展，结合地区资源和产业特色，构建了以武汉、孝感为主的机械制造产业群和纺织服装产业群，对接武汉高新生物园的黄石、鄂州、黄冈

为主的医药产业群，黄石、鄂州的纺织及食品制造产业群等多个区域内产业群，以及辐射临近的江汉平原的武汉、仙桃食品制造加工产业群等，区域经济的共生发展和协调并进通过产业群的发展日益发挥重要效应。黄石综合实力较强，但发展空间有限，黄冈发展空间较大，是区域内土地面积最大的地区，且呈现多种地貌特征，但工业基础薄弱，两市互补性较强，在积极承接武汉产业转移的同时，两市也需加强合作，设立多层次的合作示范区。

区域内经济差异比较明显。本区域内因城市分布体系不合理，大城市发展不足，仍然表现为武汉独大、优势突出的现象，但依托武汉的资本、技术、人才和产业等特有优势，其他地区也从主要承担原材料供应基地和劳动力储备基地的角色逐渐向参与协作区域整体发展，产业集群优势转移和布局，既依托武汉、又发掘特色的方向发展。尤其是随着生产要素流动机制、产业布局的协调机制不断完善，武汉市周边地区缓解区域内经济发展脱节问题和解决武汉发展制约饱和问题的作用日益明显。目前，区域分工与合作的关系正在进一步建立，但依托武汉市，积极参与区域产业分工与合作，大力发展特色产业，是区域协调发展的重要方向。

（二）江汉平原依托地域优势，第一产业发展仍是重点，固定资产投资提速，发展潜力较大

江汉平原是长江中下游平原的重要组成部分，跨长江和汉江，土壤肥沃，地势平坦，水土光热配合良好，具有良好的农业生态环境和发展优势，农业发展历史悠久，发展基础良好，是湖北省农业发展的重要基地，也是我国重要的粮、棉、油和鱼、肉、蛋生产和供应基地之一。面积虽然在湖北省四大经济区域中相对较小，但第一产业在地区经济总量中占比较高，尤其农业是第一产业中的最大比例构成，其中，荆州市是全国优势农业资源的核心区域，第一产业占地区生产总值达到20%，粮食总产量占全省的15%，棉花总产量占全省的27%，油菜籽和淡水产品产量常年居全国市州第一位，其他地区第一产业占比均超过10%，总量超过鄂西北和鄂西南地区。

江汉平原在改革开放不断深入的过程中得到了快速发展，在湖北省各地区经济总量排名中，荆州市排名全省第四位，以微弱优势超过排名第五的黄冈市，荆门排名第七，其他三个省直管地区生产总值还未突破千亿元大关，但潜江、仙桃人均GDP均超过全省平均水平，分别排名全省第五、第六位，固定资产投资总量不算大，但保持了15%以上的增速，经济持续发展潜力大。

江汉平原两个齐头并进的城市，荆门和荆州，各具优势，着力互补，共同发展。荆州有良好的区位优势，经济总量一直保持强于荆门的态势，有一定的工业基础，也具有良好的农业发展先天条件，但受到产业转型升级影响，近几年发展

有所减缓，而荆门是湖北重要的工业城市，在"一主两副"城市圈环绕之下，招商投资都有较大发展，高新技术产业增加值反超荆州。荆州和荆门之间的协调发展需要加强互动和协调，共同推进交通基础设施建设，共建国家级承接产业转移示范区，与天门、潜江、仙桃共建汉江生态经济带，共建水资源综合利用体系，一方面稳固第一产业的发展优势，加快农业和农村现代化进程，另一方面在"一主两副"中心城市的发展辐射和集聚效应下，积极参与区域产业分工与合作，谋求更高层次的发展。

（三）鄂西南地区成员地区少，互补性好，带动效果强

鄂西南地区由土地面积居全省第二和第三位的宜昌、恩施两个地市州共同构成，占全省总面积的24.3%。该地区以山区地形为主，宜昌地形较复杂，但近70%的土地面积仍然是由山区构成，而恩施州则基本处于山区。自然资源和地理条件严重影响了鄂西南的经济快速发展。2017年，鄂西南地区经济总量仅占全省的13%。其主要原因：一方面是宜昌作为长江经济带发展湖北段的重要节点城市，在沿江产业位置调整和优化升级中受到影响，工业总量下滑；另一方面恩施因地形影响，第二产业发展相对薄弱，工业基础差，绿色生态保护任务压力大。

鄂西南区域的宜昌市和恩施州经济社会发展各具优势，经济互补性好。恩施州充分发挥生态优势，大力改善交通基础设施条件，第一产业依托林业、第三产业以旅游业为支柱，形成了"三二一"产业结构模式。该地区矿产资源较为丰富，其中，煤、铁、硒等十余种矿产资源储量均居全省第一位，鄂西铁矿是全国四大铁矿之一，拥有世界上唯一独立的硒矿床，水资源、生物资源、旅游资源都极为丰富，也是湖北省唯一入选西部大开发的市州，是湖北参与西部发展、融入"一带一路"的重要战略节点，也是长江经济带湖北段最西部的区域，而宜昌市交通优势较好，对于鄂西南的自然资源的利用和转移转化有很好的区位条件，同时，宜昌市长期位处湖北省前三位的经济发展水平，人均GDP保持全省第二位，显著高于全省平均水平，经历2017年经济增速退步的情况，转型升级调整适应性强，经济弹性大，工业基础条件好，是湖北重要的化工工业基地，经济比较发达。宜昌市和恩施州作为长江经济带湖北段的主要城市，共建航运、航空、铁路、公路等交通基础设施，有利于产业转移和生产要素流动，充分利用鄂西南区域的自然资源优势，同时以生态保护和绿色发展为前提，推进物流基地发展，加大制造业转型升级和智能化、信息化改造发展，提高产业集群化发展水平，承接中部崛起向西部和西南部延伸、辐射效应，促进鄂西南地区协调稳定发展和经济综合实力的全面提升。

（四）鄂西北地区经济总量层次分明、工业基础条件好，区位优势突出，产业结构特色鲜明

鄂西北经济区域面积在湖北省四大经济区域中是最大的，占全省总面积的30%。在改革开放不断深入的进程中经济社会得到了较快的发展，其经济总量居全省第二位。以襄阳为中心城市，四个地市州经济总量层次分明，经济发展态势明显。2017年襄阳市GDP突破4 000亿元，十堰市GDP达到1 600亿元，随州市GDP接近1 000亿元，而神农架林区GDP位居全省末尾，仅25.51亿元，但各地区人均GDP居于湖北省中游，其中，神农架人均GDP已超过恩施和黄冈地区，经济发展潜力得到了释放。

襄阳市和十堰市均是我国的老工业基地，也是传统汽车产业和新能源汽车产业基地，固定资产投资总额稳居全省前列，规模以上工业总产值位居全省第二位，工业基础扎实，第二产业发展后劲强劲。襄阳市第一产业仅占地区生产总值的11.4%，但国内生产总值达到461.8亿元，居全省第一位，该市农业现代化水平较高，农业发展效率突出。十堰市作为我国汽车产业基地，汽车产业在内需的推动下得到了较快的发展。十堰汽配城是全国汽车产业化程度最高、产业集群优势最显著的地区之一，并拥有多个国家级和省级创新平台，在旅游和汽车产业发展基础上，十堰市也依托资源优势，打造了有机食品产业群和生物医药产业群，与以武汉为中心的鄂东南产业群形成呼应；神农架林区以绿色经济、生态环保为切入点，联通十堰和恩施，林业资源、矿产资源丰富，着力发展林产品产业、绿色产品加工业、生态旅游业，神农架林区第三产业占比超过50%，形成区内唯一的"三二一"产业结构模式，并打造了旅农林生态经济产业链，成为襄阳市、十堰市等地经济发展的重要原材料供应基地；随州市是湖北省最年轻的地市，承接武汉城市圈、江汉平原和襄阳、十堰发展优势，一方面着重发展特色农业，2018年，"随州香菇"获得农产品地理标志登记认证，随州市也依托这一特色产品，被选为"中国特色农产品优势区"，另一方面随同襄十随城市群发展，大力发展汽车零部件和相关产业，连接十堰—襄阳—武汉汽车走廊，打造千里汉江汽车产业带。

鄂西北区域具有显著的地理区位优势，地处湖北的西北部和我国南北气候过渡地带，连接重庆、陕西和河南三省市，地缘优势突出，是我国南水北调中线工程的水源地，也是中部崛起战略的重要关联节点，汉江贯穿该区域，水运、空运、公路、铁路等现代交通基础设施日趋完善，铁、水、公、空交通网络和联运体系的现代化为鄂西北经济社会的快速发展提供了良好的基础条件。

鄂西北区域第一产业优势突出、第二产业基础雄厚、第三产业特色鲜明，但高等学校、科研单位分布少，科技人员缺乏，科技投入明显不足。资料表明，2017

年,该区域内申请专利数超过鄂西南 2 个百分点,但授权专利数基本持平,并与鄂东南地区存在明显的差距,表明该区域的区域创新能力明显不足,因此,鄂西北地区还需明确发展定位,大力发展科技,引进高层次人才,加大科技投入,走创新发展、绿色发展和高质量发展的道路,并发挥其特色,发掘潜力和后劲,转变发展方式,调整产业结构,提升区域经济综合实力,适应高质量发展要求。

第四节　湖北省经济社会发展存在的主要问题

党的十九大报告中明确指出,新时代我国社会主要矛盾是"人民日益增长的美好生活需要和不平衡不充分的发展之间的矛盾"。这一论断为湖北省把握发展方向和要求提供了重要依据和实践指导。发展不平衡不充分是湖北省面临的省情和实际,由此也暴露了一些亟待解决的问题。解决这些问题从而实现高质量发展,是推进区域高质量协调发展的重要途径,也是解决社会主要矛盾的必由之路。

一、资源环境问题

区域自然条件和资源禀赋是先天条件,对环境和经济社会发展有不可忽视的重要影响,但难以通过后天发展而改变。经过改革开放 40 年的发展,由于受传统发展方式的影响,湖北省在经济社会快速发展的同时,资源供给不足和水、土壤、空气污染等资源环境问题也日益突出,给地区经济社会发展带来的不利影响已逐步显现,但从总体来看,湖北省的资源环境问题主要体现在以下五个方面。

(一)重要能源合理利用和有效配置的压力巨大

湖北是我国矿产资源分布比较集中的地区之一,各项资源能源储量在全国处于中游水平,比较丰富,但不突出,尤其是传统的能源资源储量有限,伴生共生情况普遍,资源可开发利用效率不高。

湖北是缺煤大省,也是用煤大省,煤炭资源供应日益紧缺,但对电煤的依赖度仍然很高,火电产业发展受到制约,每年省外输入煤炭资源大大超过省内生产量,约是省内产量的 10 倍,能源自给率低于 20%。能源供需矛盾突出,湖北省对有限资源进行合理利用和有效配置的压力巨大。

(二)水资源供需矛盾日益突出

湖北是我国传统的水资源大省,水资源丰富。资料表明,2017 年,湖北省水资源总量为 $1\ 248.76 \times 10^8\ m^3$,以地表水资源为主,居全国第七位,但人多水少,水资源供给短缺现象比较严重的客观事实却没有得到根本的改变。2017年湖北省人均水资源总量为2 116 m³，比2016年降低了400多m³，按国际标准划分属于轻度缺水地区。农业用水量占全省总用水量的49.6%，低于全国农业用水量占用水总量的比重，但属用水大户。同时，水资源地区分布又严重不均匀，在武汉城市圈中的武汉、鄂州、孝感、天门人均水资源明显落后，在1 000 m³以下，武汉最少，仅为406 m³，是全省平均水平的1/5，是人均水资源最丰沛的神农架的1/88。相比武汉在湖北省的经济地位而言，水资源严重不足的局面明显。经济发展伴随水资源需求的不断增加，由于时空性和水质性缺水问题没有得到根本的改变，湖北省水资源供需矛盾可能进一步突出，并可能成为影响湖北省经济社会可持续发展的不利因素。

（三）空气质量还有待提高

尽管湖北省近年来在环境治理上付出了巨大的努力，并取得了一定的效果，但传统的发展方式所遗留的污染问题，包括空气质量问题仍然没有完全消除，治理难度仍然很大。资料表明，2017年湖北省万元GDP能耗降速排名全国第六位，能源消费量增速低于全国平均水平1.2个百分点，节能减排成效显著。生态环境状况指数为71.91，农村环境质量状况良好，空气质量达标率达99.5%，说明环境治理取得明显效果。在全省空气主要污染物中，细颗粒物和可吸入颗粒物年均浓度较2016年下降9.3%和9.4%，但仍未达到国家二级标准，仍然超标0.4倍和0.1倍。在17个重点城市中，除神农架外其余16个重点城市空气质量均未达到年均二级标准[①]，空气质量排名前三的是神农架、天门和潜江。但这三个地区GDP也是湖北省除恩施之外最低的三个地区，反映经济增长和环境保护之间的矛盾仍未得到有效解决，绿色发展任重道远。

（四）生态环境质量还有待充分改善，绿色转型稍显滞后

进入21世纪以来，在可持续发展战略的推动下，湖北省充分重视生态环境问题，并开展了一系列防治措施，生态环境恶化的趋势得到了明显的遏止，但由于湖北省是一个传统产业分布比较集中的地区，生态环境问题仍然突出。资料表明，2016年湖北省单位GDP能耗（2010年不变价）达到0.59 t标准煤/万元，高于浙江省0.15 t标准煤/万元。说明湖北省发展方式粗放、过分依赖传统产业、过度依赖要素驱动的路径依赖依然存在；在2014～2016年环境质量指数分别为91.55、79.15、83.12，主要污染物排放强度指数分别为80.48、84.86、89.73，环境质量与生产周期波动呈正相关。说明湖北省环境整治效果出现了反弹的局面。2016年

---
① 2017年按照《环境空气质量标准》（GB 3095—2012）评价

长江、汉江等水质优良,而生产较为集中的主要城市内湖总体水质为中度污染,总磷、化学需氧量和五日生化需氧量超标,且除神农架外,全省其余16个重点城市空气质量均未达到二级标准,环境质量呈现出随生产集中度增高而下降的态势。说明湖北省环境污染状况呈现明显区域分化态势。总体来看,湖北省资源环境约束仍然趋紧,生态环境保护压力加大。

(五)能源结构调整并不明显

随着经济的发展,湖北省对能源的需求进一步增加,但传统以煤炭为主的能源占主导的地位仍然没有得到根本的改变。目前,湖北省的能源主要由水能、风能、太阳能、火电等构成,虽然水能资源丰富,也得到了有效的开发和利用,是中国重要的水电供应基地之一,但供应给湖北本省的部分仍然不能满足其自身的需要,火电仍然占有相当大的比重,是一个以传统能源为主的地区。湖北省传统的煤炭等一次能源因其不可再生性、高污染性,在绿色经济发展要求下,开发总量和占比结构将会越来越小,太阳能、风能等新能源的开发利用将在能源结构中逐渐占据越来越重要的位置。但目前,湖北省新能源的发展仍然非常缓慢,新能源在能源使用结构中的比重明显偏低,因此,提高能源资源利用效率,改变发展方式,大力发展风能、太阳能、核能等新能源,调整能源使用结构,形成有利于走绿色发展道路的能源结构在湖北省刻不容缓。

湖北省目前存在的资源环境问题是其发展过程中长期推行的传统发展方式所积累的结果,现已对湖北省经济社会的可持续发展产生了不利的影响。在绿色发展和高质量发展的新形势下,湖北省应充分重视面临的这些资源环境问题,并在调结构、转方式,培养新动能中得到切实的解决。

二、新动能的培育问题

在我国由高速增长阶段向高质量发展阶段转变的过程中,湖北省也需加速向高质量发展转型,通过转变发展方式、优化经济结构、培育新的经济增长点,走绿色发展道路,形成和发展新动能。

新动能和旧动能是相对而言的,是指以技术创新为引领,以新技术、新业态、新模式为核心,以知识、技术、信息、数据等新生产要素为支撑,形成引领经济持续健康发展的新动力。一方面,新动能与新科技革命是密不可分的。每一次科技和产业革命都会产生新技术,形成新产业,带来新的发展动能,另一方面,新动能因地因时而异,体现为新动能与旧动能是动态的和发展的概念,新动能随着时代的发展、技术革命也会衰落成旧动能,旧动能经过转型升级同样可以变成新动能(巩键,2018)。

目前，湖北省高新技术产业、战略性新兴产业等在经济发展中的比重仍然较低，发展不足，对经济社会发展的支撑作用并不十分突出，新动能仍然处于培育阶段，需要进一步加强。当前，湖北省新动能的形成主要存在三个方面的问题。

（一）湖北省在新动能培育和发展上体量较小，新增企业拉动力不足

近年来湖北省在科技创新不断深入的过程中，高新技术产业得到了较快的发展，但对经济社会的支撑作用仍然不足。资料表明，2017年全省规模以上高技术制造业占规模以上工业比重只有8.4%，装备制造业占规模以上工业比重只有31.7%，均低于全国平均水平。高技术产业投资占全部投资的比重仅为4.4%。"四上"高新技术产业增加值增长12.9%，比上年有所减缓，占GDP比重也仅为16.0%。全省新增规模以上工业企业1147家，比上年少441家；新增规模以上工业企业拉动全省产值增速1.4个百分点，拉动作用比上年下降1.2个百分点。说明湖北省新动能仍然需要进一步培育和发展。

（二）优势没有得到有效的转换

从基础条件来看，湖北省科技创新比较优势明显，但成果转化为现实优势不足，没有发挥科教优势的应有效益。湖北省科技教育优势十分突出，科教资源较为丰富，截至2017年，湖北省共拥有129所普通高等院校，其中，7所高校、29个学科入选国家"双一流"建设，拥有各类研发机构2158个、国家重点实验室28个、国家级工程技术中心19个，科教实力在全国排第三位，创新平台数量居全国前列、中西部地区之首；高层次人才队伍不断壮大，博士人数增长迅速，两院院士已达73人，39人入选科技部创新人才推进计划，2017年区域创新能力综合排名上升到全国第七位。但湖北在科教方面的数量优势并没有完全转化为现实的经济优势。从指标来看，综合科技创新水平指数得分65.75，低于全国平均水平1.8分；2017年，湖北省万人发明专利拥有量6.87件，低于9.8件的全国平均水平；2013~2017年，湖北省研究与试验发展（research and development，R&D）经费投入强度连续5年低于全国平均水平，科技进步贡献率也低于全国平均水平，科研成果落地转化率不到20%。这与湖北省科技大省的地位明显不符，因此，必须进一步加强制度建设和科技投入，加强研究和市场对接，强化科技成果转化力度，提高参观产业化水平，为湖北省经济社会的快速发展提供支撑。

（三）创新能力有待加强

从制造业等工业产业的技术运用来看，尽管湖北省近年来非常重视高新技术产业的发展，但湖北省高技术制造业增加值占规模以上工业比重只有8.3%，高技

术产业投资占全部投资的比重仅为3.9%，而高新技术企业数量占比低于全国平均水平。高技术制造业发展不足明显。其主要原因是创新主体较少，传统工业经济和新经济之间的衔接较弱。湖北研究与试验发展经费支出占GDP的比重不到2%，同时，高新技术在改造和提升传统产业转型升级和发展方面仍然有较大的空间。总体来看，湖北省的创新基础支撑不足，工业发展后劲较弱，落实创新驱动发展战略、提高科技创新成果转化能力和提升成果产业化发展水平的任务还十分艰巨。

三、结构调整问题

虽然经过改革开放的不断调整和发展，产业在得到快速发展的同时，产业结构和经济结构也得到了明显的优化和升级，但总体来看，湖北省作为传统产业占主导地区的格局并没有得到根本的改变。

总体来看，湖北省产业虽然得到了较快的发展，但产业结构仍然有待进一步优化。

一是第三产业引领作用不足。资料表明，2016年湖北省第三产业增加值占比为44.2%，虽然有所提高，但仍然低于全国水平7.4个百分点，在中部省份中排名倒数第二位。服务业相对发展不足，产业结构协调性不佳，战略性新兴产业、现代服务业发展滞后，现代农业、实体经济、科技创新、现代金融和物流、人力资源协同发展的产业体系尚未建立。产业内部结构不够合理等问题比较突出。从服务业内部来看，2016年全省规模以上生产性服务业营业收入增长11.3%，低于平均水平1.2个百分点，同时，信息传输、计算机服务和软件业增加值仅占比6%左右。生产性服务业发展迟缓，现代服务业占比较低，对服务业的引领作用不明显。

二是传统产业发展不足的问题突出，结构调整和升级压力大。从工业来看，2016年湖北省重工业总产值占比为63%，私营工业企业数和总资产分别只占全国的4.0%和3.0%。在17个千亿行业中，建材、纺织、钢铁、有色等传统行业所占份额较大，轻重工业比例失调、民营经济体量较小、产能过剩产业占比较高等问题凸显，而高新技术产业对传统产业等的作用和影响，特别是对传统产业改造产业的作用并不十分突出，结构调整和转型升级的任务十分艰巨。

四、区域发展差异问题

国务院发展研究中心课题组于1994年出版的《中国区域协调发展战略》中，正式提出了区域协调发展战略。湖北省是一个自然资源禀赋和经济社会发展水平差异巨大的地区，各区域发展不充分不协调的问题一直是湖北省区域经济发展、结构、产业布局亟待解决的突出问题。近年来，湖北省充分注重区域的协调发展，协调发展的效果已经显现，但区域发展差异仍然明显。

（一）城乡发展差距比较突出

我国是一个城乡二元结构的社会，即使改革开放使城乡都得到了快速的发展，但城乡发展差异巨大的事实仍然没有得到根本的改变。湖北省作为我国区域发展不平衡的重要省份之一，同样存在城乡发展差异巨大的问题。

一是收入差距仍然很大。湖北省虽然在发展过程中注重区域、城乡协调和融合发展，但城乡收入仍然存在较大的差异。资料表明，2017年湖北省城镇居民人均可支配收入为31889.42元，是农村居民人均可支配收入的2.31倍，与2016年基本持平，是2015年的2.28倍，却有所增加。同时，城镇居民人均可支配收入增速下降0.1个百分点，而农村居民人均可支配收入增速增长1.1个百分点，均低于城镇居民人均可支配收入增速。分析说明，湖北省城乡居民收入差距仍然存在进一步扩大的风险，因此，必须进一步加强区域协调和融合发展的力度。

二是贫困地区缓慢发展。湖北大别山、雾灵山、秦巴山、幕阜山四大集中连片特困地区位于山区[①]，农业发展和工业生产受自然条件限制发展有限，四大集中连片特困地区占全省面积超过40%，涉及县市区为31个，占全省县市区总数的34.4%，贫困村占全省数量的50.7%，聚集了全省23%的常住人口，但贫困人口数占全省总数的60%左右。截至2016年底，四大片区仍存在贫困人口167万。当前，四大集中连片特困地区在国家扶贫攻坚过程中经济社会得到了一定的发展，但总体来看，发展仍然与其他地区存在明显的差距。目前，湖北省扶贫攻坚工作虽然取得了明显的实效，贫困状况有所改变，至2019年初已有20个贫困县摘帽，效果明显，但由于落后地区经济社会发展不足，仍然有17个县没有摘帽，全面脱贫任务艰巨，工作繁重，压力巨大。

（二）地区经济发展差异显著

从区域来看，湖北省省会城市武汉始终保持了区域领先发展的地位。资料表明，2017年武汉市GDP占全省GDP的36.7%，是排名第二位襄阳市总值的3.3倍，是武汉城市圈其他八城总值的1.46倍，是生产总值最低的神农架林区的500多倍，相比宜昌、襄阳总值之和占比的21.7%，超过15个百分点，GDP低于1000亿元的七个市州GDP总和为4129.77亿元，仅占湖北省GDP的11.3%。武汉市龙头地位极其突出，但与周边城市的协调互动发展明显不足，辐射带动作用还未明显得到体现。与省域副中心城市和武汉城市圈其他城市发展差距明显，一主两副多极态势并未完全形成。此外，湖北省县域经济实力不强，中小城市规模小、产业结构未有效调节、经济支撑能力不足。2017年，湖北省大冶、宜都、仙桃入

---

① 引自：《湖北省人民政府办公厅关于有序推进全省光伏扶贫工作的指导意见》，鄂政办发〔2017〕85号

围"全国综合实力百强县",但实力较弱,排位靠后,县域经济发展不足严重地制约了小城镇的发展,助力异地城镇化倾向,县域经济人口要素流失问题较为严重。区域经济发展差距的存在虽然与其经济发展条件、水平和基础有关,但发展差距的扩大也将进一步增加区域协调发展的困难。

第五节 湖北省经济社会发展主要进展

近年来,在可持续发展战略的推动下,湖北省的经济社会通过调结构、转方式,大力发展绿色产业,转换新旧发展动能,经济社会同步进入了以绿色发展和高质量发展为主要特征的新时代,经济发展稳定并向好的趋势保持延续态势。总体来看,湖北省经济社会发展也取得了重要进展,区域经济发展由依靠要素投入、中低端竞争向提升创新能力、加强质量效益的深层次方向拓展,结构优化、高质量发展的态势明显。

一、绿色发展取得新成效

随着生态文明建设的不断推进和深化,湖北对生态环境保护认识逐渐加深,生态环境治理力度不断加大,生态修复、环境保护、绿色发展等方面有明显成效,环境质量水平稳步提升。

(一)环境保护成效显著

随着主体功能区、生态省建设等规划的启动和运行,十堰市(含神农架林区)、宜昌市、黄石市、荆州市已成为国家生态文明先行示范区,咸宁市、十堰市郧阳区、荆州市石首市、荆门市京山县、黄冈市罗田县成为国家首批生态保护与建设示范区。2014~2017年,湖北省能源消费总量仅增长2.9%,同期GDP增幅达28%。2017年湖北省单位生产总值能耗比2016年下降5.54%,相当于节约$1\,211\times10^4$ t标准煤,据测算,这意味着减少二氧化碳排放$3\,150\times10^4$ t,减少二氧化硫排放10.2×10^4 t,在2017年能源消费总量和强度"双控"目标任务完成情况审定中,湖北省的考核结果为超额完成等级,湖北省内各地市州的完成情况审定结果中,武汉等7个地市超额完成任务,8个地市完成目标任务,占地市总数的88.2%。湖北省绿色发展、生态经济协调平衡发展成效突出。

(二)长江沿线成绿色发展重点

湖北是拥有长江干线最长的省份,沿江人口和经济总量占湖北省的比重达到

60%左右，对长江生态保护和修复承担着重大责任。依托长江经济带发展战略，突出生态优先、绿色发展，共抓大保护，不搞大开发，从国家主体功能区定位和长江经济带发展战略定位的要求出发，积极转变经济发展方式，调整产业结构和经济结构，走绿色发展和高质量发展的道路，湖北省沿长江的绿色发展已经有了明显的进展，各沿江城市从码头的重新规划到生态复绿措施的实施，从沿江化工企业的关停到能源资源的综合利用。从推动沿江产业优化升级到发展产业技术转型、生态转型，有力地推动了长江经济带科学发展、生态发展、高质量发展。目前，湖北省已投入 2000 亿元进行长江岸线的复绿工作，而绿色发展、高质量发展现已成为经济社会发展的主流。

（三）新能源资源利用效率逐渐提高

湖北是风能资源、太阳能资源、水力资源、生物质资源较为丰富的省份，资源禀赋和开发利用潜力巨大。2017 年，湖北省发电量累计达 2645×10^8 kW·h，其中，清洁能源总发电量占比就达到 61%，风力发电、太阳能发电、生物质发电等新能源发电量为 82.27×10^8 kW·h，占全省规模以上工业发电量的 3.2%。对太阳能和风能的利用成效突出，无弃光、弃风现象。湖北省生物质发电量为 36.9×10^8 kW·h，占全国的 4.6%，为全国第七位，其中农林生物质发电是湖北省生物质发电主要方式，占比达 64.2%，高于生活垃圾焚烧发电和沼气发电，全省农林生物质发电装机容量为 48.3×10^4 kW，占全国的 6.9%，位居全国第五位。据国家能源局发布的报告显示，湖北省可再生能源电力消纳量达 803×10^8 kW·h，居全国第六位，占全省用电量比重的 43%，其中，非水电可再生能源电力消纳量达 127×10^8 kW·h，占比 6.8%，达到 2020 年的目标的 75%以上。目前，湖北省能源结构日趋合理，对相对具有优势的新能源的利用效率也逐渐提高。

二、高质量发展取得新突破

高质量发展，是新发展理念，是以提高发展质量和效益为中心，以科技创新、产业调整为手段，更好地解决当前的社会主要矛盾，满足人民日益增长的美好生活的需要。这是新时代推动高质量发展的本质要求。

（一）高科技发展带动产业高质量发展

高质量发展作为新时代我国经济社会发展的主要特征之一，其核心是高科技发展及其对地区产业发展的带动作用是否得到充分的发挥。近年来，湖北省把发展高新技术产业作为高质量发展的重要途径在各级政府工作中得到了加强，并取得了明显的效果。资料表明，2018 年，湖北省高新技术企业总数达到 6000 家以上，新增近 4000 家，高新技术产值同比增长 12.8%，已成为湖北省产业结构调整、升级和经济社会快速发展的重要力量。国家级高新区增至 9 家，建立起国家信息光电子创新中心，24 所高校、58 个学科纳入国家和省"双一流"建设，引进和奖励 50 名有突出贡献中青年专家和 100 名享受省政府专项津贴人员，多项人才引进政策为湖北省发展提供了重要的战略支撑。同时，湖北省建立创新平台、抓住核心技术、推进成果转化方面设立了目标，并达成了一定成效。如 2017~2018 年，武汉市举办的"资智回汉"活动，就带来了项目投资超过 1.5 万亿元，占同期武汉引资规模的一半以上。湖北各市区也通过政策、人才、产业、资金、创新等要素多位一体、有机融合，建立以市场为导向、以企业为主体、以院所为中心、以应用为目标的协同发展中心，涉及资源环境、生物技术、医药医疗、电子信息、节能环保、高端设备、现代农业、新材料、化工等诸多学科和领域，既注重加大生产核心技术和关键技术的创新和研发力度，也注重技术产业化、成果转化效率的提升。企业的生产效率大幅上升，收入水平明显增加，产业布局日趋优化。

（二）促进民生高质量发展，人民生活水平得到大幅提升

近年来，在经济发展同时，湖北省充分注重民生问题，居民生活水平和质量有了显著的提高和改善。资料表明，2017 年湖北省居民人均可支配收入为 23 757 元，同比增长 8.9%，超过地区生产总值增速。在增加居民收入、提高生活质量的同时，政府更加关注民生问题。从地方一般公共预算收入来看，2017 年虽然增长了 8.4%，但财政支出中用于民生的比重却保持在 75%。就业方面，2017 年、2018 年，城镇登记失业率保持在 3.5%以下，2017 年为 2.59%，2018 年约为 2.55%。2017 年新增就业 91.86 万人，31.37 万名失业人员实现再就业，困难群体再就业 16.23 万人，组织劳动力转移就业 27.5 万人；全省设立人力资源服务机构 1 190 家，在提供人力资源服务以及帮助实现就业方面做出了重大贡献；政府的创新创业就业政策更积极，全省从就业补助资金中支出社会保险补贴惠及 37.2 万人，公益性岗位补贴惠及 11.53 万人。贫困人口生活得到改善。湖北省在城镇棚户区住房改造、易地扶贫搬迁、农村人口饮水安全等涉及民生方面的指标具有很大的突破，而教育、医疗、社会保障等方面也得到了发展，保障程度明显提高。

三、"三大攻坚战"取得新进展

2017 年，党的十九大报告中首次提出"三大攻坚战"表述，强调要坚决打好防范化解重大风险、精准脱贫、污染防治的攻坚战。能否打好攻坚战，关系经济能否成功向高质量增长转变、关系能否有效解决新时期经济和社会发展主要矛盾、关系能否全面建成小康社会实现社会主义现代化建设。湖北积极响应打好"三大

攻坚战"的号召，遵循国家和区域发展战略，切实工作，并取得了明显的成效。

（一）防范和化解重大风险有序进行

在防范和化解重大风险中，湖北着力防范金融、政府债务等风险。从总体来看，湖北省对已暴露出的金融风险具有可控性，但重点是守住潜在风险和系统风险不发生。支持实体经济发展，引导金融资本和实体经济的有效结合是湖北省解决金融风险问题的重要途径。湖北四板市场是全国区域股权市场的重要组成部分，从2013年成立之初12家企业成功挂牌，企业总市值突破100亿元，截至2018年底累计挂牌企业达到4787家，累计成交量94.11亿股，为390家企业完成融资总额达916.03亿元。2019年初，湖北四板挂牌企业总数超过5000家，成为全国首个也是唯一一个挂牌企业突破5000家的区域性股权市场，托管、挂牌、融资等各项指标位居全国34个区域股权市场的前列。湖北四板市场为中小企业融资方式创新、融资渠道拓展提供了新路径，有效地缓解了全省中小企业融资压力，避免了融资风险的加大。在省级股权投资引导基金的示范下，更多的企业，尤其是高新技术企业和各类实体企业积极转型，金融资本脱虚向实的成效日益明显。2015~2016年湖北省每年处置非法集资案件200起左右，涉案金额近百亿元，2017年新发案件数、涉案金额、涉案人数均呈现大幅下降态势，湖北省对金融违法现象加大打击治理力度，并通过构建实时预警机制，有效地减少了金融风险的发生，降低了金融风险的危害后果。

（二）精准脱贫取得预期成效

在精准脱贫攻坚战中，2017年湖北省91.7万建档立卡贫困人口实现脱贫，1013个贫困村脱贫出列，神农架林区、红安县、远安县脱贫摘帽。截至2017年底，湖北省建档立卡贫困人口减少至201.7万人左右，约占全省人口的3.4%。湖北省通过建立产业扶贫、就业扶贫和保障性扶贫等长效机制，采取一系列措施实现精准扶贫目标。产业扶贫方面，湖北省注重充分利用当地资源培育带头企业，推出"政府+贫困户+银行+市场主体"的合作贷款模式，引导各类资金向产业基础好、带动能力强的企业流动，进而带动贫困户参与生产经营并获利，既推动当地企业发展，又帮助解决贫困人口就业和收入问题，有效帮助贫困人口脱贫。对于残疾人、重病患者等特殊贫困人口，落实救助供养、大病救治、生活保障等措施。在扶贫投入上，2017年，省、市、县三级共投入财政扶贫134.57亿元，承接金融机构政策性专项贷款200.49亿元、地方债券97.5亿元、国家专项建设基金50亿元，通过设立多种基金，创新金融扶贫新模式，构建稳定的扶贫资金保障制度，目前已设立了贫困村产业发展基金、贫困村发展乡村旅游基金、贫困地区"双创"基金、教育扶贫专项基金等，十堰市郧阳区创建扶贫公益股，丹江口市设立绿色产业扶贫基金，宜昌市五峰县发行了全国首单扶贫专项债券。金融机构也通过创新贫困户信用评级方法、创新保险扶贫模式、发挥资本市场助力作用、保障精准扶贫贷款发放等方式发挥融资融智作用，提升贫困地区和贫困人口内生发展动能。目前，湖北省扶贫工作已取得重要进展，资料表明，截至2019年上半年，湖北省37个贫困县已有20个摘帽，剩下的17个仍在努力之中，但要使贫困人口全面脱贫仍然需要各级政府和社会各界坚持不懈和长期努力。

（三）污染防治攻坚进展顺利

在污染防治攻坚战中，湖北省既是长江流域中游重要区域之一，也是中部地区重要的粮食生产大省，污染防治责任重大，既要防控各类环境污染问题，也要保持经济稳中求进的状态。以2017年为例，宜昌就关停了沿江化工企业25家，并计划到2020年关、搬、转沿江1 km范围内的134家化工企业，涉及产值上百亿元。荆州市在2017年清理环保违法违规企业1360家，关闭落后产能企业71家、污染严重企业和非法作坊116家。同时，湖北省实施森林生态修复、生物多样性保护等九大治本工程，新增两个国家级保护区，全面禁捕。通过对各沿江区域的环保督察和清理整顿，流经湖北的1 061 km的长江流域生态环境状况有了极大的改善。资料表明，2017年湖北省长江干流的断面水质有8个从三类上升到二类，湖北省主要河流断面水质优良率达86.6%，114个地面水断面优良率达到84.2%，21个主要湖泊水域总体水质保持平稳，全省森林覆盖率达到41.6%，空气优良天数比例接近80%。污染防治效果良好。此外，从法律政策上，湖北省率先编制实施了《湖北长江经济带生态保护和绿色发展总体规划》，编制了全国首部土壤污染防治地方法规《湖北省土壤污染防治条例》，实行了《湖北省水污染防治条例》，出台了《湖北省人民代表大会关于农作物秸秆露天禁烧和综合利用的决定》，从多角度对全省主要污染防治重点进行规范，并试行生态环境损害赔偿制度，健全绿色政绩考核体系，建立环保督察长效机制。资料表明，2017年湖北省17个行政区域可吸入颗粒物PM_{10}、细颗粒物$PM_{2.5}$累计平均浓度同比下降7.1%和9.3%，平均优良天数比率较2016年上升5.7个百分点，环境空气质量改善幅度居全国前列，碳交易市场交易量、交易额位居全国第一，全省生态环境状况指数为71.91，五个行政区域生态环境状况等级达到优。总体来看，近年来湖北省在水域、空气、生态环境等污染防治方面都取得了明显的进展。这在一定程度上扭转了环境恶化的不利局面，也为绿色发展创造了条件。

四、新旧动能转换实现良好开局

湖北省加快培育新动能，是推动经济转型升级、推动高质量发展的重要途径。近年来，在新动能培育过程中，湖北省在对传统产业改造升级和新兴产业建设发展中都取得了较好的成果。

（一）经济发展新动能培育取得明显成效

近年来，在创新发展不断推进的过程中，湖北省大力调整产业结构，转变经济发展方式，高新技术产业和生产性服务业等一批对湖北省经济社会发展比较有影响的产业得到了较好的发展，也已成为湖北省经济快速发展的重要支撑力量，而新的发展动能也得到了有效的培育和发展。以经济发展新动能指数为例，近年来，湖北省的新动能指数明显上升，它反映了湖北经济发展新动能培育工作有所成效。资料表明，2017年湖北经济发展新动能指数为118.6，比2016年增长18.6%。五大指数类别均实现了增长，其中，数字经济指数达到141.4，居各指数首位，互联网、人工智能等信息技术的深入应用，使得数字经济已成为拉动湖北省经济发展的主要引擎。

（二）产业结构调整取得明显进展

传统产业投资后劲进一步增强，工业投资稳定增长，第三产业地位进一步提升，传统产业改造升级投资加大。湖北省在传统产业改造过程中，大力推进高端装备、电子信息、医药、冶金、石化、建材等重点产业和传统产业调整和升级。从全省情况看，2017年湖北省工业投资累计完成12712.39亿元，同比增长11.9%，增速比2016年提高4.5个百分点，其中，制造业完成投资11257.84亿元，同比增长11.5%，增速提高5.1个百分点。第三产业投资同比增长10.6%，占全省投资比重达55.6%，第三产业已经成为湖北省投资重点和收入增长点。全省改建和技术投资同比增长34.8%，高于全省投资平均水平23.8个百分点，对传统工业改造、升级成为湖北省发展新动能的重要环节。2017年湖北省整合设立传统产业改造升级资金5亿元，撬动约200亿元银行贷款；2018年湖北省就此出台《湖北省传统产业改造升级资金管理暂行办法》，引导自有资金投入技术升级改造，着力振兴实体经济，巩固提升传统动能。从地区来看，2017年作为老工业基地城市的黄石被确定为全国首批产业转型升级示范区之一，着力改革钢铁、有色金属、建材、高端装备制造业等传统产业，当年，黄石工业技改投资增长141%，规模以上装备制造业完成产值251.57亿元，传统产业通过设备更新、产品升级和智能化运用向深加工、中高端转变，加速了新旧动能转换，成为湖北省传统产业挖掘新动能的代表城市。2018年初，湖北省国家新型工业化产业示范基地达到16家，在湖北省产业集聚发展、工业转型升级方面起到了良好的示范引导作用。从产业新优势的培育来看，湖北大力推动制造企业、科研院所、金融资本的整合和融合，实施"万企万亿技改工程"，建立了三个省级制造业创新中心，14个省级以上新兴产业技术研究院，组建了50个产业技术创新战略联盟，在核心技术培育上，进行联合攻关，推动企业全流程和全产业链的智能化改造，工业云、大数据开始应用于各产业生产管理过程。通过以上措施的实施，可以看到，湖北省旧动能转换为新动能的持续性得到大大增强，产业由大向强的转型跨越得到了显著的提升。

（三）新兴产业发展加速，高技术产业提速提质显著

在创新发展过程中，湖北省大力扶持新兴产业的发展，着力引导软件、航空、新能源汽车、新材料等具有产业优势和发展潜力的新兴产业快速发展，并取得了良好的效果：一是新兴产业发展迅速。资料表明，2017年湖北省数字经济总量达到1.21万亿元，湖北省技术产业投资累计完成1404.93亿元，同比增长33.4%，高于全省平均投资水平22.4个百分点,其中，航空航天器制造业投资增长292.4%，新兴产业投资力度加大。高新技术产业产值也有了大幅提升，2017年高新技术产业实现增加值超过5841.29亿元，同比增长12.9%，约占全省生产总值的17%，对经济增长的贡献率约为26%，其中，高新技术制造业完成增加值4862.16亿元，增长13.8%，超过全部规模以上工业增速6.4个百分点，工业机器人、新能源汽车和微型计算机设备产量分别增长23.9%、118.2%和52.3%。二是湖北对高科技产业的吸引力日益增强。国家存储器、商业航天、新能源与智能网联汽车、国家网络安全人才与创新四大国家级产业基地落户湖北，上汽通用、金澳科技、华星光电、京东方、天马、长丰猎豹等一大批重大产业项目建成投产，平板显示、生物医药、新材料、航空航天及卫星应用等诸多领域的规模和竞争力大幅跃升。武汉东湖新技术开发区是湖北省新兴产业发展的领头军，作为全国第二个国家自主创新示范区，东湖高新区注重电子信息产业的产业集聚，集聚"互联网＋"企业1800余家，建成国内最大的光通信技术研发基地、国内最大的光纤光缆生产基地、国内最大的激光器件生产基地，依托光通信产业，带领湖北在光通信、集成电路、新型显示、智能终端、软件和信息服务等产业都有了领先发展，软件和信息技术服务业实现主营业务收入1537亿元，同比增长16%。三是发展目标明确。2017年，湖北省出台《湖北省万亿战略性产业推进实施方案》。该实施方案为战略性新兴产业的发展定下了阶段性目标，在方案的指导下，努力将湖北发展成为中部战略性新兴产业发展核心区、国家战略性新兴产业发展高地。目前，湖北省的高新技术产业已得到了快速的发展，并已对传统产业的改造和升级产生积极的影响。

五、区域协调获得新发展

提高经济与社会协调发展能力，是实现区域协调发展的根本要求，也是国家发展战略的重要组成部分。提高经济社会协调发展能力，形成区域经济社会协调发展机制，是我国区域协调发展战略的关注焦点。近年来，在"五大"发展理念的推动下，湖北省区域协调发展呈现出了重要进展。

（一）城市群成为区域协调发展的重要力量

武汉城市圈是区域经济发展的必然产物，也是我国区域发展的主要方向和重要力量。目前，湖北省实施的"两圈两带一群"战略、"一主两副"战略都体现出城市群发展辐射带动相关区域产业一体化发展的思路。如鄂东地区以发展武汉城市圈为重点，整合圈内各区域优势，大力开展区域内互联互通的现代基础设施建设，进一步优化区域产业布局，促进区域经济、社会、生态有机结合和融合、协调发展；以宜荆荆为中心的鄂西南城市群重点发展电力、电子、轻纺、石化、建材、生物医药、机械制造等重点支撑性产业，围绕重点产业形成配套机制，构建产业集群，形成区域内整体协调发展的态势；以襄十随为中心的鄂西北城市群，主导型优势产业是汽车及零部件制造，产业链条比较完整，产业集群优势比较明显，而在进一步延伸和拓展产业链、提升产业集群优势方面也取得重要进展，并增强其产业优势和发展能力。当前，湖北省三大城市群之间呈现出了良性互动、产业协同发展的新格局。它将进一步推进区域合作，形成有利于区域经济统一、协调和融合发展的新局面，促进湖北省经济社会的跨越式发展。

（二）现代交通布局的进一步展开成为区域协调发展的重要支撑

区域间要达到经济社会协调发展，需要交通运输基础设施实现区域一体化、城乡一体化和各设施有效对接。随着国家高速铁路、高速公路、航运和航空等新一轮现代交通基础设施建设布局的进一步展开，湖北省立足综合区位优势，大力开展交通基础设施的建设，交通等基础设施网络不断完善，运输能力不断增强，运输效率大大提升。目前，湖北省的交通基础设施得到了全面的建设和提高，交通状况发生了根本的改变，立体化、职能化的现代交通网络体系逐步形成。资料表明，2017年湖北铁路营运里程达到4211.24 km，公路营运里程达到26.95×10^4 km，高速公路里程达到6252 km，实现了县域全覆盖。目前，蒙华铁路、武西高铁、沿江高铁等一批铁路项目正在建设和即将建设之中，不久将发挥效益，其支撑作用将得到充分的体现。随着高铁和四条城际铁路的建成通车与延长，湖北省内各区域之间的经济协作关系也日益加强。如武汉东湖高新区就在武汉周边地市布局了分园区，包括中国光谷孝感光电产业园、咸宁产业园、仙桃产业园等。通过研发合作、人才交流、招商引资等各种方式，协同发展取得了积极的进展；武汉市传统产业生产制造基地转移到周边地市，同时引入传统企业和高新企业的研发中心，进行产业优化布局，以实现产业集聚的有效性。2017年，武汉GDP达到1.34万亿元，在全国副省级城市中位居第四位，武汉城市圈中的黄冈、黄石、咸宁、孝感也成为千亿城市，鄂州GDP也跨越了900亿元，向千亿目标进发。宜昌GDP达到了3857.17亿元，有效带动了鄂西南经济快速发展，区域内的荆州、荆门均为千亿地区，襄阳GDP达到4064.90亿元，带动鄂西北的十堰GDP过千亿，随州GDP也接近千亿。目前，湖北已经形成了一城领先、多极竞相发展的格局。武汉城市圈和省域副中心城市的带动效应和辐射效应也日益显著，而现代交通网络体系的进一步形成将使区域关系更加紧密。

第二章

湖北省自然资源空间布局

　　湖北省是我国自然资源比较丰富，类型多样，分布广泛，也是开发利用自然资源比较早的地区，同时，也是我国自然资源开发利用空间布局展开比较广泛的地区。本章将从湖北省自然资源禀赋、分布、开发利用、产业布局等方面全面分析湖北省自然资源空间布局现状、特征及存在的主要问题，为湖北省制定经济社会发展战略和自然资源选择利用的空间布局进一步优化提供决策依据。

第一节　湖北省自然资源禀赋状况

湖北省地处中国的中部，从空间和资源禀赋情况看，是一个资源性大省。湖北省制定未来经济社会发展的战略和发展定位，必须根据其特殊的地理位置和资源禀赋的状况。为此，本节将重点分析湖北省的自然资源禀赋状况，为湖北省新的自然资源空间布局的进一步展开提供基础支撑。

一、湖北省自然资源总体情况

根据湖北省的实际，本书所指自然资源主要包括矿产资源、土地资源、林业资源和水资源。为此，将从以下四个方面来介绍湖北省自然资源总体情况。

（一）湖北省矿产资源

1. 矿产资源赋存状况

湖北省是我国矿产资源赋存比较丰富的地区之一。从矿产资源的储备情况来看，具有矿产种类较多、资源储量丰富、优势矿产明显等特点。湖北省自然资源厅《湖北省矿产资源概况》资料显示：截至2015年湖北省已发现149个矿种，其中，已查明资源储量矿种有92个，它们分别占全国已发现172个矿种的86.6%，占已查明162个矿种的56.8%。同时，湖北省还有57种矿产（按亚矿种计81个）虽已发现，有的甚至已经被开采利用，但是，都是属于未开展正规的矿产地质勘查工作，或者尚未查明资源储量的矿产（表2-1）。

表2-1　湖北省矿产种类一览表

矿产种类	有查明资源储量矿种（括号内为亚矿种）		已发现或已开发利用但尚无查明资源储量矿种	
	数量	名称	数量	名称
能源矿产	7	煤、石煤、石油、天然气、地热、铀、钍	2	油页岩、油砂
金属矿产	41	铁、锰、铬、钛、钒、铜、铅、锌、铝土矿、镁、镍、钴、钨、锡、钼、汞、锑、金、银、铌、钽、锂、锆、锶、铷、铯、镧、钕、镨、钐、铈、钇、铕、锗、镓、铊、铟、铼、镉、硒、碲	8	铂、钯、钌、铱、铱、铑、铍、铪

续表

矿产种类	有查明资源储量矿种（括号内为亚矿种）		已发现或已开发利用但尚无查明资源储量矿种	
	数量	名 称	数量	名 称
非金属矿产	42	普通萤石、石灰岩（熔剂用石灰岩、制灰用石灰岩、电石用石灰岩、水泥用石灰岩、建筑石料用石灰岩、饰面用石灰岩）、白云岩（冶金用白云岩、化工用白云岩、建筑用白云岩）、石英岩（冶金用石英岩、玻璃用石英岩）、砂岩（冶金用砂岩、建筑用砂岩、玻璃用砂岩、水泥配料用砂岩）、脉石英（冶金用脉石英、玻璃用脉石英）、耐火黏土、硫铁矿、芒硝、重晶石、含钾砂页岩、化肥用橄榄岩、化肥用蛇纹岩、泥炭、盐矿、碘矿、溴矿、硼矿、磷矿、石墨、硅灰石、滑石、云母、长石、石榴子石、透辉石、透闪石、石膏、方解石、玉石、泥灰岩、砂（建筑用砂、水泥配料用砂）、水泥配料用页岩、高岭土、陶瓷土、累托石黏土、膨润土、其他黏土（水泥配料用黏土、水泥配料用黄土、水泥配料用泥岩）、建筑用辉绿岩、花岗岩（建筑用花岗岩、饰面用花岗岩）、大理岩（饰面用大理岩、水泥用大理岩）、饰面用板岩	47	钾盐、宝石、金刚石、自然硫、刚玉、叶蜡石、蓝晶石、硅线石、红柱石、石棉、蓝石棉、蛭石、沸石、毒重石、冰洲石、菱镁矿、玛瑙、粉石英、天然油石、硅藻土、凹凸棒石黏土、海泡石黏土、铁钒土、玄武岩、珍珠岩、黑曜岩、松脂岩、凝灰岩、安山岩、浮石、霞石正长岩、火山灰、片麻岩、角闪岩、闪长岩、镁盐、砷、粗面岩、湖盐、天然卤水、含钾岩石、水晶、电气石、明矾石、颜料矿物、白垩、伊利石黏土
水气矿产	2	地下水、矿泉水		
合计	92		57	

资料来源：湖北省自然资源厅《湖北省矿产资源概况》

按照湖北省已查明储量的矿种进行分类可以看出，属于非金属矿产的矿种占比达到46%；属于金属矿产的矿种占比达到44%；属于水气矿产和能源矿产的矿种占比分别仅有2%和8%（图2-1）。

相关资料显示，在已经查明的非油气类矿产的资源储量中，湖北省境内有些矿产的资源储量居全国之首，如磷矿、钛矿（金红石）、溴矿、碘矿、石榴子石、泥灰岩、累托石黏土、建筑用砂岩等；也有一些矿产的资源储量居全国的2～5位，如铌、锂、锶、硒及盐硝等20种矿产；有些矿产的资源储量居全国的6～10位，如重晶石、长石、石墨、石膏及饰面用石材等29种。总体来看，湖北省的矿产资源在全国占有重要地位。

为了进一步说明湖北省矿产资源丰富情况，将湖北省主要矿产资源储量占全国比重情况绘制成图2-2。

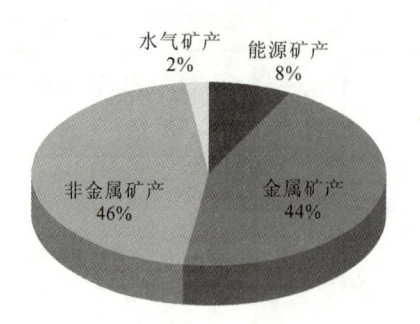

图2-1 湖北省已查明资源储量构成图

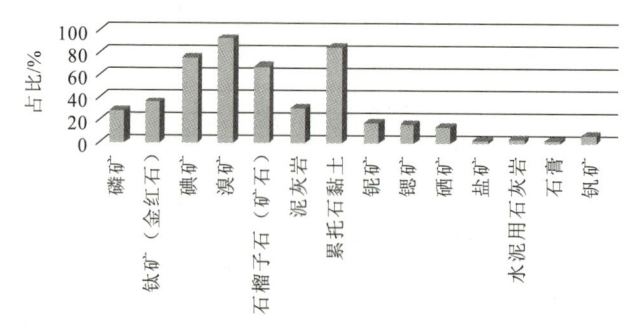

图2-2 湖北省主要矿产资源占全国比重

数据来源：《湖北省矿产资源储量统计表（2014）》《中国矿产资源储量通报（2014）》部分数据通过文献整理

2. 湖北省矿产资源赋存的特点

第一，湖北省矿产资源赋存具有优势，矿产特色明显。相关资料显示，磷、盐、石膏、水泥用石灰岩等是湖北省当地的优势矿产。另外，国家重要的大宗矿产，譬如铁、铜等矿产资源也较为丰富。

专家认为，湖北省潜在的优势矿产有：高磷赤铁矿、钛、钒、累托石黏土、页岩气等。同时，资源潜力较大的矿产有：金、铅、锌、钾盐、锂、铷、铯、铌、钽、石墨、膨润土等。利用与开发前景较好的非金属矿产，包括硅质原料、饰面石材等。具有地方特色的矿产资源是当地的财富，这些包括绿松石、百鹤玉、菊花石等。

第二，湖北省矿产资源赋存表现为能源及金属资源矿产短缺。湖北省的矿产资源的禀赋情况具有缺煤、少油、乏气，铝、钨、锡、钼、锑、钾盐、铬铁矿、铂族金属等资源严重短缺。但是，铁、铜、硫等资源虽较为丰富，可是品位偏低、伴生矿较多，矿产资源可开采利用的成本偏高。

第三，湖北省矿产资源赋存具有化工、建材及部分冶金辅助原料矿产丰富的现象。譬如，湖北省一些矿产资源开发前景较好，如水泥配料、玻璃硅质原料、冶金辅助原料、建筑用花岗岩、饰面石材等；另外，湖北省一些矿产资源潜力较大，包括：镁、铌、钽、铷、铯、锂、铊、稀土、硒、锶、银、铅、锌、溴、碘、硼、石墨、化工用白云岩、膨润土、耐火黏土、石墨、石榴子石、化肥用橄榄岩、建筑用辉绿岩等矿产；当然，地热、矿泉水等也具有巨大潜力。

第四，尽管湖北省的矿产资源分布广，但主要矿产资源集中度还是比较高。矿产资源分布体现为区域特色明显，矿产资源分别分布于湖北省13个市（州）和4个省直管行政区。其中，鄂东南地区矿产集中分布的矿产资源，包括富铁、富铜和金、钨、钼、钴、锶等矿产；鄂西、鄂西南地区矿产集中分布的矿产资源，主要包括磷、硫、铁、煤等矿产；鄂东北地区矿产集中分布的矿产资源，代表性的矿产包括重稀土、钛、萤石、重晶石、云母、长石等；鄂中南地区矿产集中分布的矿产资源，代表性的矿产包括石油、岩盐、石膏、芒硝、溴、碘、硼、铷、铯、锂等矿产；鄂西北地区占据重要地位矿产资源，代表性的矿产包括银、金、钒、轻稀土等矿产（表2-2）。

表2-2 湖北省各地域内主要矿产分布情况

地域	集中产出的主要矿产名称
鄂东南地区	富铁、富铜、金、钨、钼、钴、锶
鄂西、鄂西南地区	磷、硫、铁、煤
鄂东北地区	重稀土、钛、萤石、重晶石、云母、长石
鄂中南地区	石油、岩盐、石膏、芒硝、溴、碘、硼、铷、铯、锂
鄂西北地区	银、金、钒、轻稀土

资料来源：《湖北省矿产资源总体规划（2016—2020年）》

湖北省主要矿产的80%以上资源储量为大中型矿区（矿床），其中包括铁、铜、岩金、银、石墨、磷、硫、芒硝、石膏、水泥用石灰岩、岩盐等矿产。这样的矿产资源赋存方式，有利于建立较完备、规模化矿山，也可以为矿产品加工业于一体的集约化矿业经济体系发展提供良好的条件。

第五，湖北省矿产资源的开发利用难度大。从储藏的形式看，矿床规模总体偏小。从矿体的矿物成分来看，主要以共伴生矿、中贫矿为主。从开采的地质条件和利用情况来看，难采、选矿多。根据湖北省自然资源厅提供的信息资料显示，在已查明储量的固体矿产地1916处中，特大型仅有2处，不足1%；大型164处，近8%；中型333处，约占17%；小型及小矿1417处，约占总矿产地的74%（图2-3）。另外，湖北省70%以上的金属矿床都是共生矿床，对于其中的金属综合利用的要求高；80%以上的金属矿床是伴生多种有用组分。总体来看，金属综合利用前景好，但利用技术难度大。譬如：有色金属伴有稀有金属矿产的占80%，其中伴生有金矿的占84%、伴生有银矿的占80%。金、银的资源储量均来自共（伴）生矿床中。

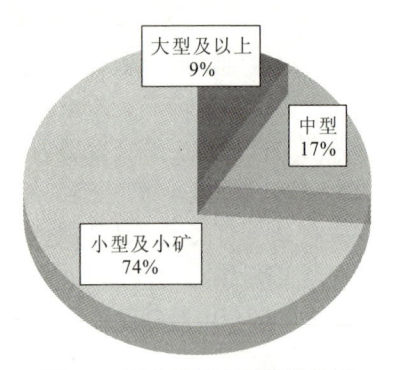

图2-3 湖北省矿床规模结构图

（二）土地资源总体情况

湖北省土地利用变更调查数据成果总体情况显示，现有耕地 $525.50 \times 10^4 \ hm^2$；园地 $48.29 \times 10^4 \ hm^2$；林地 $860.15 \times 10^4 \ hm^2$；草地 $28.17 \times 10^4 \ hm^2$；城镇村及工矿用地 $130.56 \times 10^4 \ hm^2$；交通运输用地 $29.83 \times 10^4 \ hm^2$；水域及水利设施用地 $205.51 \times 10^4 \ hm^2$；其他土地 $31.38 \times 10^4 \ hm^2$。湖北省现有湿地面积 $144.5 \times 10^4 \ hm^2$，占国土面积的7.8%。说明湖北省是一个土地类型多样，但土地面积不足的地区。

1. 耕地保有面积状态

数据显示，湖北省现有耕地面积为7882万亩[①]，其中，基本农田面积为5970万亩。湖北省通过各项政策举措，实施耕地保护共同责任机制，同时，湖北省针对132万亩非农建设用地占用耕地，采取开发储备、异地交易、异地调剂、创新模式、占优承诺等举措来实现占补动态平衡。通过一系列土地整治措施的实施，基本建成了高标准农田面积2241万亩。实施湖北"金土地"暨高标准基本农田地球化学调查，调查评价了14个试点县共8192 km²。同时，为了保障耕地的稳定，湖北省还划定了武汉、襄阳、黄石、荆州四个重点城市及周边永久基本农田。

2. 土地供给保障状况

根据《湖北省土地利用总体规划（2006—2020年）》，为了支撑湖北省中部建设跨越式发展用地需求，规划到2020年，建设用地面积预期为 $155.71 \times 10^4 \ hm^2$。根据国家下达的单位用地面积产值的要求，湖北省有效实施土地节约集约利用管

---

① $1 亩 = \dfrac{1}{15} \ hm^2 \approx 666.7 \ m^2$，后同

理，2015年单位GDP地耗水平（1195亩/亿元）较2010年下降34%，超额完成任务。同时，颁布《湖北省土地闲置费征收管理暂行办法》，着力处置闲置低效用地，有效处理面积10.33万亩。来自湖北省相关部门提供的数据显示，2011~2015年间存量盘活成效显著，累计供地率达到66%。同时，提高用地水平，把荆州等7个省级开发区，升级为国家级开发区，土地供给的保障能力得到了一定的提高。

3. 土地资源管理状况

湖北省开展城乡建设用地增减挂钩、低丘缓坡土地综合开发利用、工矿废弃地复垦利用、城镇低效用地再开发等，同时开展"四项创新试点"土地利用试点机会。为了有效缓解发展用地供需矛盾，争取用地指标42.5万亩；开展"四化同步"示范乡镇，实施搬迁拆旧，实现9975亩增减挂钩试点。

近年来，按照国家的相关要求，湖北省自然资源管理部门积极推进不动产登记管理工作，并利用公共资源交易平台和网上交易，推进土地使用权和矿业权等的交易和转让。一方面，政府对用地实施公平交易，年工业用地招、拍、挂率达到93%；另一方面，坚持用地征用付费原则，谁用地谁付费，土地出让价款累计达到6310亿元；办理农村集体土地确权登记发证，利用专项资金5.235亿元完成农村集体土地所有权确权登记，为湖北省内69.43%的乡（镇）和53.29%的行政村进行农村宅基地和集体建设用地使用权确权登记。同时，征地制度改革，实施平均征地补偿标准增长24.50%的新一轮征地补偿标准。目前，湖北省的不动产登记管理工作进展顺利，也带动了自然资源管理改革的进一步深入。

4. 土地供需矛盾与冲突

随着城镇化和工业化进程的不断加快，湖北省年均用地量近50万亩，而国家给湖北省下达的年度计划控制在25万亩左右，因此，在城镇化和工业化快速推进的新时期，湖北省建设用地的供需矛盾比较突出。

第一，湖北省耕地面积仅有234.8万亩，后备资源相对不足。由于未开垦耕地主要分布在丘陵和山地中，其开垦成本较高，分布零星，且地区分布不均衡，故部分地区落实耕地占补平衡压力较大，主要是部分市（州）自身难以平衡。需要进一步完善耕地异地补充机制。

第二，土地节约集约利用水平低。2015年湖北省单位GDP地耗为1195亩/亿元，是江苏、浙江等沿海地区的2~3倍。同时，部分市县供地率仍低于60%。湖北省土地利用率明显偏低。

(三) 林业资源总体情况

湖北省生态地位特殊，地处长江经济带的核心位置。譬如，鄂西武陵山区是生物多样性最丰富的地区，神农架保存最完好的物种基因库。秦岭—桐柏山—大别山是南北地理气候分界线，幕阜山是长江中下游重要的水源涵养地。南水北调中线工程水源区、三峡、丹江口、葛洲坝等国家大型水利枢纽，在确保"一江清水送北京"及长江中下游饮水安全等方面，林业承担着重大生态安全使命。

湖北省林地面积 $876.09 \times 10^4 hm^2$，占土地总面积的 47.13%；森林面积 $736.27 \times 10^4 hm^2$，森林覆盖率达 39.61%。湖北省规划用 3 年时间（2018~2020年）完成荒山造林 $13.87 \times 10^4 hm^2$。面对传统的野外自然采种和大田育苗逐步缩减，发展组培和大棚温室育苗技术及产业，林木育苗的出圃苗木趋向大苗化，城市绿化及观赏苗木比例加大。

湖北省以"两型社会""绿色发展"理念，推进"绿满荆楚"行动，以产业发展带动生态环境保护和林业资源建设。林业产业已形成了原料林种植业、木竹加工业、人造板制造业、家具制造业、木本粮油、花卉苗木、森林旅游、中药材、林下经济、野生动物驯养等门类。人工林、木本粮油、花卉苗木、中药材等原料林基地建设快速增长；木竹材加工、家具制造、木本粮油、花卉苗木、中药材和野生动物驯养等进行结构调整、转型升级和优化；发展森林、湿地旅游和生态休闲。

(四) 水资源总体情况

湖北省地处长江中下游，是三峡水库、南水北调中线工程水源地，长江、汉水润泽全省，大小湖泊星罗棋布。全省多年平均降水量 1 180 mm。现有 5 km 以上河流 4 228 条，长江、汉江两条主要的河流在省内流程分别为 1 046 km、864 km。2017 年实施"一湖一勘"的最后成果显示，湖北省内现有水面，面积 5 000 亩以上的湖泊 100 多个，面积 100 亩以上湖泊 700 多个。湖北省现有占比 7.8%的湿地，面积 $144.5 \times 10^4 hm^2$。湖北省水资源可以开发利用条件较为优越。虽然自产人均水资源量低于全国平均水平，年均自产水资源总量 $1 036 \times 10^8 m^3$；多年入境客水量 $6 298 \times 10^8 m^3$，是自产水资源量的 6 倍多。但是，由于降雨时空分布不均和水质性缺水等因素，湖北省水资源供需矛盾突出，如鄂北岗地就存在资源性缺水，特别是山丘区存在工程性缺水，江汉平原存在水质性缺水。

湖北省 20 世纪 50 年代初水面面积 100 亩以上的湖泊有 1 332 个，其中，5 000 亩以上的湖泊 322 个。由于过去大规模兴修水利，围湖造田、"江湖分家"等因素，其结果：一方面全省湖泊数量不断减少、面积日趋萎缩。另一方面，江湖隔绝使湖泊水体富营养化严重，时有发生"水华"等现象。湖泊功能不断衰减，湖泊数量减少、水质恶化、面积萎缩,导致湖泊纳污能力和调蓄能力下降、生物多样性减少等问题。湖北省落实最严格水资源管理制度,开展水生态文明和节水型社会建设,严格取用水管理,水资源为保障地方经济社会可持续发展。

《2017 年湖北省水资源公报》显示,2017 年全省水资源总量为 $1\,248.76\times10^8\,m^3$。全省平均降水量为 $1\,309.5\,mm$,比常年偏多 11.0%。地表水资源量 $1\,219.31\times10^8\,m^3$,地下水资源量 $318.99\times10^8\,m^3$,扣除地表水和地下水资源重复计算量。全省出境水量为 $7\,638.02\times10^8\,m^3$,入境水量 $6\,545.00\times10^8\,m^3$,实际损失水量 $1\,093.02\times10^8\,m^3$。与其他年份基本保持平衡。

资料表明,2017 年湖北省总供水量和总用水量均为 $290.26\times10^8\,m^3$。在用水结构中:农业用水量 $143.96\times10^8\,m^3$,是名副其实的用水大户;生活用水量为 $58.52\times10^8\,m^3$,也占据了比较高的水平;工业用水量为 $87.78\times10^8\,m^3$,万元工业增加值(当年价)用水量为 $63\,m^3$,用水量还是比较高。全省平均万元国内生产总值(当年价)用水量为 $77\,m^3$。按可比价计算,万元工业增加值用水量比 2016 年下降了 13.5%,万元国内生产总值用水量比 2016 年下降了 5.7%。用水量的比例变化一定程度反映了湖北省水资源利用效率在近年得到了明显的提高。

二、湖北省自然资源分布情况

湖北省虽然是一个自然资源丰富的地区,但不同资源分布并不平衡。下面就湖北省自然资源的具体分布情况进行说明。

(一) 矿产资源分布情况

一是湖北省的大地构造满足成矿条件和有利矿产资源富集。根据相关文献和资料显示,湖北省具有两大地质构造单元。它们分别是秦岭—大别造山系和跨扬子陆块区。这种地质条件是成矿地质条件中较为优越的。湖北省境内,出露岩石地层单位 187 个,包含太古代—新生代 20 个地质时代的岩层,千余个的各类岩浆岩侵入体,广泛分布变质岩,赋存着较丰富的矿产资源。湖北省自然资源厅的相关资料表明,湖北省有上表固体矿产地 1 983 处,其中就有小型及小矿 1 474 处,小型及小矿占矿产地总数的 74.33%;中型 334 处,大型 175 处,超大型仅有 2 处。在湖北省境内,重要矿产 80%以上资源储量集中于大中型矿区(床),如铁、铜、岩金、银、磷、硫、岩盐、芒硝、石膏、水泥用石灰岩、石墨等。资源储量集中于大中型矿区(床)有利于建立功能化、规模化和集约化利用,形成矿业开发利用产业体系,为经济发展提供支撑。

二是矿产资源地域特色十分明显。湖北省矿产呈现出了集中连片分布的规律,如鄂东南地区集中分布有富铁、富铜和金、钨、钼、钴、锶等矿产;鄂西、鄂西南地区主要分布有磷、硫、（高磷）铁、煤、页岩气等矿产；鄂东北地区主要分布重稀土、钛、萤石、重晶石、云母、长石等矿产；鄂中南地区主要分布有石油、岩盐、石膏、芒硝、溴、碘、硼、铷、铯、锂等矿产；鄂西北地区的银、金、钒、轻稀土等占据重要地位。

三是湖北省矿产资源分布具有"四带一区"的特点。"四带"是指全国重要成矿带；"一区"是指鄂中江汉拗陷区。

（1）武当山—大别山成矿带。该区域分布有铁、钒、金红石、铜、铅、锌、银、金、稀土、萤石、磷、绿松石、重晶石及各类建筑石材、饰面石材等矿产。这里主要处于秦岭—大别成矿带东段，包括鄂东北（孝感北部、黄冈）地区和鄂西北（十堰、襄阳）、鄂北（随州）。

（2）鄂西成矿带。该区域分布有金、银、铁、锰、铅锌、锡、钒、磷、煤、石墨、硫铁矿、菊花石、硒、耐火黏土等矿产。湘西—鄂西成矿带北段，包括鄂西南（恩施）地区、鄂西（神农架—宜昌）。

（3）长江中下游成矿带。该区域分布有铜、铁、金、银、钨、锡、钼、锶、铅、锌、煤等金属和建材非金属等矿产。该成矿带的西段，包括武汉和鄂东南（黄石、鄂州、咸宁北部）地区。

（4）钦杭成矿带。该区域分布有金、银、钨、钼、锑、钒、铅、锌、铌、钽、铍、煤和建材非金属等矿产。该成矿带的中段，位于鄂南咸宁市南部地区。

（5）鄂中江汉拗陷区。该区域主要分布有陆相沉积的石油、岩盐、卤水（含钾、锂、硼、铷、铯、碘、溴等）、芒硝、石膏等矿产。该区域主要包括鄂中地区的荆门—荆州、天门—潜江、孝感南部等。

（二）土地资源分布情况

湖北省土壤肥沃，水、土、气条件结合良好，耕作历史悠久，素有"鱼米之乡"之称，是中国重要的农副产品生产和供应基地。但是，随着工业化和城镇化的快速发展，湖北省人多地少、土地资源供给不足等土地资源问题日益突出，严重地制约了湖北省经济社会的快速发展。

1. 农用地

湖北省耕地主要分布在江汉平原、鄂北岗地和鄂东沿江平原。面积为 $467.52 \times 10^4 \text{ hm}^2$，占土地总面积的25.15%。

园地主要分布在长江三峡河谷地带、清江流域和鄂南幕阜山区。面积为 $42.66 \times 10^4 \text{ hm}^2$，占土地总面积的2.29%。

林地与湖北省的地貌特征基本一致。主要分布在山区和丘陵地区，面积为

$793.89×10^4$ hm^2，占土地总面积的 42.71%，而平原地区分布较少。

牧草地主要零星分布在十堰、恩施和黄冈等地。面积共 $4.45×10^4$ hm^2，占土地总面积的 0.24%。

其他农用地面积 $157.87×10^4$ hm^2，占土地总面积的 8.49%。

2. 建设用地

湖北省人均城镇工矿用地 98 m^2。城镇工矿用地面积 $24.18×10^4$ hm^2，占土地总面积的 1.30%。

湖北省人均农村居民点用地 202 m^2。农村居民点用地面积 $72.07×10^4$ hm^2，占土地总面积的 3.88%。

交通水利及其他用地面积 $40.51×10^4$ hm^2，占土地总面积的 2.18%。

3. 未利用地

湖北省宜耕后备土地十分有限。资料表明，湖北省未利用地面积为 $255.74×10^4$ hm^2。这些土地主要是河流、湖泊水面、沼泽地、苇地和部分滩涂等，都是具有生态环境保护功能的湿地。

（三）林业资源分布情况

一是差异化发展特色明显。湖北省建设以速生杨、松、杉、泡桐等丰产林基地；以楠木、红豆杉、楸树、香樟、枫杨等珍贵乡土树种基地；以乌桕、油桐、刺槐等生物质能源林基地；以及大中径材的木材战略储备基地。湖北省计划"十三五"期间，发展油茶、核桃、油用牡丹等木本油料产业重点基地达到 50 个，新建和改造木本粮油基地 607 万亩。规模化加工企业达到 100 家，年产木本食用油 $30×10^4$ t，实现年产值 600 亿元。以板栗、油茶、核桃、油用牡丹、甜柿、油橄榄等发展木本粮油植物。

木本粮油植物具体分布情况是：板栗主要分布在黄冈市、孝感市、荆门市、宜昌市、十堰市和随州市；油茶主要分布在武汉市、黄冈市、咸宁市、黄石市、恩施州、襄阳市、荆门市和鄂州市；核桃主要分布在襄阳市、随州市、十堰市、恩施州和宜昌市；油用牡丹主要分布在黄冈市、十堰市、襄阳市、恩施州和宜昌市；甜柿主要集中在黄冈市；油橄榄则主要分布在十堰市。

二是区域分工明确。武汉市、孝感市主要以发展园林经济、赏花经济和花卉苗木物流经济为主。鄂东北地区以东方园林为龙头发展花卉苗木基地为主。鄂西北及鄂东南地区主要以兴建兰花基地为主。

三是承担的功能各不相同。武汉市及周边地区邻近为森林、湿地、赏花观光旅游区；鄂东北为红色旅游、绿色生态休闲功能区；鄂东南为温泉度假区、避暑旅游胜地、星星竹海竹林等休闲度假区；鄂西北为神农架自然风景区、大九湖湿地、武当山道家文化和三国文化旅游区；鄂西南为恩施州土家族文化和三峡库区森林、湿地旅游区。

四是动物资源区域分布差异明显。从动物资源分布来看，湖北省动物资源虽然丰富，但资源分布存在差异。鄂东北地区主要以驯养繁殖利用鳄鱼、蛇类、蛙类、梅花鹿、野猪、雉类、雁鸭类、观赏鸟为主；鄂西北地区以马头羊、梅花鹿、林麝养殖为主；鄂西南地区建设以大鲵、梅花鹿、五步蛇等10个品种为主的驯养繁殖基地。

（四）水资源分布情况

一是水资源地区分布呈非均衡化状态。不论是从地区总量还是从人均来看，湖北省水资源地区分布是不均衡的。人均水资源分布不均，体现在省内各市州水资源总量排名来看，恩施、宜昌、咸宁、十堰等地靠前，鄂州、潜江、天门等地靠后。

二是经济社会发展水平与水资源需求呈现出一致性。来自湖北省水利厅的数据显示，2017年湖北省的人均水资源总量 2 116 m^3，明显比2016年人均水资源总量 2 546 m^3 低。神农架最多，达 35 748 m^3，神农架、恩施、咸宁、十堰等地人均水资源靠前。其中，武汉最少，仅 406 m^3，是神农架的1/88，是全省人均水资源量的1/5。而武汉、孝感、天门、鄂州等靠后的地区，人均水资源量都在 1 000 m^3 以下。神农架水资源比较充沛，常住人口少，因此，人均水资源多。而武汉等沿江城市水资源的补给比较单一，尽管滚滚长江和主要大河都过境，但都是客水，留存和可富集的条件非常有限。而且这些大中城市的人口聚集和水资源消耗大，因此，从人均用水量来看，武汉和沿江城市的人均水资源还是比较低。

资料表明，2017年，湖北省全省人均用水量仅有 492 m^3。从水资源的动态状况看，出境水量为 7 638×10^8 m^3，而入境水量仅有 6 545×10^8 m^3，流出湖北的水远大于流入湖北的水。也就是说湖北省全省的水资源补给不能满足流出的总量。另外，根据水资源调查显示，湖北省的河湖水质总体趋好，但是，部分河段、湖泊水质仍然出现很大的问题，水质较差和水体污染问题比较严重，部分河段、湖泊的总磷严重超标。这也加剧了湖北省水资源不足的状况。

三是水环境状况不容乐观。2017年，国家和地方政府相关部门对长江、汉江、淮河干流湖北段，特别是在湖北省境内93条中小河流的水质进行了监测，总评价河长 10 822.5 km，检查的结果是综合评价优于Ⅲ类水（含Ⅲ类水）的河长达到 9 849.1 km，占比 91.0%。监测水库和湖泊水域 101 个水质断面，检查的结果令人担忧,综合评价优于 III 类水的断面 69 个,仅占 68.3%。监测 320 个水功能区中,水功能区达标的有 277 个,达标率达到 86.6%;当然,对于 161 个国家考核重要江、河、湖、泊水功能区中,水功能区达标有 148 个,达标率为 91.9%。这些区域的水环境质量有所提升。

从监测的情况看,劣于 III 类水的河长,达到总监测河长的 9%。这些河流的城市河段和部分支流主要分布在四湖总干渠、淦河、涢水、漂水、举水、浠水等区域。氨氮、总磷、高锰酸盐指数是最主要超标项目。根据监测情况显示,29 个湖泊水质情况是:水质最好的是洪湖等 3 个湖泊,水质为 III 类;其次是大冶湖、东湖等 11 个湖泊,水质为 IV 类;而水质很差的是后湖、汤逊湖等 10 个湖泊,水质已经是 V 类;更为糟糕的是南湖、沙湖等 5 个湖泊水质已经达到劣 V 类。如果按营养状态进行评价,相关数据显示东湖、梁子湖等 14 个湖泊出现了轻度富营养化,而另外的 15 个湖泊中度富营养化,如汤逊湖、沙湖等湖泊。

相关部门和监测机构依据《地表水环境质量标准》(GB 3838—2002)和《地表水资源质量评价技术规程》(SL 395—2007),评价了湖北省 285 个考核水功能区水质达标情况,双因子水质达标的水功能区 270 个,达标率 94.7%(图 2-4)。

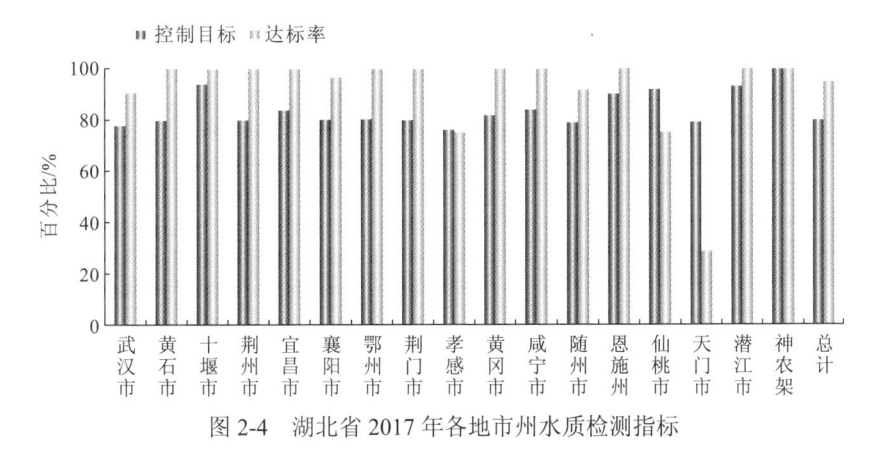

图 2-4 湖北省 2017 年各地市州水质检测指标

资料来源:《2017 年湖北省水资源公报》

三、湖北省自然资源找矿突破情况

近年来,为了进一步提高自然资源特别是矿产资源的供给能力,在加快实施"走出去"战略的同时,我国也在全国范围内开展了找矿突破行动。为配合国家的找矿突破行动,摸清家底,湖北省也在全省重点地区开展了找矿突破行动,并取得了明显的成效。

一是湖北省公益性地质调查初见成效。湖北省围绕国家找矿突破战略实施,紧密结合地方经济发展需求，开展中小比例尺区域地物化遥感调查项目研究和实施，开展1∶5万的矿产远景调查、矿产调查评价项目，寻找到了大批的铁、铜、金、磷的找矿靶区和矿产地，提高了湖北省内的重点成矿区带的地质工作程度。另外，根据地方经济社会发展的需要，开展了大量的民生地质服务工作。譬如，在武汉城市圈和部分试点县开展了城市、农业地质调查；在严重缺水地区及矿产资源集中开采区，如鄂北岗地、江汉平原、岩溶流域等，开展了系列的水文、环境地质调查项目。

2017年度湖北省完成的地质勘查基本情况，可以见表2-3。这些数据可以略见一斑地看出湖北省在地质找矿方面的努力。

表2-3　2017年湖北省地质勘查工作完成情况

指标名称	计量单位	数量
一、完成基础地质调查面积		
1∶100万	km²	
1∶50万	km²	
1∶25万	km²	3 000
1∶10万	km²	
1∶5万	km²	13 885
二、完成实物工作量		
机械岩心钻探	m	69 354

资料来源：《湖北省2017年国土资源综合统计年报》。

二是重点矿产找矿行动取得较大突破。按照国家的统一部署，湖北省积极开展找矿突破行动。来自湖北省自然资源厅的相关资料显示，从2008年以来，湖北省以国家和省急需矿产矿种，包括铁、铜、金、铅锌、磷、页岩气等作为找矿重点，并已经取得较大突破，如在鄂东南地区深部发现了厚大的富矿体，为铁铜矿区找到了后备矿源和矿产资源赋存；在宜昌发现了一批大中型磷矿床，主要是在宜昌的磷矿北部、东部；已完成42口钻井中22口有页岩气显示，主要地区是在鄂西地区。

根据矿产资源赋存地质条件，湖北省找矿突破的工作重点主要是在"四带一区"内进行矿产勘查。目前，湖北省共实施了21个省级整装勘查和3个国家级整装勘查，同时，完成了485个重要矿产勘查和4个老矿山找矿项目。新发现矿产地55处（大中型43个）；其中新增查明资源储量的矿产资源有：铜金属量78.51×10^4t、铁矿石6.45×10^8t、金金属量101.66t、铅锌金属量66.90×10^4t、磷矿石36.63×10^8t、水泥用石灰岩6.59×10^8t、石膏1.01×10^8t（表2-4）。

表 2-4 2017 年湖北省地质勘查新发现矿产地

矿种	矿产地项目名称	矿床规模	计量单位	预测资源量	工作单位
钒	湖北省竹溪县望鱼河矿区钒矿预查	小型及以下	V_2O_5/t	9 732	湖北省地质局第八地质大队
铜	湖北省阳新县赤马山-李家山矿区铜钼多金属矿普查	小型及以下	金属量/t	1 362	湖北省地质局第一地质大队
方解石	湖北省宜昌市都镇湾-仁和坪地区铅锌及非金属矿调查评价	小型及以下	矿石量/10^4 t	4 838	湖北省城市地质工程院
铁	湖北省大冶市张福山矿区铁矿普查	小型及以下	矿石量/10^4 t	309.4	中国冶金地质总局中南地质勘查院
铁	湖北省大冶市张福山矿区铁矿普查	小型及以下	矿石量/10^4 t	90.4	中国冶金地质总局中南地质勘查院
铁	湖北省大冶市余华寺矿区铁矿普查	小型及以下	矿石量/10^4 t	180.9	中国冶金地质总局中南地质勘查院
磷	湖北省保康县黄家湾矿区磷矿预查	中型	矿石量/10^4 t	4 647.6	湖北省地质局第七地质大队

资料来源:《湖北省 2017 年国土资源综合统计年报》

通过 2011 年以来所实施的找矿突破战略行动,湖北省地质找矿共投入 57.95 亿元专项资金,新查明矿产地 216 处,新增了一批重要矿产资源储量,譬如磷、铁、金、铜、页岩气等;特别是通过大量的地勘工作,使湖北省磷矿保有资源储量跃居全国第一位;尤其是在两竹地区铌矿勘查,首次在火山岩中发现新类型铌矿体,达到大型以上规模,预测资源量 $100×10^4$ t,是找矿工作取得的重大进展;同时,新发现了通城岩体周缘"三稀"矿产,找到了"三稀"矿产找矿靶区;另外,首次在宜昌附近钻获海相常规天然气,使湖北省的页岩气资源储量位居全国前五位,反映了湖北省良好的油气页岩气勘探开发前景,提高了湖北省能源矿产的供给和保障能力。

尽管如此,湖北省矿产资源的找矿潜力和矿产资源的保有量仍然不足,对经济社会发展的后续支撑和保障程度却在逐步下降,而且,矿产资源新发现的找矿潜力有限。湖北省境内找矿的投入不足和开采行业的过度发展,也不利于地方的可持续发展。如果开采利用的程度和速度不加以控制和调节,势必会造成更加严重的资源供需矛盾和经济社会发展的瓶颈问题。

三是地质环境调查等工作取得新进展。配合国家找矿突破行动,湖北省也相应地开展了地质环境调查等工作。资料表明,目前,湖北省已经完成了矿山地质环境调查评价,其中,包括全省 1∶50 万的地质环境调查评价,部分矿山环境治理恢复重点区域1∶5万的矿山地质环境调查评价也已完成，而且在大冶市国家级矿山实施了国家级矿山地质环境监测示范区项目。

四是矿山地质环境治理工作成效显著。湖北省不仅重视找矿地质工作，同时还十分重视矿山修复治理和环境保护工作。截至2015年底，湖北省争取中央和省级财政累计投入矿山地质环境治理经费32.8178亿元。这些经费通过中央财政资助的项目71项，省级财政资助的项目52项。通过这些项目的实施实现综合治理矿区面积达到5 197.138 hm^2。同时，通过环境补偿保证金的收取，确保矿山环境的保护和治理修复的顺利进行。目前，省级发证生产矿山缴存备用金10.63亿元，抵缴1.04亿元；市、县级发证矿山缴存备用金3.067亿元，抵缴1 743.75万元。通过加强矿山地质环境治理备用金的管理，湖北省矿山修复治理和环境保护工作取得了重要的进展。

通过绿色矿山和矿区生态文明的建设，黄石市被确定为工矿废弃地，并作为复垦利用试点单位。资料表明，黄石市最近三年复垦利用工矿废弃地3万亩，同时还探索出13项技术规范和管理制度。应该说湖北省在"矿山复绿"建设方面是初见成效。目前，湖北省有4家矿山获批为国家级"三型"矿山，同时，有四批32家矿山获批国家级绿色矿山建设试点单位。

随着生态文明建设的积极推进和绿色发展的不断深入，湖北省自然资源开发利用与地方经济和社会发展之间的联系更加紧密，但在湖北省的城市化、工业化的快速推进与发展过程中，也出现了经济社会发展与自然资源空间布局不匹配、自然资源的综合开发利用效率不高、自然资源供给能力不足等方面的矛盾和问题，而且越来越突出。这些问题具体表现在以下四个方面。

第一，矿产资源对经济社会发展保障能力在降低。由于湖北省是一个缺煤少气的地区，特别是重要的能源矿产供给严重不足，不能有效满足经济社会发展的需要，对外依存度逐步提高。

第二，土地资源短缺。作为一个人多地少的地区，在城镇化和工业化快速发展的新形势下，可以开发利用的土地后续保障不足，不能保障国民经济和社会发展对土地资源日益增长的需要。

第三，水资源保障能力差。湖北省虽然是一个水资源丰富的地区，但水资源有效利用率低，区域分布不均等使湖北省的水资源保障能力明显不足，并存在季节性和结构性缺水等问题。

第四，林业发展相对滞后。尽管近年来在绿色发展的引领下湖北省比较重视林业，并得到了较大的发展，森林面积得到了明显的扩大，但由于历史等原因，森林覆盖率不足，与湖北省生态功能地位要求仍然不符，后续保障能力有待进一步加强，绿色发展道路并不平坦。

第二节 湖北省自然资源开发利用情况

湖北省自然资源开发利用状况与全国的自然资源开发利用状况类似。湖北省自然资源利用水平和质量处于相对较高的程度，比较而言，利用技术和开发程度处于比较发达的状态。但是，湖北省在土地、矿产、林业、水资源等开发利用过程中，存在粗放式经济发展模式阴影，特别是各方力量对自然资源的大力开发使用过程中，有些开发利用的方式不尽科学，开发利用行为比较粗暴。在经济利益和对自然资源的开发使用过程中，盲目和过度开发利用，导致了一系列的供求结构性不平衡，伴生着环境、生态等方面的问题日益突出。因此，当前在湖北省经济社会发展过程中，仍然需要进行使用质量和资源配置结构的调整。

一、湖北省自然资源利用

湖北省丰富的自然资源禀赋状况，使湖北省的自然资源开发利用成为我国比较好的地区之一。下面就湖北省自然资源开发利用情况进行说明。

（一）矿产资源利用状况

1. 矿产资源开发利用总体情况

湖北省在金属矿产开发利用方面，重要矿产资源属于鼓励开采矿种，开发利用程度较高。湖北省已查明资源储量的金属矿种有41种，包括铁、锰、铜、锌、铅、金（岩金）、银（热液型）等。其中铁、锰、铜、金不仅是鼓励开采矿种，还是湖北省紧缺矿种。湖北省截至2015年底，已经拥有铁矿石产量$844.39×10^4$ t，集中在铁矿矿山86家；拥有锰矿石产量$8×10^4$ t，集中在锰矿矿山4家；拥有铜矿石产量$522.33×10^4$ t，分布在铜矿矿山46家；拥有金矿石产量$140.47×10^4$ t，集中于金矿矿山23家。湖北省的紧缺金属矿产开发利用情况（表2-5）。

表2-5 湖北省紧缺金属矿种开发利用情况

矿种	矿权数	产量（以矿石计）/10^4 t	主要分布情况
铁	86	844.39	黄石、鄂州、恩施、宜昌、十堰、襄阳等
锰	4	8	宜昌、襄阳等
铜	46	522.33	黄石
金	23	140.47	黄石和咸宁等

资料来源：《湖北省矿产资源总体规划（2016—2020年）》

湖北省在 2000～2017 年，黑色金属采选业产值和有色金属采选业产值变化趋势，经历了先上升后下降，矿业的产值在 2012～2013 年均达到最高峰。而从 2003 年开始，黑色金属的采选业产业与有色金属的采选业产值，差距开始逐渐扩大，黑色金属采选业产值相对于有色金属波动较大。直到 2014 年，两者差距才逐渐缩小。黑色金属采选业产值的变化特征是：2000～2013 年年均增长 30.57%；2014～2017 年年均下降 16.16%。而有色金属采选业产值的变化特征是：在 2000～2012 年年均增长 22.51%，2013～2017 年年均下降 7.62%。湖北省金属矿产采选业历年产值变化情况见图 2-5。

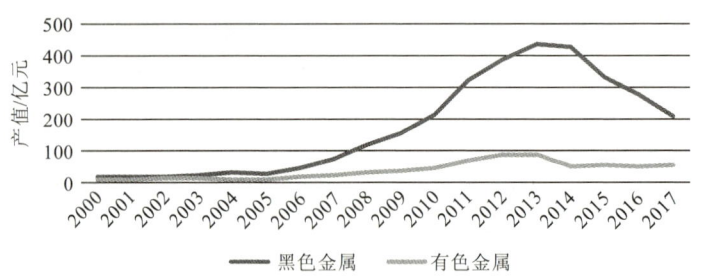

图 2-5 湖北省不同种类金属矿产 2000～2017 年产值变化情况

湖北省根据矿业政策和矿山品位与开采对环境破坏情况，结合实际实施限制开采和总量控制的矿业开采政策。譬如，矿产在选冶技术过关前湖北实行限采保护的有高磷赤铁矿、金红石、铌稀土、银（沉积型）等；在环保问题解决前实行限采保护的有超贫磁铁矿、钒等；国家和省实行开采总量控制的矿种有稀土、钨矿等。

湖北省非金属矿产资源禀赋良好，开采业处于有条不紊的发展局面。截至 2015 年，非金属矿产开发利用过程中，针对湖北省的非金属矿产储量居全国之首的磷、累托石黏土、建筑用砂岩等，受产能过剩及环境保护等因素的影响，近年来，湖北省对全省范围内的磷矿都采取了限产、停产等措施，2017 年累计磷矿石产量为 $3\,039.42 \times 10^4$ t，相比 2016 年产量累计减少 33.75%。尽管湖北省近年来磷矿资源产量逐年下降，但自给率仍达到 300%。对于矿种的资源储量居全国 6～10 位的重晶石、长石、石墨、石膏及饰面用石材等进行综合利用。

湖北省盐矿、磷矿是十分丰富的。盐矿主要分布在鄂中地区（天门、潜江等），矿藏十分丰富，而磷矿则主要分布在鄂西北地区。譬如，宜昌市磷矿资源产量占全省的 60%，是主要的磷矿资源产地。为了缓解湖北省全省范围内的磷矿企业发展中存在的问题，湖北省采取了限产停产等措施。通过发展磷矿相关开采产业，以及下游加工产业等方式，提高资源附加值产业的发展（表 2-6）。

表 2-6 湖北省主要非金属矿产资源情况

矿种	单位	湖北资源量	占全国的比例	储量全国排位
磷矿	10^4 t	602 444.9	28.09%	1
建筑用砂岩	10^4 m^3	2 416.9	/	1
盐（NaCl）	10^4 t	2 804 957.2	2.13%	2
石膏	10^4 t	237 859.7	2.36%	5
水泥用灰岩	10^4 t	428 644.1	3.47%	/
晶质石墨	10^4 t	347.2	1.58%	/
膨润土	10^4 t	7 003.9	2.44%	/
芒硝（Na$_2$SO$_4$）	10^4 t	212 722	1.82%	/
硫铁矿	10^4 t	20 878	3.58%	/
重晶石	10^4 t	1 795.9	0.59%	/
溴矿	t	11 0975	75.44%	1
碘矿	t	3 907 569	92.33%	1
石榴子石	10^4 t	26 292.5	67.82%	1
累托石黏土	10^4 t	1 452.7	84.83%	1
泥灰岩	10^4 t	2 879	30.56%	1

注："/"代表数据暂时缺失

数据来源：湖北省矿产资源储量统计表（2014）；《中国矿产资源储量通报（2014）》

资料表明，2000～2017 年湖北省矿业经济受经济环境变化的影响变化明显。非金属矿采选业产值先上升后下降，在 2015 年上升到顶点，随后开始下跌。湖北省非金属矿产好于金属矿产自然资源禀赋，在政策影响下，湖北省非金属矿采选业产值拐点，比金属矿采选业产值拐点来得晚些。2000～2015 年非金属矿采选业产值变化趋势是平均每年增长 24.73%；直到 2016～2017 年湖北省非金属矿采矿业产值出现年均下降 10.79%（图 2-6）。

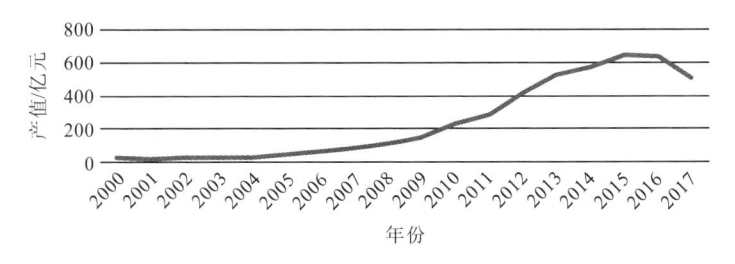

图 2-6 2000～2017 年湖北省非金属矿采选业产值

根据相关报道和专家分析，认为湖北省的非金属矿产资源潜在经济价值很高，主要是矿产资源质量较好。多种非金属矿产资源禀赋居于全国第一，其矿产有许多暂时还未大力开发利用；即使是已开发利用矿种，绝大多数矿产也是属于限制性开采矿种，开发条件不成熟。

目前，在面对产能过剩和生态文明建设的环境中，湖北省非金属矿采矿业开采的限制性冲击比较大，必须通过加大各类优势非金属矿产开采技术研发力度，特别是优化矿山开采管理制度，才能实现矿山、环境和经济社会发展的和谐统一，为绿色发展和高质量发展创造条件。预计不久的将来，湖北省非金属矿产的资源潜力将会为湖北省经济增长提供又一大发展动力。

近年来，湖北省强化了矿业资质管理和矿业发展宏观调控政策的实施。一方面，加强矿产资源勘探与开采的准入制度。通过实施审批制度、开采准入制度，实行部分矿种的采矿权"减一增一"政策，有效地提高了大中型矿山比例，优化开发利用结构，实现规模化开采，使得矿业开采的技术和利用水平得到提升。另一方面，实施矿业行业的宏观调控举措。按照国家矿业发展的政策，采取总量调控制度，对于短缺矿产的开采量，譬如铁、铜、金等，保持稳定或有所增长；而对于优势矿产开采规模较快增加，具体的矿产有磷、盐、石膏及水泥用灰岩等。

为了进一步遏制"大矿小开、一矿多开"的现象，湖北省对矿业权进行了合理的整合。实施鄂、湘、川、黔、滇等五省磷矿资源开发联创；加强重点矿区生态文明建设；打造远安县的"中国生态磷都"。专家认为，湖北查明的矿产资源及开发能力非常有限，不断下降矿产自给程度，逐渐加大供需缺口，矿产资源对湖北省经济和社会发展需求保证程度在逐年下降。

2. 矿产资源开发利用基本情况

构建全省统一的矿业权网上交易，将省级发证矿业权通过公共资源交易平台出让。随着湖北省部分矿种实行采矿权"减一增一"的审批制度，优化矿产资源的开发利用结构，有效实施开采准入制度，规模化开采水平不断提升。大中型矿山比例由2008年的3.33%提高到2015年的6%。

湖北省实施总量调控制度，使得铁、铜、金等短缺矿产开采量保持稳定，磷、盐、石膏及水泥用灰岩等优势矿产开采规模增加较快。湖北省具有较强实力的资源型企业有一大批。其中包括宝武钢铁、大冶有色、湖北三鑫、古城锰业，以及湖北宜化、兴发集团、湖北洋丰、黄麦岭磷化；还有双环碱业、沙隆达盐化等企业，同时江汉油田、华新水泥与三峡新型建材等大型企业得到快速发展。目前，在湖北省境内已经形成"三大矿业走廊"（荆襄—宜昌磷化工、建材走廊；云应—天潜—荆州盐化工走廊；武汉—鄂州—黄石冶金、建材走廊）、"七大矿业基地"（黄石—鄂州冶金、建材基地，潜江石油生产基地，云梦—应城盐化工、石膏生产基地，宜昌磷矿、建材生产基地，荆门—当阳建材基地，黄麦岭磷化工基地，荆襄磷矿基地等）。同时，通过矿业经济区建设，保障矿业经济稳步发展，不断增强资源枯竭型城市可持续发展能力。

3. 其他各类矿产开发利用情况

由于地质成矿条件不足，湖北省在能源矿产开发利用方面举步维艰。湖北省的石油剩余可采储量仅占全国的0.8%；煤炭储量不足全国的1%；水能资源基本开发完毕；天然气地质储量仅占全国的1.2%。根据国家统一计划，要求大型水电按相关要求大量外送，譬如三峡电力85%以上输到外省。根据2014~2018年《湖北统计年鉴》的数据可见，湖北省缺口巨大的是原煤、石油、天然气等能源，无法满足国民经济和社会发展的需求。从生产来看，湖北省区域内能源生产量却年年下滑，2013年湖北原煤产量$885.42×10^4$ t，2017年湖北原煤产量为$311.59×10^4$ t，产量下降了64.81%；2013年湖北原油产量$80.08×10^4$ t，2017年湖北原油产量$55.50×10^4$ t，产量下降了30.69%；2013年湖北天然气产量$3.09×10^8$ m^3，2017年湖北天然气产量$1.27×10^8$ m^3，产量下降了58.90%。

总体来看，湖北省在矿产资源开发利用方面已经取得了明显的成效。资料表明，湖北省开发的矿产达到104种，矿区达到1141处。同时，提高行业的集中度和引入高素质的矿业企业，矿山数量大幅减少，矿山数量由2008年的4388家减少为2015年的2985家。2015年的矿山中包括大型51家，中型128家，小型1498家，还存留有小矿1308家。湖北省现有从事矿业生产的人员8.77万人，矿业企业成为容纳就业人口的主要渠道。

然而，2017年湖北省规模以上工业一次能源生产量为$7465.64×10^4$ t标准煤，占能源消费总量的52.72%。湖北省相关数据显示，2017年实际高达$14520×10^4$ t标准煤能源调入量，占消费总量的84.66%。受到煤、油、气等自然资源禀赋限制，加之于水电大规模外送的影响，湖北省长期处于高位的能源对外依存。特别是湖北省天然气发展又相对滞后，而且风、光资源条件受限，清洁能源增量不足，存在煤炭的主体能源地位短缺等一系列的矛盾和困境。能源开采高难度，人力成本增加，环保与安全措施的硬性约束，使得能源生产成本不断攀升，大幅度上涨能源价格。从能源结构来看，化石能源资源的不可再生性和稀缺性，导致能源价格将长期持续上升。目前，湖北省内的钢铁、石化、建材和化肥等行业产品的竞争力对能源价格敏感性很强。它们的生产成本结构中，能源费用已经达到25%、40%、50%和70%。

湖北省能源产业发展，将迎来"长江经济带发展战略""长江中游城市群建设"

"中部崛起新十年规划"等战略实施，国家战略在湖北省落地，带动了北煤南运、川气东送、西气东输、配电网建设改造等发展新机遇。随着国家能源战略部署将为湖北省能源保障提供有力的支撑。

（二）土地资源利用状况

根据湖北省土地利用变更调查数据，土地利用情况是，农用地占绝大多数，面积 $1466.38 \times 10^4 \, hm^2$，占湖北省土地总面积的 78.88%；建设用地比例较低，面积 $136.76 \times 10^4 \, hm^2$，占湖北省土地总面积的 7.36%；未利用地比较有限，面积 $255.74 \times 10^4 \, hm^2$，占湖北省土地总面积的 13.76%。

来自权威部门的数据显示，针对土地开发利用情况，湖北省的土地利用依然是粗放式的，表现在土地空间的系统性开发和综合利用情况差。湖北省优质耕地的保有度逐年下降，不利于第一产业的发展，耕地保障度下降的结果是优质粮食用地在萎缩；由于城市化和城镇化发展，特别是房地产用地和工业开发区用地的逐步增加，建设用地逐年增加。可开发或待开发利用的土地基本上是滩涂、难利用或开发利用成本高的，未开发的土地分布在生态脆弱的崎岖山区。

（三）林业资源利用状况

湖北省人民政府颁布的《关于加快推进林业供给侧结构性改革的指导意见》，有利于湖北省的林业产业实现转型升级。相关统计数据显示，2017 年，全省完成林业投资 197.43 亿元，比上年增长了 18.26%，其中，国家投资 55.62 亿元，比上年增长 6.98%。从投入林业建设的资金来源看，国家预算资金占总投资的 28.17%，总额为 55.62 亿元；国内贷款 16.11 亿元；自筹资金 99.58 亿元；其他社会资金 26.11 亿元。在全部林业建设资金中，林业生态建设与保护资金 57.59 亿元。湖北省林业产业快速得到发展的同时，实现总产值达到 3453.54 亿元。湖北省林业发展的特点表明，湖北省林业投资和建设，出现了生态社会化、生态文明全民化。

湖北省在绿满荆楚行动，2015~2017 年，共计造林 $66.49 \times 10^4 \, hm^2$。完成在嘉鱼、通山、崇阳 3 个碳汇造林项目开发。特色经济林业初见成效。湖北省新造经济林面积 $4.11 \times 10^4 \, hm^2$，占全部人工造林面积的 25.31%；主要经济林实有种植面积逐年增加。林业加工制造业形成规模效应，湖北省新型林业经营主体得到一定的发展，被评为标准化生产企业有湖北宝源木业、黄袍山等 3 家企业。中部·武汉绿色产品交易会、全国林产品博览会、交易会与"一带一路"的国家交流合作。

湖北省大力发展森林旅游业。以森林旅游与休闲服务业发展林业生产服务和生态服务。发展花卉产业，利用花卉种植兼收观赏和药用食用等，直接实现花卉从业人员 25.29 万人，花卉种植业产值达到 147.18 亿元。

（四）水资源利用状况

湖北省水资源是相对富裕的地区，但利用的效率处于相对较低的水平。一方面是河流过境的水资源利用不充分；另一方面是对湖泊和湿地保护性利用处于较低状态。总的来讲，湖北省利用水资源服务于经济社会发展还是比较好的，水资源在三次产业结构中的贡献度都非常高，大多数的行业与企业都离不开水资源的利用。对于水资源利用和发挥的作用分析可以包括很多方面。如水在第一产业中的利用情况，包括浇注与灌溉方式、种植与养殖等；第二产业的发电与工业用水转化成经济效应；以及第三产业的城乡居民供水与洗涤等方面，发挥着巨大的不可替代的作用。

但是，纵观湖北省水资源利用和保护状况，不难发现一个关键性的问题，那就是由于用水的各种原因造成了水资源的污染和水环境的破坏。根据2017年湖北省水利厅对全省285个考核水功能区、432个水质监测断面水质进行了监测、分析、评价。按双因子评价，全省达标水功能区270个，达标率94.7%；按全因子评价，全省达标水功能区230个，达标率80.7%。

从分区来看，各区之间虽然存在明显的差异，但水质不合格的问题仍然突出，形势不容乐观。

武汉市：水功能区水质达标率控制目标为80%。不达标的水功能区包括沉湖保护区，后湖保留区，长江武汉北湖闸过渡区，举水新洲饮用水源、工业用水区。

黄石市：水功能区水质达标率控制目标为82%。

十堰市：水功能区水质达标率控制目标为94%。

荆州市：水功能区水质达标率控制目标为82%。

宜昌市：水功能区水质达标率控制目标为84%。

襄阳市：水功能区水质达标率控制目标为82%。不达标的水功能区主要是蛮河武镇农业用水区。

鄂州市：水功能区水质达标率控制目标为82%。

荆门市：水功能区水质达标率控制目标为82%。

孝感市：水功能区水质达标率控制目标为78%。不达标的水功能区集中在竹竿河大悟保留区，汈汊湖保留区，澴水大悟、孝南保留区。

黄冈市：水功能区水质达标率控制目标为83%。

咸宁市：水功能区水质达标率控制目标为85%。

随州市：水功能区水质达标率控制目标为81%。不达标的水功能区是涢水、曾都饮用水源，以及工业、景观娱乐用水区。

恩施州：水功能区水质达标率控制目标为91%。

仙桃市：水功能区水质达标率控制目标为92%。不达标的水功能区是通顺河保留区。

天门市：水功能区水质达标率控制目标为81%。不达标的水功能区包括汉北河长滩、黄潭保留区，㵲水京山、天门保留区，汉北河雷家台饮用水源区，汉北河天门、汉川保留区，汉北河卢市农业用水区。

潜江市：水功能区水质达标率控制目标为93%。

神农架林区：水功能区水质达标率控制目标为100%。

湖北省水功能区全因子水质评价结果为：水质优良的Ⅰ类水有21个水功能区，仅占水功能区总数的7.4%；水质良好的Ⅱ类水有133个水功能区，约占总数的46.7%；水质尚可的Ⅲ类水有86个水功能区，占总数的30.2%；Ⅲ类水以上的水功能区占84.2%；水质轻度污染的Ⅳ类水有31个水功能区，占总数的10.9%；水质重度污染的Ⅴ类水有12个水功能区，占总数的4.2%；水质污染极为严重的劣Ⅴ类水有2个水功能区，占总数的0.7%。

湖北省2017年水功能区的水质类别状况可见图2-7。

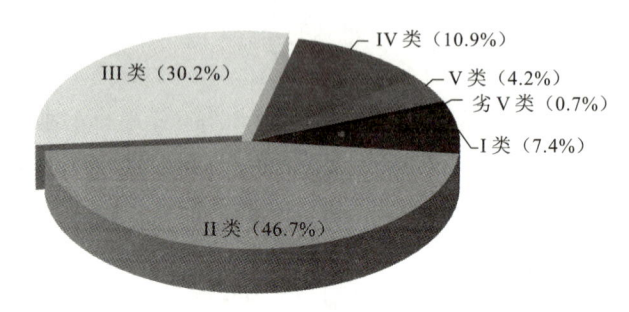

图2-7　湖北省2017年水功能区水质类别状况图

湖北省对185个水功能一级区（不含开发利用区）水质进行了评价。结果显示：Ⅲ类水以上的水功能区占83.8%。水质优良的Ⅰ类水有19个水功能区，仅占总数的10.3%；水质良好的Ⅱ类水有91个水功能区，占总数的49.2%；水质尚可的Ⅲ类水有45个水功能区，占总数的24.3%。有污染或污染极为严重的劣Ⅴ类水占比也不小。水质轻度污染的Ⅳ类水有20个水功能区，占总数的10.8%；水质重度污染的Ⅴ类水有9个水功能区，占总数的4.9%；水质污染极为严重的劣Ⅴ类水有1个水功能区，占总数的0.5%。

湖北省对100个水功能二级区水质进行了评价,认为Ⅲ类水以上的水功能区占85.0%。水质优良的Ⅰ类水有2个水功能区，占总数的2.0%；水质良好的Ⅱ类水有42个水功能区，占总数的42.0%；水质尚可的Ⅲ类水有41个水功能区，占总数的41.0%。水质轻度污染的Ⅳ类水有11个水功能区，占总数的11.0%；水质重度污染的Ⅴ类水有3个水功能区，占总数的3.0%；水质污染极为严重的劣Ⅴ类水有1个水功能区，占总数的1.0%（表2-7）。

表2-7 各类水功能区水质状况 （单位：个）

水功能区类别		水质类别						总计
一级水功能区	二级水功能区	Ⅰ类	Ⅱ类	Ⅲ类	Ⅳ类	Ⅴ类	劣Ⅴ类	
保护区		7	27	2	1	1	0	38
保留区		8	53	37	17	7	1	123
缓冲区		4	11	6	2	1	0	24
小计		19	91	45	20	9	1	185
开发利用区	饮用水源区	2	19	11	3	0	0	35
	工业用水区	0	10	8	0	0	0	18
	农业用水区	0	3	1	2	0	1	7
	景观娱乐用水区	0	0	4	3	0	0	7
	排污控制区	0	3	10	0	1	0	14
	过渡区	0	7	7	3	2	0	19
小计		2	42	41	11	3	1	100
总计		21	133	86	31	12	2	285

总体来看，湖北省水功能区在绿色发展过程中发挥着重要的作用，但从实际来看，虽然湖北省近年来加强了水环境建设和治理工作，水环境状况也有了明显的改善，但仍然有大量的水功能区存在水质不达标的情况，说明湖北省水环境状况仍然有待进一步改善和加强，水环境建设任务仍然十分艰巨。

二、湖北省自然资源产业发展情况

近年来，在工业化和城镇化快速发展的进程中，湖北省丰富的自然资源得到了快速的开发利用，并带动了资源型产业的快速发展，现已成为湖北省经济社会快速发展的重要支撑力量。

（一）湖北省资源型产业发展现状

按照国家统计局对产业的划分方法，本小节对湖北省资源型产业的发展情况资料进行了整理。相关资料显示，湖北省2000年资源型产业总产值从838亿元增加到2017年的12 122亿元，增加了14.46倍（表2-8、续表2-8）。2017年底，湖北资源型产业生产总值占湖北工业总产值的26.56%，实现利润总额525.43亿元，从业人数76.17万人，占规模以上工业企业从业人员的24.59%。资料表明，湖北省资源型产业得到了快速的发展，并对湖北省经济社会发展产生了重要的支撑作用。

表2-8　2000～2017年湖北资源型产业发展状况

行业	年份	2000	2001	2002	2003	2004	2005
煤炭开采和洗选业	产值/亿元	4.61	5.33	6.52	6.91	7.99	12.83
	比重/%	0.15	0.16	0.18	0.17	0.16	0.21
石油和天然气开采业	产值/亿元	38.36	37.27	32.13	44.41	50.93	81.17
	比重/%	1.25	1.15	0.90	1.10	1.03	1.34
黑色金属矿采选业	产值/亿元	17.02	19.27	20.52	22.07	33.29	29.20
	比重/%	0.60	0.68	0.72	0.78	1.18	0.48
有色金属矿采选业	产值/亿元	10.56	10.1	12.53	13.04	10.39	10.16
	比重/%	0.37	0.36	0.44	0.46	0.37	0.17
非金属矿采选业	产值/亿元	28.81	24.16	27.78	27.27	28.75	45.79
	比重/%	1.02	0.85	0.98	0.96	1.02	0.75
化学原料和化学制品制造业	产值/亿元	192.26	204.89	223.96	277.3	300.95	424.16
	比重/%	6.79	7.24	7.91	9.79	10.63	6.99
非金属矿物制品业	产值/亿元	166.32	162.78	176.47	191.85	172.55	229.51
	比重/%	5.87	5.75	6.23	6.78	6.09	3.78
黑色金属冶炼和压延加工业	产值/亿元	234.07	267.25	289.68	380.59	617.30	712.89
	比重/%	8.27	9.44	10.23	13.44	21.80	11.75
有色金属冶炼和压延加工业	产值/亿元	62.21	61.15	71.4	79.22	133.28	176.25
	比重/%	2.20	2.16	2.52	2.80	4.71	2.91
金属制品业	产值/亿元	84.26	92.84	89.71	89.84	75.00	112.40
	比重/%	2.98	3.28	3.17	3.17	2.65	1.85
资源型产业总计	产值/亿元	838	885	950	1132	1430	1834
	比重/%	29.61	31.25	33.57	39.99	50.51	30.24

续表2-8 2000～2017年湖北资源型产业发展状况

行业	年份	2006	2007	2008	2009	2010	2011
煤炭开采和洗选业	产值/亿元	12.34	16.97	36.69	47.04	60.20	64.25
	比重/%	0.17	0.18	0.27	0.30	0.28	0.23
石油和天然气开采业	产值/亿元	100.51	117.62	161.26	133.10	180.90	88.63
	比重/%	1.35	1.23	1.20	0.86	0.84	0.32
黑色金属矿采选业	产值/亿元	44.50	73.36	119.54	154.33	215.35	323.50
	比重/%	0.60	0.76	0.89	0.99	1.00	1.15
有色金属矿采选业	产值/亿元	20.50	23.06	33.14	37.15	47.30	70.30
	比重/%	0.28	0.24	0.25	0.24	0.22	0.25
非金属矿采选业	产值/亿元	66.01	85.38	114.36	152.39	228.69	286.44
	比重/%	0.89	0.89	0.85	0.98	1.06	1.02
化学原料和化学制品制造业	产值/亿元	509.51	690.35	992.27	1 170.2	1 600.8	2 242.94
	比重/%	6.84	7.19	7.37	7.52	7.40	7.99
非金属矿物制品业	产值/亿元	283.31	384.67	592.09	781.53	1 089.9	1 516.70
	比重/%	3.80	4.01	4.40	5.02	5.04	5.40
黑色金属冶炼和压延加工业	产值/亿元	717.75	925.72	1 684.6	1 710.6	2 442.9	3 301.63
	比重/%	9.63	9.64	12.52	10.99	11.30	11.76
有色金属冶炼和压延加工业	产值/亿元	255.78	369.28	425.83	378.90	587.05	827.37
	比重/%	3.43	3.85	3.16	2.43	2.71	2.95
金属制品业	产值/亿元	138.55	190.47	301.83	366.42	539.33	762.31
	比重/%	1.86	1.98	2.24	2.35	2.49	2.72
资源型产业总计	产值/亿元	2 148	2 878	4 461	4 931	6 992	9 484
	比重/%	28.83	29.96	33.16	31.68	32.34	33.78

续表2-8 2000～2017年湖北资源型产业发展状况

行业	年份	2012	2013	2014	2015	2016	2017
煤炭开采和洗选业	产值/亿元	88.41	113.73	121.52	106.09	62.75	26.14
	比重/%	0.26	0.29	0.28	0.23	0.13	0.06
石油和天然气开采业	产值/亿元	84.11	82.89	75.74	40.31	31.43	40.12
	比重/%	0.25	0.21	0.17	0.09	0.06	0.09

续表

行业	年份	2012	2013	2014	2015	2016	2017
黑色金属矿采选业	产值/亿元	385.88	436.91	427.47	334.56	277.83	211.72
	比重/%	1.15	1.11	0.99	0.73	0.57	0.46
有色金属矿采选业	产值/亿元	86.37	85.66	52.98	53.73	48.98	53.04
	比重/%	0.26	0.22	0.12	0.12	0.10	0.12
非金属矿采选业	产值/亿元	419.88	527.30	571.66	643.69	636.05	506.35
	比重/%	1.26	1.34	1.32	1.41	1.30	1.11
化学原料和化学制品制造业	产值/亿元	2 822.24	3 362.64	3 923.9	4 220.9	4 404.7	3 304.34
	比重/%	8.44	8.58	9.04	9.21	9.03	7.24
非金属矿物制品业	产值/亿元	1 984.59	2 584.87	3 037.3	3 219.0	3 500.9	3 302.19
	比重/%	5.93	6.59	7.00	7.03	7.18	7.23
黑色金属冶炼和压延加工业	产值/亿元	3 130.57	3 079.07	2 582.0	2093.7	1 807.4	2 226.15
	比重/%	9.36	7.85	5.95	4.57	3.71	4.88
有色金属冶炼和压延加工业	产值/亿元	893.70	1 000.78	932.99	859.82	948.97	928.98
	比重/%	2.67	2.55	2.15	1.88	1.95	2.04
金属制品业	产值/亿元	1 025.27	1 244.25	1 464.4	1 486.9	1 612.8	1 523.93
	比重/%	3.07	3.17	3.37	3.25	3.31	3.34
资源型产业总计	产值/亿元	10 921	12 518	13 190	13 058	13 331	12 122
	比重/%	32.65	31.93	30.40	28.51	27.34	26.56

资料来源：《湖北统计年鉴》2001～2018

2000～2017年，由于国内外经济社会发展形势的变化，大宗矿产品价格呈现出了剧烈的波动趋势。在这个过程中，湖北省资源型采选行业生产规模呈现出了不断下降的趋势，而非金属矿采选业却呈现出了明显的上升趋势。同时，资源型加工业生产规模也呈现不断扩大的趋势，其中，化学原料和化学制品制造业、非金属矿物制品业、有色金属冶炼及压延加工业及金属制品业生产规模处于上升趋势，而黑色金属冶炼和压延加工业生产规模不断下降。但从总体来看，由于原材料价格，如铁矿石等价格的剧烈波动和房地产行业的规范发展问题，钢铁、建材等资源型行业出现了产能过剩和发展不景气的情况，影响了这些行业的整体发展。

同时，由于湖北省能源资源缺乏，煤炭、石油、天然气等开采行业规模由升转降，资源供给能力明显不足。

一是湖北省是一个缺煤、少油、乏气的地区，尽管近年来页岩气等重要能源矿产在找矿突破行动中取得了一定的进展，但石油等重要能源资源储备不足，供给能力明显偏低的格局没有得到根本的改变。因此，现有的资源已不能满足湖北省国民经济和社会发展日益增长的需要。

二是在绿色发展和高质量发展的新形势下，随着环境保护的各项政策逐步落实，围绕绿色矿山建设，湖北省加大了矿山环境的治理力度，关闭了一批不合格的矿山，矿山数量大幅减少，矿产资源开采量明显降低。

（二）湖北省资源型产业发展条件

湖北省自然资源丰富，资源开发历史悠久，产业发达，为资源型产业的快速发展创造了条件。

一是水资源丰富。湖北省是我国水资源丰富的大省之一。省内分布大小河流共计4 000余条，总长度达6万多公里。湖北省拥有世界上发电量最大的三峡发电站，水力发电达 $3133×10^4$ kW，极大地缓解了湖北省能源资源供需紧张的局面。湖北省降水量丰富，2017年全省平均年降水量1 309.5 mm，远高于全国平均年降水量641.3 mm，水资源总量为$1248.76×10^8$ m³。省内实际供水量$290.26×10^8$ m³，其中，工业用水$87.78×10^8$ m³，占供水总量的30.2%。湖北省万元GDP（当年价）平均用水量为77 m³，万元工业增加值（当年价）用水量为63 m³。丰富的水资源为湖北省经济社会的可持续发展提供了重要的物质支撑，但随着城镇化和工业化进程的不断加快，水资源供给不足的问题也开始显现。为提高水资源开发利用效率，在"两型社会"的建设与发展进程中，湖北省实行严格的水资源管理制度，在集约和节约利用水资源，提高水资源的利用效率方面开展了许多有效的工作，为建设和形成节水型社会创造了条件。

二是矿产资源禀赋良好。湖北省矿产资源调查和勘探，需要大量地质勘查工作。湖北省在查明资源储量的非油气类矿产中，非金属矿产资源禀赋丰富，金属矿产资源禀赋良好。磷矿、钛矿（金红石）、溴矿、碘矿、石榴子石、泥灰岩、累托石黏土、建筑用砂岩的资源储量居全国之首，多种金属矿如铌矿、锂矿、锶矿等资源储量居全国的2～5位，多种非金属矿如重晶石、石墨、石膏及饰面用石材等资源储量居全国的6～10位。同时，湖北省面临能源矿产极度短缺，金属矿产可持续开发利用能力弱，非金属矿产中多种储量丰富的矿产还未能大力开发利用等问题。

三是交通枢纽地位突出。铁路横穿南北方向有京九、京广、武广高铁、焦枝、枝柳铁路连接，东西方向有武大、汉宜、汉丹、襄渝等；公路更是四通八达，通车总里程达5 106 km，有京珠、沪蓉、黄黄、武十等纵横交错；拥有中部地区最大的空港武汉天河国际机场，开通了美、法、日、韩等国际航班，而宜昌、襄阳、荆州等地区也有空中通道；省内河道交通也十分发达，长江自西向东流经湖北省内 26 个县（市），总流程 1 061 km，内河拥有港口 163 个，且已有多个城市港口先后对外开放，港口中海轮可直航日本、韩国、新加坡等国家。

（三）湖北省整体经济发展环境

在改革开放不断深入的进程中，湖北省积极发挥自身的优势，适应新时代的需要，按照国家的总体要求，着力打造特色产业，努力调整产业结构，转变经济发展方式，培育新的动能，经济社会得到了快速的发展，经济发展环境也得到了明显的改善，经济社会总体呈现出良好的发展态势。

一是经济形势总体向好。资料表明，2017 年湖北省 GDP 为 36 522.95 亿元，先进制造业发展良好，经济保持了中高速增长，其中，装备制造业增加值增长 12.2%，高新技术制造业增长 14.9%，工业机器人、新能源汽车、微型计算机等高技术设备产量分别增长 23.9%、118.2%、52.3%。2017 年城镇新增就业人口 91.86 万人，湖北省城镇人口的比重达到 59.3%，城镇化率高于全国平均水平。与以往高速发展水平比较虽然有所回落，但经济社会平稳发展的态势明显。

二是投资水平稳定上升。资料表明，2017 年湖北省累计完成固定资产投资 31 872.57 亿元，已经施工项目增长 26.4%，总数达到 9 528 个。累计完成工业投资 12 712.39 亿元。其中，制造业累计完成投资 11 257.48 亿元；高新技术产业投资累计完成 1 404.93 亿元；航空航天器制造业投资增长达到 292.4%；改建和技术改造投资累计完成 4 213.81 亿元，增长 34.8%。投资增长明显。

三是消费品市场增长平稳。资料表明，2017 年湖北省共实现社会消费品零售总额 17 394.10 亿元，增长较快，其中，限额以上企业（单位）实现消费品零售额 8 779.59 亿元；外贸形势明显好转，完成以人民币计价的进出口贸易总额 3 134.30 亿元，其中，出口总额为 2 064.10 亿元，进口总额为 1 070.20 亿元。目前，武汉市已成为我国中部地区最大的市场中心。

四是科教实力雄厚。湖北是我国科教资源分布集中的地区，科技和教育等人才众多，科研单位和高等学校分布广泛，不同层次的科研平台都有广泛的分布，科研成果产出率高，是我国重要的科教中心和创新基地。资料表明，湖北省拥有超过 120 所普通高等院校，在校大学生人数大约 140 万人，在校研究生大约 11 万人。同时，省内拥有 1700 多个各类科研和开发机构，在光电子通信、新型材料制造、生物工程与新医药、航天技术、激光应用、数控技术及计算机软件开发等高新技术领域的科研水平和生产制造能力相较于全国范围拥有较大优势。

(四)政策制度基础

近年来,在绿色发展的推动下,湖北省非常重视循环经济及产业升级相关法律、法规和政策的制定工作。围绕资源型产业的发展,按照绿色发展的要求,湖北省出台了一系列涉及产业发展相关的法律法规、政策和管理举措等。资料表明,近年来,湖北省关于资源型产业升级的相关法律法规、相关政策主要包括清洁生产、能源资源、环境保护和支持性政策措施4个方面(表2-9)。

表2-9 湖北省资源型产业升级的相关法律法规、相关政策

政策指向	相关法律法规、政策支持
清洁生产方面	《清洁生产促进法》
	《清洁生产审核暂行办法》
	《清洁生产技术导向目录和清洁生产标准》
	《关于印发重点企业清洁生产审核程序的规定的通知》
	《关于加快推进清洁生产工作的意见》
	《清洁生产评价指标体系编制通则》
	《工业清洁生产审核规范》
	《工业清洁生产实施效果评估规范》
能源资源方面	《石油勘探开发环境管理办法》
	《关于进一步开展资源综合利用的意见》
	《节约能源法》
	《可再生能源法》
	《节约能源监测管理暂行规定》
	《关于加快推动能源生产和消费革命的指导意见》
	《关于印发湖北省能源发展"十三五"规划的通知》
	《关于加大节能减排力度加快全省钢铁工业结构调整的实施意见》
	《关于印发湖北省"十三五"节能减排综合工作方案的通知》
	《关于依法有序推进煤矿总体关停退出的意见》
环境保护方面	《当前国家重点鼓励发展的产业、产品和技术目录(修订)》
	《中华人民共和国环境影响评价法》
	《固体废物污染环境防治法(修订)》
	《水污染防治法(修订)》
	《危险废物污染环境防治办法》
	《环境保护条例(修订本)》
	《中华人民共和国环境保护法(修订)》
	《建设项目环境影响评价区域限批管理办法(试行)》

续表

政策指向	相关法律法规、政策支持
支持性政策措施	《推进循环经济工作指导意见》 《中央补助清洁生产专项资金使用管理办法》 《中华人民共和国循环经济促进法》 《支持循环经济发展的投融资政策措施的意见》 《淘汰落后产能中央财政奖励资金管理办法》 《关于建立实施环境执法联动工作机制的若干意见（试行）》

通过这些政策制度的制定和实施，不仅有效地推动了湖北省资源型产业绿色发展进程，也使其产业结构得到了调整和升级。

第三节　湖北省自然资源空间布局现状

湖北省是我国中部的一个重要的区域，具有得天独厚的地理和区域优势，在过去的经济社会发展过程中形成了中部经济社会发展的战略高地。但是，人们对自然资源空间布局与经济社会发展的协同性和系统性问题考虑不够，存在自然资源空间布局不科学、不合理、不协调和不尽人意的地方。譬如，湖北省过去的空间布局和功能区块的划分工作一直没有得到应有的重视。

目前，随着国家发展战略的调整和生态文明建设的推进，空间布局和功能区块的划分工作正在紧锣密鼓地进行中。在相关的环节和具体的工作中可以看到，政府相关的部门和专家学者，已经重视和着手解决自然资源的空间布局和优化问题。

一、湖北省自然资源空间布局举措

湖北省作为我国自然资源比较富集的地区，一向重视对自然资源产业空间布局与发展问题，特别是在可持续发展进程中湖北省对自然资源产业的空间布局与发展问题采取了许多重要的举措，并对湖北省自然资源产业空间布局进一步展开与发展产生了重要的影响。这些举措主要包括以下两个方面。

（一）严格自然资源产业空间布局与发展

近年来，在可持续发展战略实施过程中，湖北省就自然资源产业空间布局与发展问题出台了一系列严格的举措，为湖北省自然资源产业空间布局与发展的进一步展开创造了有利的条件。

1. 划定"三线"

首先，划定永久基本农田保护线。根据相关的主体功能区规划，进行资源环境承载力和国土空间开发适宜性评价。划定永久基本农田的红线，落实5883万亩基本农田保护目标任务。除法律规定的能源、交通、水利、军事设施等重点建设项目选址确实无法避让的外，优先将优质耕地纳入基本农田保护，开展生态退耕工作。

其次，划定城镇开发边界。将城市周边永久基本农田划定，结合城镇开发与城市规划，依据资源环境承载力和建设用地适宜性、限制性评价，确定的允许建设区和有条件建设区，确定城镇开发边界。

最后，划定生态保护红线。根据重要生态功能区、生态敏感区、风景名胜核心区、水源地保护区、森林公园、地质公园、国家Ⅰ级公益林、Ⅰ级保护林地、湿地公园、自然保护区等生态保护红线作为国家和区域生态安全需要，严格控制林地、湿地转为建设用地，切实落实生态保护责任。

2. 积极推动"多规合一"

"多规合一"是提高规划的科学性和实施有效性的重要措施，也是规划的重要方向。在推动"多规合一"方面，湖北省主要采取了以下措施。

一是建立自然资源空间规划体系。以永久基本农田保护红线、生态保护红线和城镇开发边界，确定生产、生活、生态空间，统筹协调各类空间性和经济社会发展等规划，探索建立空间规划体系。

二是完善多项规划体系的协调与融合。从土地利用总体规划的约束性指标和总体布局为基础，围绕永久基本农田保护红线、生态保护红线和城镇开发边界为依托，进行经济社会发展规划、城乡规划、环境保护规划、基础设施建设规划、产业发展规划、《湖北省林地保护利用规划（2010—2020年）》《湖北省湿地保护利用规划（2006—2025年）》《湖北省第三轮矿产资源总体规划》等，经济社会发展等相关规划的协调一致，确保规划能够科学、及时的实施。

（二）合理进行空间用途管制

合理进行空间用途管制是进行自然资源空间布局进一步展开和优化的重要途径，也是自然资源管理的重要环节。为此，湖北省在合理进行自然资源空间用途管制方面主要采取了以下影响措施。

（1）制定自然资源和生态保护制度。按照长江经济带生态优先、绿色发展的总体要求，制定和实施最严格的耕地、矿产、森林、水等自然资源和生态保护制度、绿色发展相关配套政策，探索和推动自然资源资产统一管理制度改革。

（2）完善供地政策。完善产业政策、投资政策和供地政策，以严格的土地使用标准，严把建设用地预审、环境影响评价、规划选址等环节，禁止高能耗、重污染、高地耗及产能过剩项目建设。保护优质农田和菜地，城市绿地和生态用地。

二、湖北省自然资源空间布局与产业发展

湖北省作为我国自然资源空间布局和产业发展比较早的地区，对湖北省经济社会发展产生了重要的影响，但从总体来看仍然存在空间治理能力有限；经济社会发展与自然资源禀赋状况不相适应，自然资源供给总体短缺或结构性短缺；国土开发利用效率低，人民生产生活持续增长的空间需求无法满足。因此，需要完善国土空间治理体系，探索"多规合一"，通过用途管制与审批监管，保障经济社会发展与自然资源管理协调发展。为此，湖北省在自然资源空间布局与资源型产业发展方面也采取了许多有效的措施，并取得了一定的成效，对稳定国民经济和社会健康发展产生了积极的影响。

（一）自然资源产业空间布局形态调整

近年来，在国际大宗矿产品价格呈现出剧烈波动的新形势下，湖北省依据自然资源禀赋状况，按照绿色发展和高质量发展的要求，以资源为导向，以产业为依托，以技术为支撑，以集约和节约利用资源、提高资源的利用效率为目标，通过调结构、转方式，加大科技投入，构建和延长产业链，改变企业组织形式，大力调整和优化资源型产业布局形态和空间分布形态，引导相关企业集中布局，通过规模化经营、集约化发展，共谋发展，着力打造以自然资源禀赋为特征的产业经济带和产业集群，资源型产业呈现出了由分散向集中、由单一向区域集中布局的发展态势。

1. 培育和发展资源型产业经济带

根据自然资源禀赋情况，积极整合资源、技术、产品和资金，延长产业链，湖北省资源型产业呈现出了相关产业同一地区集中发展，形成了如以武汉—鄂州—黄石—黄冈为主体的鄂东建材工业走廊，以十堰—襄阳—随州—武汉为主体的汉江汽车工业走廊等，资源型产业经济带发展趋势明显。

2. 构建资源型产业集群

湖北省在改革开放不断深入的进程中，资源型产业也呈现出了集群发展的态势，并取得了良好的效果。

一是冶金产业实现产业集聚区向产业集群转型。冶金业通过钢铁行业兼并重组，构建冶金绿色和绿色环保生产体系。重点是以跨国企业和"专精特"中小企业建设特色冶金产业园区。

二是依托石化产业优势发展相关产业集群。通过发展乙烯及下游加工产业，依托武汉化工园、宜昌磷化工产业集群、荆门磷化工产业集群、荆门化工产业园、荆州煤化工产业基地、潜江化工产业集群、应城化工产业集群、武穴医药化工产业集群、阳新化工医药产业集群等，改造提升磷、盐、煤化工等传统产业。

三是打造绿色建材工业集群。建材产业作为湖北省优势传统行业在改造水泥、玻璃等产业，提升发展质量的同时，主要依托当阳建筑陶瓷产业集群、麻城石材产业集群、夷陵—当阳石墨产业园、通城云母产业集群、嘉鱼管材产业集群、鄂州工程塑胶管材产业集群、黄冈华夏窑炉产业集群、荆门东宝区森工产业集群、建始建材产业集群、咸宁现代森工产业集群、潜江华中家具产业集群等载体，重点发展陶瓷、石材、森工家具和无机非金属材料等产业。依托华新、葛洲坝、亚东等水泥龙头企业，加快全省水泥、预拌混凝土及水泥制品产业的归聚和均衡布局。依托三峡新材、长利玻璃、荆州亿钧等原片玻璃骨干企业，壮大当阳、洪湖、荆州等玻璃产业基地。目前，湖北省建材工业在绿色发展和高质量发展方面已经取得重要的进展，产业发展将再次焕发出新的活力。

四是大力发展新材料产业集群。主要依托武汉东湖新技术开发区生物医药产业集群、新洲区钢铁制品产业集群、蔡甸区电子信息产业集群、黄石下陆区铜冶炼及深加工产业集群、荆门市磷化工产业集群、宜昌市磷化工产业集群、荆州市公安县塑料新材产业集群、鄂州市金刚石刀具产业集群等。

五是着力发展节能环保产业集群。主要依托武汉市青山区循环经济产业园、鄂州循环经济产业园、云梦盐化工循环经济产业园、襄阳谷城循环经济工业园、荆门市格林美循环经济产业园、宜昌国家级循环化改造示范试点园区及襄阳市再生资源产业集群。

六是构建汽车产业集群。汽车产业主要以整车产业为基础，在做强整车配套，延长产业链的同时，积极培育和发展智能网联汽车。汽车及新能源汽车产业是未来发展的方向。譬如，武汉经济技术开发区、襄阳高新技术开发区、孝感高新技术开发区，以及襄阳市汽车零部件产业集群、十堰市商用汽车产业集群、随州市专用汽车及零部件产业集群、枣阳市汽车摩擦密封材料产业集群、麻城市汽车配件产业集群、宜昌（猇亭）动力系统集成及新能源汽车产业园、谷城县汽车零部件产业集群、荆州市（公安）汽车零部件产业集群、丹江口市汽车零部件产业集群等。

七是智能制造装备的技术研发和产业化。大力发展智能制造装备产业。譬如，东湖新技术开发区、武汉经济技术开发区、襄阳高新技术开发区、襄阳经济技术开发区、荆门高新技术开发区、宜昌高新技术开发区、荆州经济技术开发区、十堰经济技术开发区，以及武汉市江夏区高端装备制造产业集群、黄石（大冶）高端装备制造产业集群、宜都市装备制造产业集群、孝感市电子机械产业集群、鄂州市重型机械制造产业集群等智能制造装备的技术研发和产业化水平明显提高。

八是打造生物医药产业集群。通过医药产业创新，生产集约化、规模化向优势企业集中。主要依托东湖新技术开发区生物医药产业集群、宜昌医药产业集群、石首楚源医药产业集群、蕲春李时珍医药化工产业集群、天门医药产业集群、黄石（阳新）化工医药产业集群、十堰生物医药产业集群、武穴医药化工产业集群等。

（二）资源型产业转型发展

在重构资源型产业空间布局形态的同时，湖北省积极贯彻绿色发展和高质量发展的要求，通过调结构、转方式，促进资源型产业转型发展。

一是冶金产业实现产业集聚区向产业集群转型。冶金业通过钢铁行业兼并重组，构建冶金绿色和绿色环保生产体系。重点发展以跨国企业和"专精特"中小企业建设特色冶金产业园区。

二是大力发展现代农业。湖北省根据土地特征和禀赋条件，实施华中农产品的"中国农谷"战略。在保护高品质良田的同时，实施土地集约开发与利用策略，走现代农业的发展道路，重点是以绿色发展为主，突出生态环境保护的观光农业、旅游、健康产业等。大力发展食品产业，重点在食品关联农业、工业、流通、服务等领域做足功夫，已经形成了以武汉、襄阳、宜昌、荆州、荆门、鄂州、孝感、黄冈、咸宁、恩施、潜江、大冶等地，重点发展粮食与食用植物油加工、饮料酿酒、肉禽与水产品加工、水果与茶叶加工、特色食品、营养与保健食品以及农副产品，走农业产业化道路。

三是发展纺织产业。湖北省利用棉花产量大的生产优势，大力发展纺织产业，形成"一心三带五城九群"布局。按照资源禀赋和比较优势进行专业化、集聚化、区域化布局，以高端产品制造、关键技术攻关、自主品牌塑造等建设纺织服装产业体系，打造特色鲜明、结构优化的纺织产业集群。该产业集群主要包括武汉品牌服装时尚创意、信息发布、市场交易中心；江汉平原产业带，汉江流域产业带，鄂东走廊产业带；武汉汉派女装名城，黄石商务男装名城，仙桃非织造布名城，沙市针织服装名城，襄阳生物基纤维名城；黄陂服装产业集群，汉川汉正服装产业集群，红安服装产业集群，黄州医用卫材产业集群，枝江医用卫材产业集群，汉川马口制线产业集群，襄州棉纺织产业集群，咸安苎麻纺织产业集群，荆州印染产业集群等。

三、湖北省自然资源空间布局的主要特征

根据湖北省第一次全国地理国情普查资料显示,湖北省平原面积占全省土地面积的 23.33%,丘陵面积占 12.78%,山地面积占 48.06%。全省林草覆盖面积为 103 288.30 km^2,林草覆盖面积较大的十堰、恩施州、宜昌占全省的 50.70%。

湖北省单条长度 500 m 以上的河流,总长度超过 10×10^4 km,达 109 372.94 km,其中,十堰市河流累计长度最长,达到 21 686.23 km。全省单个面积在 5 000 m^2 以上的湖泊总面积为 2 793.08 km^2。按面积统计,29.10%的湖泊分布在武汉市,24.44%分布在荆州市,10.56%分布在黄石市。

普查资料还显示,全省荒漠与裸露地面积达到 748.47 km^2。按面积统计,25.58%的荒漠与裸露地分布在黄冈市,荒漠与裸露地面积较大的黄冈、宜昌、襄阳三市占全省的 46.25%。

(一)矿产资源空间布局特征

湖北省的矿产资源分布和空间布局具有不均衡的特征。具体体现在:区域分布不均匀,矿产资源储藏深,相关的矿种可开采难度大,矿产品位低,伴生矿和复合矿较多,综合利用难度高。

目前,湖北省内重要的矿产开采存在许多的困难。譬如,鄂东南地区的铁铜重要矿产的开采深度大,矿区地质环境逐步在恶化,矿产开发利用的经济效益逐步降低。西部的磷矿开采利用过程中对生态环境的破坏性逐步加大,不利于可持续发展。

同时,由于技术经济社会发展条件和水平的差异,矿产资源开发利用并不在同一个地区完成,呈现出了开采、加工、消费环节由不同地区完成,即由矿区完成开采,小城市完成初加工和大城市完成精加工的特点,形成了明显的技术梯度和开发利用规律。

目前,湖北省矿产资源开发利用空间布局主要向产业集聚区和产业带方向发展。

(二)土地资源空间布局特征

湖北省土地资源空间布局面临不能满足经济社会发展需要的困境,但总体来看,湖北省土地资源空间布局主要呈现出如下特征。

一是耕地面积不断减少,人地矛盾日益尖锐。湖北省耕地数量累计在不断减少,而同期湖北省人口却出现了净增加。工业化、城镇化快速发展的用地需求与农业生产用地保护的矛盾日益突出,保障发展和保护资源面临两难矛盾。

二是水土流失与污染较重,耕地质量总体偏低。湖北省水土流失面积占土地

面积的比例为 34.4%，山地丘陵地区，特别是鄂西山区和大别山区水土流失比较严重；耕地污染范围不断扩大，土壤耕作环境呈恶化趋势，存在重用轻养、占优补劣现象，耕地质量总体偏低。湖北省中低产田数量占耕地面积的 73.4%。

三是土地利用较为粗放，建设用地利用效率不高。城镇土地利用效益不高，闲置土地、废弃工矿用地较多，存在土地征而不用、征多用少的现象；村庄建设缺乏规划引导，城镇化快速发展的同时，村庄用地不减反增，出现了大量的"空心村""路边店""独家院"。

四是耕地后备资源不足，开发潜力有限。湖北省耕地后备资源不足，且区域分布不均衡，大部分分布在偏远山区，存在生态环境脆弱，开发利用难度大、效率不高，易引发水土流失等问题。

（三）林业资源空间布局特征

湖北地处长江经济带核心位置，生态地位特殊。近年来在可持续发展战略的推动下，湖北省各地区营造林工作显成效（表 2-10），全省林地面积显著扩大，2017 年达到了 $876.09\times10^4\ hm^2$，占土地总面积的 47.13%；森林面积 $736.27\times10^4\ hm^2$，森林覆盖率达 39.61%。全省现有湿地面积 $144.5\times10^4\ hm^2$，占土地面积的 7.8%。鄂西武陵山区是同纬度生物多样性最丰富的地区，神农架是北半球保存最完好的物种基因库。秦岭—桐柏山—大别山是南北地理气候分界线，幕阜山是长江中下游重要的水源涵养地。三峡、丹江口、葛洲坝等国家大型水利枢纽，是南水北调中线工程的水源区，在确保长江中下游饮水安全和可持续发展等方面，林业承担着重大的生态安全使命。

表 2-10　2017 年各地区营造林情况统计表

地区	人工造林/hm²	当年新封山育林/hm²	退化林修复/hm²	人工更新/hm²	森林抚育/hm²
武汉市	3 021	3 383	3 466	0	10 098
黄石市	3 060	373	3 200	0	8 820
十堰市	14 825	14 845	22 134	0	28 987
宜昌市	3 407	11 079	33 266	100	20 748
襄阳市	5 153	2 533	10 507	758	33 406
鄂州市	653	0	0	0	6 660
荆门市	3 849	1 501	13 354	549	36 668
孝感市	6 174	713	2 689	307	31 983
荆州市	17 925	153	3 294	473	26 899

续表

地区	人工造林/hm²	当年新封山育林/hm²	退化林修复/hm²	人工更新/hm²	森林抚育/hm²
黄冈市	14 348	4 339	7 566	1 239	70 727
咸宁市	27 089	5 794	9 973	351	5 6459
随州市	20 408	2 873	10 200	0	23 840
仙桃市	267	0	0	0	2 780
潜江市	600	0	667	0	4 388
天门市	613	0	0	167	2 780
神农架林区	440	1 120	7 467	0	17 467
恩施州	40 416	18 753	39 066	60	14 959

注：数据来源于湖北省林业厅（2018年机构改革组建为湖北省林业局）

根据新时代的要求，为满足绿色发展和高质量发展的需要，湖北省已开始对区域林业空间布局进行调整，并形成生态屏障。

（1）鄂东北大别山区生态屏障。该区域主要包括英山县、浠水县、罗田县、麻城市、红安县、孝昌县、孝南区、大悟县、广水市、曾都区、随县11个县（市、区）。

（2）鄂西北秦巴山区生态屏障。该区域主要包括神农架林区及竹溪县、竹山县、房县、丹江口市、张湾区、茅箭区、郧西县、郧阳区、远安县、当阳市、保康县、南漳县、谷城县13个县（市、区）。

（3）鄂西南武陵山区生态屏障。该区域主要包括利川市、恩施市、咸丰县、来凤县、宣恩县、鹤峰县、建始县、长阳县、五峰县9个县（市）。

（4）鄂东南幕阜山区生态屏障。该区域主要包括咸安区、通城县、崇阳县、通山县、阳新县5个县（区）。

（5）长江流域水土保持带。该区域主要包括巴东县、秭归县、兴山县、夷陵区、西陵区、伍家岗区、点军区、猇亭区、宜都市、枝江市、荆州区、沙市区、江陵县、松滋市、公安县、石首市、监利县、洪湖市、蔡甸区、汉南区、东西湖区、黄陂区、新洲区、江夏区、黄州区、团风县、蕲春县、武穴市、黄梅县、梁子湖区、华容区、鄂城区、黄石港区、西塞山区、铁山区、下陆区、大冶市、嘉鱼县、赤壁市39个县（市、区）。

（6）汉江流域水土保持带。该区域主要包括老河口市、襄城区、樊城区、襄州区、枣阳市、宜城市、东宝区、掇刀区、沙洋县、钟祥市、京山县11个县（市、区）。

（7）江汉平原湖泊湿地生态区。该区域主要包括荆州市的所有县（市、区）以及仙桃市、潜江市、天门市、云梦市、应城市、汉川市、安陆市。

（四）水资源空间布局特征

湖北省是一个水资源丰富的地区。总体来看，湖北省水资源空间布局呈现出如下三个主要特征。

（1）江河水系发达，湖泊水库密布。湖北省境内江河纵横交错，水系发达。长江自巴东边鱼溪进入湖北，横贯全境，并有汉江及洞庭湖湘资沅澧诸水汇入，至黄梅县出境。资料表明，全省共有流域面积 10 000 km² 及以上河流 10 条（其中省界和跨省界河流 8 条），流域面积 1 000 km² 及以上河流 61 条，流域面积 100 km² 及以上河流 623 条，流域面积 50 km² 及以上河流 1 232 条。境内湖泊星罗棋布，形态各异，享有"千湖之省"的美誉，全省共有湖泊 755 个，湖泊水面面积合计 2 706.85 km²，较大的有洪湖、长湖、梁子湖、西凉湖、龙感湖等，跨省湖泊 3 个（龙感湖跨安徽省，牛浪湖、黄盖湖跨湖南省），省内跨市湖泊 12 个，城中湖 103 个。目前，湖北省大中型水库分布主要以黄冈、襄阳、宜昌居多，分别为 43 个、35 个、29 个，而武汉、荆州、黄石大中型水库分布较少，分别为 5 个、4 个、2 个（图 2-8）。小型水库分布比较广泛。

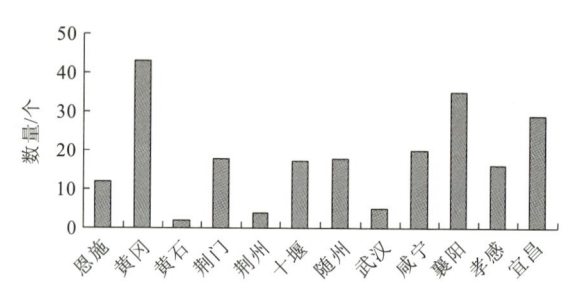

图 2-8 湖北大中型水库主要地区分布情况

资料来源：《湖北省 2018 年大中型水库水情简报》

（2）水资源总量丰富，但地区分布不均。湖北省水资源总量空间分布趋势是由南向北，由东、西向江汉平原腹地、由山区向平原逐渐减少。湖北省多年平均自产地表水资源量 981×10^8 m³，地下水资源量 285×10^8 m³，扣除重复计算量 257×10^8 m³，全省水资源总量 1009×10^8 m³，人均水资源量 1724 m³，略低于全国平均水平。多年平均入境水量为 6395×10^8 m³，其中，长江干流、洞庭湖水系、汉江入境水量分别为 4190×10^8 m³、1855×10^8 m³、332×10^8 m³，过境水量丰富，但由于降雨的时空分布不均等因素影响，湖北省水资源面临山丘区存在工程性缺水、江汉平原存在水质性缺水、鄂北岗地存在资源性缺水的严峻形势。

（3）水污染问题日益突出，部分河湖水质污染严重。湖北省的河道水质监测评价河长 9405.5 km，优于 III 类水（含 III 类水）的河长 7620.3 km，占 81.0%，劣于Ⅲ类的水体主要分布在清江、浠水、举水的城市江段，以及沮漳河、四湖总干渠、涢水、澴水、府澴河、巴水、泗河、蛮河、竹皮河、通顺河、滚河、浰河、汉北河、华阳河等部分河段。湖泊现状水质污染较严重，城市（内）近邻湖泊水质污染尤为突出，富营养程度较高。湖北省29个湖泊中，达到中度富营养湖泊有19个，水质劣于Ⅲ类的水域面积为629.2 km^2，占湖泊评价面积的35.9%。水库水质相对较好，监测评价的50座水库中，Ⅰ～Ⅱ类水水库28座，Ⅲ类水水库20座，Ⅳ类水水库2座。

根据湖北省水资源分布和开发利用特点，为解决水资源空间布局问题，提高水资源的供给能力，湖北省主要是通过工程性措施，着力调整水资源区域和空间布局不平衡的问题，提高水资源开发利用效率，以满足国民经济和社会发展对水资源的需要。

第四节 湖北省自然资源空间布局中存在的主要问题

丰富的自然资源为湖北省经济社会发展提供了重要的支撑，但在新的时代湖北省的自然资源空间布局仍然不能适应经济社会发展对自然资源的需要，自然资源空间布局调整和优化的问题仍然突出。

一、资源配置问题

湖北省的自然资源开发历史悠久，为湖北省成为我国经济比较发达的地区提供了支撑，但由于受资源禀赋条件、技术开发水平和市场等因素的影响，在资源配置上仍然存在许多的问题，有待进一步解决。

（一）资源管理问题

湖北省自然资源的各个主管部门在自然资源配置过程中，都不同程度地参与其中。政府在自然资源配置中的角色，是保证自然资源高效配置和可持续发展，保障公共自然资源公平合理的配置，弥补市场失灵带来的弊端。对具有重要意义的自然资源，由政府部门进行审核评价其开采资质的必要性。但由于其他性质的市场主体与政府间信息不对称，政府利用行政权力对市场主体的经营活动进行限制和干预，将形成行政性市场进入壁垒，从而加大了经济主体的活动成本并扭曲资源价格。政府部门常常通过财政补贴的形式对符合政策偏好的企业或行业进行扶持，而此类财政补贴很大程度上依赖于企业与政府之间的政治联系。因此，能取得较好政府联系的企业将获得更多的资源和支持，但此种政府联系下的财政补贴将扭曲整个社会对资源尤其是稀缺资源的有效配置，使得优胜劣汰机制难以在市场中正常运行，损害整个社会的利益和福利。

目前，随着新的自然资源管理部门的建立，在理顺自然资源管理关系、严格自然资源管理等方面有了巨大的进步，也必将通过其管理功能的调整和发挥进一步提高自然资源的管理能力和配置效率。

（二）资源配置信息共享问题

湖北省自然资源的主要管理部门集中于湖北省自然资源厅、水利厅及林业局。就全省的自然资源及地理空间来看，其信息数据的存储是一个多层次、综合性的数据库。数据库涵盖的内容异常广泛，但由于省内平台建设整合、技术水平、数据政策和管理体制等原因，目前关于自然资源的信息数据是较为分散的，其结构和格式也不尽相同，仅仅与局部数据信息化应用相适应，成为自然资源信息应用上的"信息孤岛"。这些数据的使用权限仅限于一定部门，造成信息供给的不对称。随着自然资源管理部门深化政务公开和强化社会服务，对信息公开的时效性有了更加严格的要求。部门信息获取量不断地增加，而这些相对独立的信息系统在对外发布信息和信息的日常管理过程都将日益复杂，信息资源的效用没有最大化，反而加大了信息管理中财力、物力、人力的耗费。从制度规范方面来看，信息管理还缺乏规范的流程和管理办法，信息管理的质量和信息安全问题越发突出。出于对信息数据保密性的考虑，大部分的业务系统都是在内网的基础上进行搭建，因此门户网站与用户缺乏有效互动的渠道，在一定程度上会形成信息不对称的状况，公众对信息的获取难度增加，增加了公众的时间和金钱成本，推高资源交易过程的交易成本。

当前，随着信息化和互联网技术的发展，自然资源管理部门应发挥"国土云"等信息管理平台的作用，提高资源配置信息的收集能力，并实现信息共享，以提高自然资源的配置效率。

（三）监管与奖惩机制问题

湖北省自然资源厅、水利厅等自然资源监管部门都对其所管理的领域有监管权，但是自然资源大多是附着于土地之上。这就有可能造成多方管理、"九龙治水"的局面。在自然资源的监管方面，存在管理的碎片化，监管权力没能得到有效的集中。当前，我国关于自然资源监管主要是依据国家颁布的单行法，将资源的要素分为不同类别分开管理。湖北省内地貌多样、类型丰富，存在农牧、河滩湿地等交错地带，自然资源管理较为复杂。从湖北省各个相关职能部门的管理职责和分工来看，省自然资源厅、水利厅、林业局等部门的管理目标存在差异，通常同一空间载体上附着不同类型的资源,经常由于缺乏有效的协同管理机制,层级政府及部门之间缺乏有效的协调与合作,故自然资源开发利用和保护缺乏科学和系统的规划。甚至,由于缺乏协同管理的机制,在同一区域内可能会出现相互矛盾的监管要求、规划措施等。由于管理目标和统计信息的差异,加上职能的交叉,各部门对于在自然资源使用过程中的失范行为有着不同的惩罚措施和力度,一些企业和不法分子利用各职能部门之间的监管缝隙,钻法律漏洞,造成国有自然资源的流失和生态环境的破坏。这些问题的存在一定程度上影响了自然资源管理的质量和效率。

当前,湖北省在自然资源监管制度改革方面已取得了明显的进展,其监管职责更加明晰,制度更加完善,执法主体更加明确,对自然资源的监管将更加系统和严格。这必将提高自然资源的监管能力。

（四）自然资源交易市场问题

自然资源混合交易市场是公共产权和私人产权有机混合的市场,有别于一般的自由市场,即纯私人产权市场,也有别于一般政治市场,即公共产权市场。尽管湖北省自然资源产权市场已经逐步形成并发展起来,如建立了湖北省公共资源交易平台,但自然资源产权交易市场发育程度较低,资源配置仍然主要靠行政手段实现。从湖北省公共资源交易平台的数据可以发现,产权交易主体构成单一,在市场准入、竞争和交易等规范性的制度构建上尚待完善。当前湖北省自然资源产权配置和资源资产管理依旧处于"行政部门居于主导地位、市场手段参与较少"的局面。

目前,湖北省自然资源管理部门正积极开展产权制度的建设,完善自然资源交易市场,自然资源的市场建设已取得了明显的进展。这必将进一步满足国民经济和社会发展对自然资源的需要,切实提高自然资源的开发利用效率。

二、产业支撑问题

湖北省虽然是一个自然资源丰富的地区,但对产业的支撑作用显示不足,需要进一步加强产业结构调整和升级。

湖北省的资源型产业的发展,离不开自然资源开发利用对经济社会发展的支撑问题。从自然资源的禀赋状况不难看出,湖北省的土地资源开发利用状况,高标准的基本农田拥有度不高,水生态环境的破坏等,不利于支撑第一产业的发展;矿产资源保有度和水资源的污染情况,以及空间布局规划和发展系统建设,无法有效保障第二产业的进步与产业升级;生态环境状况和森林覆盖率不足等问题,影响着三次产业的发展与拓展。

（一）农业（第一产业）现代化发展问题

湖北是农业大省，历来是全国重要的农产品生产基地。长期以来，粮食、棉油、蔬菜等农产品在国内占据重要地位。不难发现，近几年来随着农业结构的不断调整和优化，虽然成果显著，但问题也很突出。目前湖北省人均耕地不足，特别是高质量的优质农田的面积在逐年锐减。全省耕地资源总面积 7 984.50 万亩，人均耕地 1.30 亩，比全国平均水平低 0.22 亩。湖北农业灌溉水利用系数比发达国家平均水平低 0.2，正面临人多地少、结构性缺水等问题。

而且，根据相关的调查和研究表明，农业环境污染问题，特别是面源污染问题比较严重。湖北省存在工业"三废"和城市生活等外源污染，向农业、农村地区扩散的趋势，特别是镉、汞、砷等重金属不断向农产品产地环境渗透，现有的农业和相关产业的化肥和农药利用率非常高，而农膜回收率、畜禽粪污有效处理率不高，可利用和再生使用的秸秆资源浪费现象严重。

同时，高强度、粗放式生产方式，特别是简单耕种和野蛮的种植方式，导致农田生态系统结构失衡、功能退化。基础建设或过度开发，导致湖泊、湿地面积萎缩，濒危物种增多，使得湖北省农业生态系统退化严重。

湖北省的农业资源环境管理体制与有效的补偿手段没有建立，农村的经济增长和农民的收入提高缓慢，而且有利于资源节约、环境保护的农产品价格体系尚未形成。同时，相关农业发展理念对土地资源承载力的农业产业结构和布局、生产总量和农业投入品总量控制等方面的管理理念没有形成，农业资源市场处于"初级"期间，资源的优化配置机制还未成熟，制约了农业资源合理利用和生态环境保护。

此外，由于当前经济活动中对农业生产的现代化技术投入严重不足，以及现代化高素质劳动者的缺乏，存在农业科技含量比较低、产业化水平不高等问题，阻碍了农业和农村现代化发展的快速推进。

（二）工业（第二产业）发展质量问题

湖北以矿产资源赋存条件好，开发历史悠久，成为我国重要的工业基地之一。在工业发展方面已经形成了汽车、冶金、机械、电力、化工、电子信息、轻纺、建材八大产业支柱。东风汽车公司、宝武集团等国有大型企业，在国民经济建设和发展工业经济过程中发挥着重要作用。

在湖北省工业产业发展壮大过程中，长期形成的产能结构和产品体系，不能很好地适应当前中国经济发展的要求。产能过剩、成本过高、产业结构不合理等问题比较突出，而拉动第二产业增长的主要力量依然是高能耗、高污染的资源型重工业。它们所占比重很大。由于原材料的供给紧张和能源消耗的包袱，让湖北省的第二产业在新形势下处于负重前行，转型发展压力巨大。

同时，工业的高新技术产业增加值偏低。应该说湖北省高新技术产业发展起步较晚，尽管湖北省有12个国家级高新区，可是高新技术产业增加值武汉占比达到46.38%，存在严重的区域发展不平衡问题。同时，湖北省高新技术产业发展水平仍然远低于广东、深圳等创新高地，工业发展的层次和整体竞争力有待进一步升级和提高，产业集群和园区的培育与发展较为落后。

此外，除少数企业具备一定的产品研发能力以外，大部分企业缺乏自主的核心技术和创新型人才，竞争力不足。产业科技含量低，缺乏核心竞争力，难以有效承担起对新型城镇化的支撑作用。

由于湖北省工业企业的发展出现过度依赖资源，企业规模普遍较小，产业集群少，产业组织结构和分布不够合理，工业企业组织管理结构薄弱，影响了湖北整个企业的市场竞争力的提高。

（三）服务业（第三产业）创新问题

湖北省在20世纪90年代之后进入了快速发展的时期，也是第三产业的起步与发展阶段。但是服务型产业对工业化发展支撑不够，第三产业中的服务型企业的增加值比重与就业比重总体呈上升态势，但与全国其他省市相比，特别是与东南沿海发达地区相比较，发展仍然滞后。

从国家的"十五"战略实施以来，湖北省第三产业在国民经济产业结构中的占比在逐年增加，作用越来越明显。在此期间，从三大产业所占GDP的比重数据来看，第一产业比例略显下降，而第二产业的比重先上升后下降，第三产业则呈现出明显上升的趋势。

2017年，湖北省实现第三产业增加值16 503.40亿元，增长9.5%，对GDP增长的贡献率达到49.2%，第三产业投入正逐步加大，正在成为促进投资增长的重要支撑。但是，湖北省服务业的产业组织和产业内部结构存在一定的问题。譬如，传统服务业占比较高，现代服务业发展严重落后，金融业、房地产业和电子商务等现代服务业，没有形成对经济增长的拉动。可以说，第三产业并没有真正成为推动湖北省新型城镇化和工业化快速发展的重要动力。

目前，湖北省服务业区域发展不平衡的问题也很突出，如武汉、襄阳、宜昌等地的服务业发展比较快速，其经济增加值明显高于其他地、市、州。因此，湖北省的第三产业的发展路径和服务方式不能很好地实现与社会经济发展的同步。第三产业作为吸纳剩余劳动力就业最主要的渠道必须得到大力发展，因此，湖北省第三产业发展的滞后，一定程度阻碍了新型城镇化和工业化发展的进程。

（四）产业结构调整与转型升级问题

湖北省工业化和城镇化发展带动了经济社会发展，但受到经济效益的要求和影响，在面对就业压力和脱贫攻坚战过程中，湖北产业就业支撑力度出现较大的问题。湖北省的资源环境状况，加上省内就业人口的增加，不能很好地适应城镇人口的增长。特别是新形势下，随着国企改革的深化和市场化进程的加快，过去建立和发展起来的传统企业和工业体系，面临经营和发展的压力，产品和市场的变化，以及资源环境因素的制衡，对于资源依赖型、生产对环境破坏性大，以及资源消耗突出的企业，都需要转型升级，或者面临破产、减员的现象。技术和经营管理环境不能很好地让传统的产业转型，尤其是那些一直处于粗放型发展的企业或产业，更是举步维艰。

湖北省第三产业和新兴产业发展处于初级阶段，对相关产业带动就业的能力比较弱。加之于目前各企业对劳动力专业技能和文化知识的要求均有较高水平，无形中就带来就业结构性矛盾。一方面，劳动力供需错位，特别是企业或行业对高技能和高层次人才需求旺盛，而市场可供人才短缺；另一方面，产业发展处于低层次的发展阶段，教育和发展的投入不足，企业竞争能力不够，缺乏活力，支撑城镇经济和吸纳人口能力有限。

当前，湖北省经济发展处于关键期，解决好就业的稳定性问题，关乎着经济社会的稳定，影响着新型城镇化和工业化进程，更有可能影响着未来经济社会发展的步伐。大力调整产业结构，实现产业转型和升级，提高发展的质量，将进一步助推湖北省绿色发展和高质量发展进程。

三、资源潜力问题

虽然湖北省是一个自然资源分布大省，但在经济社会快速发展进程中资源开发利用效率不高、供给不足等问题也日益突出。如何进一步挖掘资源开发利用的潜力，改善资源供给不足的状况已成为湖北省实现绿色发展和高质量发展的重要课题。

（一）自然资源的开发方式转变问题

湖北省的自然资源的利用和开发的方式比较单一。经济社会发展过程中，对自然资源开发利用基本上是处于粗放式，对自然资源的利用采用粗加工和过度消耗。因此，开发利用方式的转变是当务之急。

一是进一步强化绿色发展理念。湖北省自然资源开发利用发展的重点是提质增效，生态环境保护和绿色发展理念需要进一步提升。产业结构的调整和升级要走出资源依赖性的瓶颈状态。根据湖北省自然资源的禀赋情况和经济社会发展状况，资源型产业发展状况快速，离不开新兴的科技攻关和知识创新，需要突破资源对地方经济和社会发展的约束状态。

二是调整产业结构。湖北省的产业发展与战略布局，决定着国民经济和社会发展方向。根据相关资料和数据显示，湖北省主要的行业集中在食品、石化、汽车、电子信息、机械、纺织、钢铁、建材、电力和有色等产业。这些产业的主营收入占全省工业主营收入比重达91%。同时，这些产业和自然资源的关系非常密切。因此，在新的历史时期，需要结合本地区自然资源禀赋和区域优势，调整和升级区域产业结构，着力提高自然资源的供给质量和使用效率，实现经济社会发展与自然资源保护同步推进。

三是加快战略性新兴产业的发展。战略性新兴产业在调整产业结构、提高经济发展水平方面具有重要的作用。湖北省具有发展战略性新兴产业的基础和条件，但在发展过程中湖北省对战略性新兴产业发展的支持作用仍然不足，使战略性新兴产业的发展存在基础不牢、支撑作用不强的问题。近年来，湖北省积极培植战略性新兴产业的发展，其发展不利的局面得到了一定的改善。

四是强化对装备制造和信息技术产业的科技投入。通过技术改造和科技转化，产生了一大批创新能力强、技术水平高的企业和产品；扶持和发展生物产业、节能环保产业，通过政策性帮扶和税收政策的倾斜，让生态环保性的行业与企业形成初具规模；政府投资和创新技术，让新能源汽车得到快速的发展。

五是投资引导。政府引导和社会投资相结合，譬如80万吨乙烯、武汉联想、通用汽车等重大项目投资，推动了化工产业，深加工技术产业、移动互联技术与产业、汽车零部件制造和深加工等服务得到应有的发展。扩大和增加投资于集成电路、北斗导航、工业机器人及工业设计、节能环保服务等领域，力图提升产业结构，提高技术和创新领域的实力和竞争能力。

目前，湖北省已经形成了一大批规模大、实力强、特色鲜明、竞争力强的产业集群。资料表明，目前，全省拥有16个国家级和26个省级新型工业化示范基地，以及12个国家级高新技术开发区。部分产业集群已形成特色产业和品牌。同时，获省著名商标认定370件，名牌产品260个。这些成绩的取得为湖北省产业结构调整、产业转型升级和发展方式的转变创造了条件。

在政府的支持下，湖北省资源型产业近年来也得到了快速的发展，集团化、区域化布局态势明显，并带动了区域融合发展，但仍然需要在转变经济发展方式、深化区域关系上进一步下功夫，为绿色发展和高质量发展提供支撑。

(二) 工业园区建设问题

工业园区作为现代企业和区域布局的重要形式在湖北省得到了快速的发展，

并形成了以国家级、省级和市级开发区为主体、不同专业园区分布广泛的局面。适应新时代的要求，为提高自然资源开发与利用效率，湖北省资源型企业布局也呈现出了企业的规模化、集群化发展方向，但在发展过程中也表现出了土地利用效率不高、重复建设、特色不鲜明等问题。为了解决工业园区建设和发展过程中存在的问题，湖北省按照国家的总体部署，认真开展工业园区建设清理和整顿工作，并取得了明显的成效。

一是实现区域产业布局与资源禀赋分布状况协同一致。近年来，湖北省通过技术和资源优势的发挥，促进产业转移与产业升级相结合，借助区域和资源禀赋的优势，实现区域分工与合作，优势互补与互利共赢。特别是对县域经济和乡镇产业的扶持和发展，让区域产业布局与资源禀赋协同一致。

二是引导产业集聚发展。湖北省人民政府根据各地资源禀赋和环境容量，适应产业布局发展的新形势，围绕支柱产业、新兴产业，依托重大项目建设，优化和调整全省产业空间布局，引导产业向适宜开发的区域集聚。借助优势企业和新兴产业集中于国家级、省级高新区和开发区。

工业园区是现代产业集聚的重要表现形式，因此，必须坚持，但也必须发挥优势，注重特色，并处理好工业园区建设和发展中存在的问题，为资源型企业的发展营造良好的发展环境。

（三）资源潜力挖掘问题

湖北省虽然自然资源丰富，但开发利用效率不高的问题较为突出，进一步加剧了自然资源供给不足的问题。挖掘资源潜力不仅是可持续发展的要求，更是湖北省经济社会发展的现实选择。为了进一步挖掘资源潜力，湖北省主要开展了以下工作，并取得了一定的实效，但任务仍然十分艰巨。

1. 服务"三区七带"农产品主产区建设

政府通过严格耕地与基本农田的保护举措，推进高标准基本农田建设，提升耕地综合产出能力，保障国家粮食安全和食品安全。譬如，建设江汉平原综合农业发展区、鄂北岗地旱作农业发展区；创造三峡库区林特发展区和江汉平原优质水稻产业带、双低油菜产业带；形成汉江流域专用小麦产业带和优质棉花产业带；发展江汉平原及鄂东地区生猪产业带和水产养殖带，实现全省农产品供给安全的发展格局。

2. 服务"三区三轴"城镇化建设

在武汉城市圈、襄阳和宜昌两个副中心都市圈三个城区，利用"沪渝高速公路""福银高速公路""襄荆－荆宜高速公路"的交通枢纽，控制土地开发，重视基础设施和公共服务设施建设。以"三区三轴"的土地利用，改造旧城来提高城市土地利用效率。重点对矿山生态环境治理，发展绿色矿业示范区引导资源枯竭型城市转型。

3. 构建"四屏两带一区"生态功能区

根据鄂东北大别山系、鄂西北秦巴山系、鄂西南武陵山系、鄂东南幕阜山系的四大生态屏障，以及江汉平原湖泊湿地生态区域特点，扶持山地旅游、绿色产业、生态农业、特色农副产品加工业等产业，将不相宜的产业有序转移出区域外。通过生态退耕实现生态保护，整合或关闭矿产开发，实现神农架林区、三峡库区、丹江口库区、长江沿岸、清江沿岸的矿产开发有利于绿色宝库建设。

目前，湖北省在自然资源，特别是矿产资源潜力挖掘方面主要是以提高资源"三率"水平为着力点，通过技术更新，优化工艺流程，降低能源和物质消耗水平，加大环境治理力度，提高资源开发利用效率，同时，积极开展深部找矿突破行动，增加资源储备；调整城乡和区域土地利用结构，提高土地质量和集约利用水平；强化水资源区域和产业配置，深化节约和集约用水，提高水资源开发利用效率；开放自然资源市场，加强自然资源的管理能力建设，全面提高区域自然资源的供给和保障能力，满足国民经济和社会发展的需要。当前，湖北省在挖掘资源潜力方面已经取得了一定的成效，但由于技术水平、管理等原因限制，资源开发利用效率并不高，说明湖北省在资源潜力挖掘方面仍需努力。

四、区域布局问题

湖北省区域布局问题，实质上是区域经济社会发展的战略布局和基础设施支撑问题，具体体现在合理规划和利用区域自然资源，将区域产业布局与经济社会发展状况相协调；将投资导向与经济增长动力引导到合理的布局上来。

（一）服务区域发展战略问题

在改革开放以来，湖北省充分发挥区位和教育、科技、产业优势，经济社会得到了快速发展，并已成为中国经济社会快速发展和区域协调的重要支撑地区，但是，湖北省的区域发展不平衡、产业发展不协调问题仍然突出。同时，产业结构同质化、部分行业产能过剩等问题也非常突出。

从城市之间发展态势看，"一主两副"三个城市经济发展大幅领先于其他城市，特别是武汉经济总量占全省36%，襄阳、宜昌经济总量都在4 000亿元左右。除这三个城市之外，其他市州的经济总量都还不足以支撑多极化均衡发展；从城乡发展来看，2017年全省城镇常住居民和农村常住居民人均可支配收入比为2.3∶1，贫富差距依然很大，均衡协调和后续经济增长的动力有待挖掘。

湖北省区域发展不平衡、不协调的问题虽然有资源禀赋、开发利用技术水平和产业基础等差异的长期影响，也与区域特色产业发展不够，区域产业分工合作体系没有全面形成有密切的关系，更有自然资源空间布局不合理的重要影响。但这些问题的长期存在不仅使区域之间的发展不平衡、不协调的问题无法得到有效的解决，更影响到湖北省自然资源空间布局的进一步展开和优化。因此，以区域发展战略为支撑，合理调整和优化区域自然资源空间布局是湖北省经济社会发展的现实选择。

近年来，虽然湖北省比较注重解决区域发展不平衡、不协调问题，但湖北境内的自然资源的空间区域状况和经济社会发展水平、产业发展战略布局则不利于问题的进一步解决，因此，必须立足于全省经济社会发展战略与相关产业布局的统筹、协调，按照有利于促进资源要素的跨区域流动和效率的提高，有利于促进基础设施的互联互通，有利于促进大都市、大中小城市和小城镇的链接，有利于发挥中心城市对周边城市和农村地区的辐射带动作用，从而形成区域和城乡协同发展的新格局，为自然资源空间合理配置和进一步优化创造条件，并提供支撑。

（二）基础设施支撑问题

交通、通信等基础设施是经济社会发展的重要物质条件，也是区域自然资源空间布局调整和优化的重要支撑。改革开放以来，湖北省充分发挥沟通南北、承东启西的综合区位优势，大力开展交通、通信等基础设施建设，进一步确立了其在全国的综合交通枢纽中心地位。近年来，我国的基础设施和基础产业得到了优先发展，高速铁路、高速公路、机场和内河航运等在全国得到了较快的建设和发展，并对我国高质量发展产生了积极的支撑作用。在国家新一轮现代交通基础设施建设进一步展开的过程中，湖北省已经成为我国现代交通网络重点建设地区。当前，湖北省正在积极配合国家交通建设，完善省内交通网络，并出台了《湖北运输结构调整实施方案》等文件，将突出以"两江、五线、十节点"等重点区域为主战场，减少公路运输量，增加铁路和水运运输量，加快建设现代综合交通运输体系。这不仅将进一步完善省内外交通网络，提高湖北省的通行能力，加强区域之间的联系，深化区域之间的分工与合作关系，也会使区域自然资源空间布局走向更加科学、协调和优化。

目前，湖北省自然资源空间布局进一步调整和优化的条件已经成熟，而湖北省也正根据自然资源开发利用和资源型产业发展的实际，按照新时代的要求，突出自然资源禀赋、产业基础和技术条件，通过政策引导，着力解决资源型企业技术水平低、布局分散、开发利用效率低和环境污染等问题，进一步强化资源型产业的集团化、区域化布局和发展方向，鼓励企业集约化经营和集团化发展，深化区域分工与合作关系，形成特色鲜明、优势明显、分工与合作关系明确的产业集聚区和产业经济带，以促进区域资源型产业协调和融合发展。当前，湖北省自然资源空间布局已开始呈现出了进一步调整和优化的发展态势。

第三章

湖北省自然资源对经济和社会发展的支撑作用分析

自然资源作为国民经济和社会发展的重要支撑和基础,对国民经济和社会发展产生着重要的影响,而随着我国城市化和工业化的快速发展,其作用和影响也更加突出。湖北省是一个自然资源禀赋相对丰富、分布广泛、开发利用技术比较成熟的地区,其在地区经济和社会发展中的作用也已凸显。进入新的时代以来,湖北省各级人民政府认真贯彻和落实党的十八大、十九大精神,着力践行"五大发展"理念,突出生态优先,通过绿色发展,集约、节约利用自然资源,积极调整和优化经济结构和产业结构,转变经济发展方式,在大力推进供给侧结构性改革的进程中,自然资源的配置、开发利用效率、水平明显提高,生态环境状况得到了明显的改善,经济发展的新动能得到了有效的培育和发展,绿色发展的新格局逐步形成。湖北省现已成为我国经济社会发展较快、发展潜力巨大的地区之一,也是我国可持续发展战略重要支撑和区域协调发展的区域之一。为了进一步说明自然资源开发利用对湖北省经济社会发展的影响,本章将利用相关分析方法对湖北省自然资源开发利用对国民经济和社会发展的影响进行定量分析,着力探讨湖北省自然资源开发利用的影响因素及其对国民经济和社会发展的支撑作用。

第一节 研究文献综述

自然资源是人类生存和发展的重要物质基础条件,也是产业发展的基础。本节所指的自然资源主要包括国土资源,即土地资源、矿产资源、水资源、生物资源、气候资源,而广义的自然资源还包括经济和社会资源,即人口资源和经济资源等。在人类社会的发展过程中,自然资源已经对人类社会的经济和社会发展起到了积极的推动作用,也成为专家、学者广泛关注和重点研究的对象。为此,本节将主要围绕自然资源开发利用对经济社会发展的支撑作用方面进行系统的文献综述。

一、国内外研究现状

关于自然资源开发利用对经济社会发展影响的研究成果非常丰富。不仅研究历史悠久,而且研究的内容也非常丰富,几乎包括了自然资源开发利用和管理的各个方面和领域,应该说此方面的研究是非常成熟的,研究成果也对经济社会发展产生了重要的影响。总体来看,这些研究主要是从单一资源和综合两方面来展开的,同时也涉及资源的配置和管理等问题。

国外关于自然资源禀赋及开发利用对经济社会发展影响的研究始终贯穿于西方经济学理论的建立和发展过程中,其中的生产理论,特别是凯恩斯主义学派的供给理论就对该问题进行了系统的研究。总体来看,他们都将自然资源,如土地等,作为生产要素来看待。西方经济学的流派比较多,对该问题研究的角度和方法有所不同,但对其都有所涉及,且是开展研究的基础。

随着工业化和城市化进程的不断加快,自然资源特别是矿产资源的枯竭和环境问题也日益突出,对经济社会的可持续发展产生了不利的影响。为此,国外学者主要利用委托代理、产权、外部性等现代经济学理论来研究自然资源开发利用及其与环境的关系等相关问题。其成果也非常丰富,并对我国的研究产生了重要的推动作用。总体来看,国外关于该问题的研究具有历史悠久、内容全面、领域广泛、成果丰富和理论体系完备的特点。本节就不一一赘述了。

我国的学者关于自然资源开发利用对经济社会发展的影响主要是从计划经济时期和市场经济时期两个大的发展阶段来进行研究。在计划经济时期,关于该问题的研究主要利用的是投入产出理论。研究的重点是自然资源开发利用、消费和分配等问题,并没有涉及自然资源的产权及其对环境的影响等问题。随着市场经济体制的建立和不断完善,特别是 20 世纪 90 年代我国国土资源市场化改革的不断推进,资源的枯竭问题和环境问题日益显现,资源的无限性受到严峻的挑战,而传统的经济学等理论又无法解释，我国当时的制度缺陷也开始暴露，建立与市场经济体制相一致的资源管理体制也日益迫切。伴随着自然资源生产要素属性得到全面的确立和产权关系的进一步明晰，我国的学者开始利用现代经济学理论来开展自然资源开发利用与经济社会发展关系的体制和机制研究，涌现了一大批优秀成果，并推动了我国自然资源市场化改革的进程，自然资源开发利用和配置效率明显提高，也掀起了关于自然资源开发利用和配置问题研究的高潮。

自然资源作为国民经济和社会发展的基础在我国也得到了充分的重视和体现。如原国土资源部财务司司长王瑞生（2004）曾指出，"国土资源与经济社会发展的水平、速度与质量息息相关，是全面建成小康社会的基础条件。"具体而言，以土地、水资源等为代表的国土资源既是满足人民日益增长的美好生活需要的生产资料，同样也是维持社会财富和国民经济等各个方面发展平衡的重要生产对象。

20世纪后期，随着我国改革开放进程的不断深入，特别是城市化和工业化进程的快速推进，经济社会发展对土地、矿产资源等自然资源的需求也日益旺盛，而生态环境问题、自然资源供给不足、资源战略、区域国土空间布局和优化等问题也日益显现，协调人口、资源、环境与经济社会发展的关系，实施可持续发展战略，走新型城市化和工业化道路已成为社会广泛关注的问题。我国虽然自然资源较为丰富，但各地区资源禀赋差异较大，资源类型多样，资源组合条件复杂，因此，研究区域国土资源的特点、开发潜力及其对该区域社会经济发展的支撑能力，为该区域合理开发、高效利用和积极保护国土资源，维护国家安全提供指导极为必要，也为学者研究我国自然资源开发利用问题提供了巨大的空间，并涌现出了一大批优秀科研成果，也为我国自然资源改革和服务改革开放进程提供了重要的理论支撑和实践指导。其研究成果主要体现在以下四个方面。

（一）资源配置和开发利用效率问题

资源配置和开发利用效率既有技术问题，也有结构和发展方式问题，更有经济社会发展水平和阶段问题。在自然资源供给日益不足的过程中，资源配置和开发利用效率问题已经对地区经济社会发展产生了重要的影响，因此，资源配置和开发利用效率问题始终是我国学者研究的重要问题。如陈竞捷等（1999）认为国土资源既是生产的投入要素，又是经济发展的物质载体。其对经济发展的支撑作用主要表现在三个方面：①国土资源是经济发展的基础。这表现为直接产出效益；②国土资源具有较大的关联效应，为工业化乃至整个社会生产提供能源、原材料等生产资料；③国土资源在平衡外汇收支和积累原始资本中起到不可忽视的作用，同时，也是吸引外资的一个重要方面。此外，他们还指出要重视国土资源在不同经济发展阶段的不同作用。当然，自然资源配置和开发利用效率问题始终是自然资源研究的基础。

（二）资源型产业的发展问题

资源型产业是城市化和工业化的重要支撑，也是其他产业发展的基础。在资源和环境问题日益突出，可持续发展已成为世界各国共识的新形势下，资源型产业的发展面临着前所未有的挑战，也为其产业转型和升级提供了重要的机遇。我国是一个发展中的大国，工业化和城市化是我国必须经历的阶段，而工业化就必须要资源型产业的支撑，但它的发展与资源禀赋水平、质量和产业基础有关，也与人才、技术、资金、管理和制度相联系。如刘珂（2010）认为国土资源的质量及其赋存状况会影响产业结构、产业规模、产业布局、产业发展等。首先，一个国家或地区国土资源的种类对产业结构的影响是最基本的影响，但这种影响是相对的，科学进步与国际贸易会对产业结构的改进产生弥补作用。一般来说，国土资源拥有状况良好的国家或地区，产业门类的建立较为完备，而产业的基础也较为扎实；其次，国土资源数量一方面会影响单个产业规模的发展，另一方面会影响产业之间的规模比例，从而影响产业总体规模和产业结构。此外，产业的建立和发展要以资源投入的保障为前提，因此，资源分布决定着产业的布局。最后，国土资源的质量也对产业发展有着重要影响。一是资源质量的优劣直接影响到产业开发的成本和效益，易开发、品质高的资源使产业发展较为容易；二是资源质量的优劣影响资源产业的竞争力；三是资源质量的优劣也影响到后续产业链开发的复杂程度，影响到后续产业的规模与竞争潜力等。这些研究成果能够推动资源型产业的快速发展，并对地区经济发展产生重要的影响。

（三）资源开发利用与经济社会发展的关系问题

自然资源的数量、开发利用水平规模等虽然与其资源禀赋有密切的关系，但它也可以反映一个国家经济技术水平，也体现其经济社会发展的阶段性，并成为经济社会发展的重要支撑。它反映了地区的产业结构和经济结构问题，因此，如何通过资源开发利用来优化产业结构和经济结构就成为地区经济社会发展的重要问题，如胡跃龙（2009）认为在经济发展过程中，资源集对经济发展的支撑总是处于资源支持与资源约束交织并存的状态，而经济发展资源支撑研究的重点是资源风险问题。同时，他提出资源替代和资源战略是解决资源约束问题的两大重要途径。马珍珍等（2015）指出国土资源种类、分布及其质量、数量直接影响第一产业，同时，国土资源也对原材料产业、能源产业有重大影响，进而间接制约第二产业发展，而环境资源对第三产业的发展又会产生重大影响。这些研究主要反映的是自然资源的丰度及经济社会发展的需要。

（四）综合研究

除了从总体上研究自然资源开发利用对区域经济社会发展的支撑作用，还有不少学者从细分资源上来研究其各自开发利用对经济社会发展的影响问题。如在土地资源研究方面，向仁康等（2012）从土地资源约束对经济增长的"阻尼"效应、土地资源在经济增长中的人均产出效应及土地供给增长对经济增长的拉动效应三个不同的视角，运用数理经济学的研究方法分析了土地资源开发利用对于经济增长的影响效应；李明月等（2018）综合运用C-D生产函数、岭回归分析和主成分分析，测算不同内涵情境下土地要素对区域经济增长贡献的差异，最终指出土地要素同时以资源和资产形态促进经济增长。在水资源研究方面，Young（1985）估计了国家水资源开发计划的投入产出模型的直接经济收益率；李九一等（2012）通过构建水资源支撑指数（water supporting index，WSPI）来量化区域水资源的短缺情况，以评价区域水资源开发利用对社会经济发展起到的支撑作用；王若梅等（2018）同样采用水资源支撑指数考察2015年中国分省尺度的水资源支撑状态，在此基础上，运用水资源支撑度模型，揭示各省份水资源与其经济产出和人口分布的适配情况。在矿产资源研究方面，McCulla（1976）根据要素贡献研究分析了加拿大非能源矿产工业和加拿大经济的关系。该研究采用投入产出和计量经济模型，通过划定一个分析框架来衡量矿业对经济发展的实际影响和可能产生的影响。这些研究都对不同资源开发利用效率的提高和优化配置问题起到了积极的推动作用。

传统的自然资源研究主要针对的是土地、矿产等国土资源如何提高开发利用效率问题，其研究的重点主要关注的是制度、技术、资金、产品、人才、绩效和市场等问题，而将社会经济资源作为外在条件给予评价。随着社会经济的发展和技术水平的提高，特别是在可持续发展的新的条件下，可利用资源的内涵、外延得到了有效的拓展，针对自然资源的研究也不再局限于其自然资源部分，越来越多的学者也开始重视自然资源和经济社会资源部分对经济社会发展的共同影响。如Cox（2001）就借助投入产出模型，用标准"差异"的方法分析研究了林业投入和劳动力投入对南北方单位产量及区域经济的贡献大小，还分析了太平洋西北部和南部地区对木材采伐政策的变化对林业产业经济的影响及单位森林在总区域经济增量贡献中的影响程度。牛叔文等（2004）从气候、土地、水、生物、矿产、能源、旅游、人力和文化九个方面的资源论证了国土资源对中长期内经济社会发展的支撑作用。王爱民等（2006）基于深圳社会经济与国土资源互动关系，提出不同国土资源要素的投入对深圳 GDP 贡献率的差异呈现一定的阶段性变化，并从自然资源、区位因素、政策和体制创新、人力资源、科技资源、基础设施和形象资源等方面分析了从经济发展初期到趋向成熟的国土资源优势转换。关子健（2015）对人力资源在经济可持续发展过程中发挥的作用进行了分析，并指出人力资源的竞争才是构成各类竞争的基础，人力资源在数量上的变化、质量上的优劣及结构上的配置都是影响经济增长与否的重要因素。

这些研究成果不仅开拓了自然资源的研究领域，对提高自然资源的综合理利用水平和配置效率能够起到积极的推动作用，也使自然资源在国民经济和社会发展中的作用和地位得到了进一步的提升。

二、文献评述

文献综述表明，虽然自然资源开发利用和配置对经济社会发展影响方面的研究成果非常多，但总体来看，国外在分析自然资源开发利用对经济社会发展的支撑作用时，主要从一种或几种资源要素的投入对相关产业经济发展的产出贡献角度来研究，并且认为除了土地、矿产等自然资源，科技进步和劳动力对经济社会发展的贡献也十分巨大。国内学者对自然资源开发利用对经济社会发展支撑作用的研究大多是从整个宏观经济层面或区域经济层面进行定性分析，或者是从单一资源角度定量分析该资源对经济社会发展的影响，而较少有学者从整体自然资源角度出发，定量研究自然资源对区域经济社会发展的支撑作用，但国内学者的研究则与我国自然资源市场化改革进程体现了明显的一致性，具有时代特色，并对我国自然资源体制改革产生了重要的影响。

目前，关于自然资源开发利用对经济社会发展影响的研究已经开始注重人与自然和谐发展情况下的自然资源空间配置问题，并在国民经济宏观调控的作用上得到了充分的体现。它也影响着我国自然资源管理体制的改革方向。

总体来看，关于自然资源开发利用对经济社会发展影响的研究经历了从单一向综合，从技术、制度、人才、产品、效率、管理向区域优化配置和人与自然的关系等发展过程，反映了经济社会发展的要求，为推动经济社会快速发展提供了理论支撑和决策服务，而在目前，关于自然资源开发利用和空间配置及优化对国民经济和社会发展的影响研究如何适应新的时代要求，在保护生态环境，着力处理好人与自然和谐发展的过程中加强自然资源的空间布局和优化问题，应成为今后我国相当长时期内研究的重点，也是我国自然资源改革的重点方向。

第二节 研究模型

本节首先根据文献综述所涉及的一些理论、方法和研究成果进行盘点,并对所涉及的方法找出异同点,同时,将研究方法进行改进,形成与湖北省经济社会发展实际相适应的研究模型,为自然资源开发利用对湖北省经济社会发展影响的研究提供理论和方法支撑。

一、现有研究模型比较

模型是根据实际情况研究西方计量经济学中的资本、土地及劳动等生产要素之间关系的重要工具。资料表明,目前关于自然资源开发利用对经济社会发展影响的主要模型和方法有以下四种。

(一) C-D 生产函数模型

它是数学家柯布和经济学家道格拉斯于 20 世纪 30 年代提出来的,被认为是一种很有效的生产函数,已得到广泛的应用。它的一般数学表达形式为

$$Q=AL^{\alpha}K^{\beta} \tag{3-1}$$

式中:Q 为产量,L 和 K 分别代表劳动力投入和资本投入,A、α 和 β 为三个参数,$0<\alpha, \beta<1$。当 $\alpha+\beta=1$ 时,α 和 β 代表相对在生产过程中劳动力和资本的重要性,α 是劳动力投入在总产出中的份额,β 是资本投入在总产量中的份额。

(二) 系统动力学预测法

系统动力学预测法是通过研究系统内部诸因素形成的各种反馈环,同时,搜集与系统行为有关数据和情报,并采用计算机仿真技术来对大系统、巨系统进行长期预测和分析的一种研究方法。

(三) 岭回归模型

根据 Gauss Markov 定理,多重相关不会影响最小二乘估计的无偏性和最小方差,尽管最小二乘估计是所有线性无偏估计中的最小方差,但方差不一定很小。事实上,可以找到一个有偏见的估计量。尽管该估计量略有偏差,但其准确度可能远高于无偏估计量。岭回归分析基于该原理,并且通过将偏差常数引入正规方程来获得回归估计。

（四）主成分分析模型

这种方法是通过统计分析方法研究多变量问题。过多的变量会增加主体的复杂性，人们自然希望变量的数量很少而且信息更多。在许多情况下，变量之间存在一定的相关性。当两个变量之间存在某种相关性时，可以解释这两个变量反映了该主题信息的某种重叠。主成分分析是删除冗余变量（闭合变量）并为最初提出的所有变量添加尽可能少的新变量，以便这些新变量无关紧要，并反映这些新变量。在主题的信息方面尽可能保留原始信息。

二、研究模型确立

以上各个研究模型和方法都有其适用范围，本小节需要研究的是自然资源开发利用对经济社会发展的影响。根据需要，C-D 生产函数模型比较适用于本研究，为此，本小节将 C-D 函数进行了改进。同时，将自然资源划分成土地资源、水资源、林业资源、旅游资源和矿产资源等，并以此来探讨各类资源的开发利用对经济社会发展的影响。这些资源在经济发展中主要是以要素的形式来投入的。为此，可以按照资源的特性将发展的主要投入要素划分成资本、劳动力、资源及时间因素等。函数模型可转化为以下形式：

$$Y=AK^{\alpha}L^{\beta}S^{\eta}e^{\lambda t} \tag{3-2}$$

式中：Y 为总产出的量；K、L、S 分别为投入资源中影响经济社会发展的资本、劳动力、资源因素；α、β、η 分别为各个要素的影响系数；A 为常数；λ 为科技贡献率；t 为时间。

第三节 湖北省自然资源对经济和社会发展的总体影响实证分析

在通过对湖北省地理位置信息、经济发展及社会保障等一系列研究的基础上，本节将重点对湖北省自然资源开发利用对经济和社会发展的总体影响进行分析。根据对自然资源的范围和作用不同划分，将自然资源确定为土地资源、水资源、林业资源、旅游资源和矿产资源等。为此，本节将从不同的资源层面来研究自然资源对湖北省经济社会发展所产生的影响。

一、数据及其说明

通过对《湖北统计年鉴》数据的整理，得到了 2007～2017 年湖北省主要国民经济相关指标，并制作成表、图（表 3-1、图 3-1）。

表 3-1　2007～2017 年湖北省主要国民经济指标

年份	地区 GDP /亿元	第一产业 GDP /亿元	第二产业 GDP /亿元	第三产业 GDP /亿元	人均地区 GDP /元
2007	9 396.62	1 378.00	4 180.83	3 837.79	16 496.88
2008	11 413.87	1 780.00	5 138.21	4 495.66	20 006.78
2009	13 082.03	1 795.90	6 121.42	5 164.71	22 888.69
2010	16 114.59	2 147.00	7 869.02	6 098.57	28 163.08
2011	19 815.57	2 569.30	9 948.23	7 298.04	34 516.58
2012	22 479.66	2 848.77	11 363.39	8 267.50	38 969.68
2013	25 064.92	3 030.27	11 990.06	10 044.59	43 297.50
2014	27 693.04	3 176.89	13 087.76	11 428.39	47 684.96
2015	29 882.83	3 309.84	13 753.23	12 819.76	51 224.05
2016	32 665.38	3 659.33	14 654.38	14 351.67	55 664.60
2017	35 478.09	3 528.96	15 441.75	16 507.38	60 198.68

资料来源：《湖北统计年鉴》2008～2018

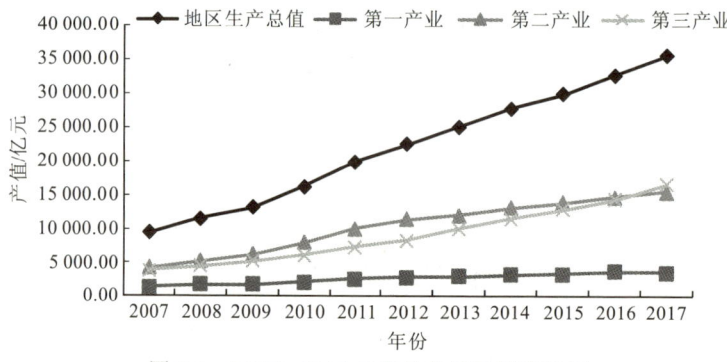

图 3-1　2007～2017 年湖北省国民经济指标

通过对表 3-1 的分析可以得知：湖北省 2007 年 GDP 为 9 396.62 亿元，人均地区 GDP 为 16 496.88 元，到 2017 年湖北省地区 GDP 已达到 35 478.09 亿元，人均地区 GDP 为 60 198.68 元，地区 GDP 同比增长了 377.56 个百分点，而人均地区 GDP 同比则增长了 364.91%；从湖北省三大产业发展情况来看，2007～2017 年间湖北省的三大产业都呈现出了逐年上升的趋势，其中，涨幅最明显的是第三产业，在 2012 年以前湖北省第二产业的 GDP 增长速度要略高于第一、第三产业，而在 2012 年以后第三产业加速发展，在 2017 年已经超越了第二产业；从产业结构来看，2017年湖北省地区第一产业GDP达到了3 528.96亿元，第二产业达到了15 441.75亿元，第三产业达到了16 507.38亿元，与2007年同期相比分别翻了2.56、3.69、4.30倍，GDP构成的比值也从2007年的15∶44∶41变成了2017年的10∶43∶47。资料表明，湖北省经济呈现出了明显的增长态势。这与湖北省改革开放不断深入产业得到快速发展有密切的关系。

随着工业和建筑业的稳步发展，以及城市基础设施的逐步完善，科学技术的不断发展，人民的消费习惯和消费结构也有了很大的变化，而服务业及金融行业的发展也越发受到了重视。这一切也说明湖北省在经济社会发展过程中，在经济社会总量得到逐步提高的同时，经济结构、产业结构和消费结构也呈现出了优化和升级的态势。这为湖北省经济结构转型和发展方式的转变提供了重要的支撑。

在研究的过程中发现，以土地资源和水资源为代表的自然资源要素对经济社会的影响是按照产业来划分的，所以，在进行实证研究前，对湖北省经济社会发展的一些主要的经济指标按照产业类型进行了划分。同时，根据《湖北统计年鉴》等资料，将湖北省2007～2017年主要经济社会发展指标相关具体数据进行了收集和整理（表3-2、续表3-2）。

表3-2 湖北省2007～2017年主要经济社会指标

年份	固定资产投入/亿元	第一产业固定资产投入/亿元	第二产业固定资产投入/亿元	第三产业固定资产投入/亿元	采矿业固定资产投资/亿元
2007	4 534.14	149.40	1 710.74	2 674.00	79.19
2008	5 798.56	231.25	2 346.32	3 220.99	102.23
2009	8 211.87	321.59	3 097.68	4 792.60	152.35
2010	10 802.69	393.00	4 169.92	6 239.77	223.16
2011	12 935.02	440.91	5 526.40	6 967.71	265.36
2012	16 504.17	525.45	7 281.04	8 697.68	339.72
2013	20 753.90	590.61	9 187.25	10 976.04	369.67
2014	25 001.76	799.35	10 733.09	13 469.32	404.80
2015	29 191.06	997.94	12 146.51	16 046.61	453.25
2016	29 503.88	889.94	12 224.54	16 389.40	329.40
2017	33 810.88	1 201.30	13 029.32	16 976.26	260.08

资料来源：《湖北统计年鉴》2008～2018

续表 3-2　湖北省 2007～2017 年主要经济社会指标

年份	总就业人数/万人	第一产业从业人数/万人	第二产业从业人数/万人	第三产业从业人数/万人	采矿业在岗人数/万人
2007	3 584.0	1 697.0	740.10	1 146.90	16.517 9
2008	3 607.0	1 707.9	730.42	1 168.70	17.551 0
2009	3 622.0	1 702.3	736.60	1 183.10	18.107 4
2010	3 645.0	1 691.1	754.70	1 199.20	18.393 4
2011	3 672.0	1 678.1	771.12	1 222.78	21.759 8
2012	3 687.0	1 638.9	781.60	1 266.50	20.260 4
2013	3 692.0	1 582.0	793.80	1 316.20	18.238 9
2014	3 687.5	1 487.0	834.30	1 366.20	17.306 4
2015	3 658.0	1 404.0	834.00	1 420.00	15.115 5
2016	3 633.0	1 338.0	837.00	1 458.00	15.907 1
2017	3 610.0	1 278.0	839.00	1 493.00	15.266 7

资料来源:《湖北统计年鉴》2008～2018

本章重点研究的是自然资源对湖北省经济和社会发展的影响问题,因此,在探求和选择自然资源指标的过程中务必要保证指标的全面性及代表性。

根据湖北省自然资源的本质特征,资源的潜力、资源存量、资源开发利用情况等方面可以反映出自然资源开发利用的全貌。为此,利用《湖北统计年鉴》等资料,将湖北省 2007～2017 年土地资源、水资源、林业资源、旅游资源和矿产资源开发利用相关具体数据进行了分类收集和整理(表 3-3、续表 3-3)。

表 3-3　湖北省自然资源 2007～2017 年相关信息

年份	土地资源		水资源		林业资源		
	耕地面积/10^3 hm^2	城市建设用地面积/km^2	农田灌溉亩均用水量/m^3	城镇生活人均日用水量/L	造林面积/hm^2	林业总产值指数/%	林业投资完成情况/万元
2007	4 663.36	1 298.7	382	163	122 898	99.50	176 314
2008	4 664.10	1 618.3	409	163	154 470	105.00	218 202
2009	3 308.35	1 629.4	460	163	149 174	107.60	279 846
2010	3 323.90	1 968.8	428	169	192 213	117.50	322 295
2011	5 301.50	2 042.6	424	158	194 654	109.90	406 200
2012	5 290.00	2 126.7	410	168	198 578	108.10	533 859

续表

年份	土地资源		水资源		林业资源		
	耕地面积 /10^3 hm²	城市建设用地面积/km²	农田灌溉亩均用水量/m³	城镇生活人均日用水量/L	造林面积/hm²	林业总产值指数/%	林业投资完成情况/万元
2013	5 281.80	2 062.1	419	165	246 858	110.70	674 917
2014	5 261.70	2 422.7	431	165	243 799	123.30	940 769
2015	5 255.00	2 045.9	430	164	246 911	121.50	1 241 861
2016	5 245.30	2 111.8	320	163	223 534	112.00	1 669 467
2017	5 235.91	2 499.4	349	162	199 831	110.10	1 974 281

资料来源：《湖北统计年鉴》2008～2018

续表 3-3 湖北省自然资源 2007～2017 年相关信息

年份	旅游资源		矿产资源	
	省内旅游收入/亿元	接待入境旅游人数/人	一次能源生产量/万吨标煤	能源消费量合计/万吨标煤
2007	640.87	1 318 179	4 115.37	11 861.00
2008	744.19	1 187 549	4 860.41	10 816.01
2009	1 004.48	1 334 634	5 018.72	11 542.69
2010	1 460.53	1 817 416	5 330.51	12 746.81
2011	1 992.89	2 135 247	4 719.90	13 960.19
2012	2 629.54	2 647 163	5 582.98	14 883.07
2013	3 205.61	2 679 623	5 165.45	15 703.13
2014	3 752.11	2 770 689	5 708.76	16 320.26
2015	4 308.76	3 117 592	5 256.27	16 403.73
2016	4 888.51	3 375 628	5 490.13	16 849.58
2017	5 514.90	3 681 433	5 492.40	17 149.68

资料来源：《湖北统计年鉴》2008～2018

二、实证过程

在具体的实证过程中，将分别研究土地资源、水资源、林业资源、矿产资源及旅游资源对湖北省 2007～2017 年经济发展的影响。

（一）土地资源开发利用对经济发展的影响

通过本章第二节对模型的研究分析，确定了土地资源开发利用对湖北省经济社会发展的影响模型。为此,本小节将利用该模型进行计量分析,以研究土地资源开发利用在湖北省经济社会发展过程中的作用。

根据土地所起作用的不同,将分成两个部分来进行分析,即首先是土地资源开发利用对第一产业的影响,其次是对第二、三产业发展的影响。

1. 土地资源开发利用对湖北省第一产业经济发展的影响

1)研究模型的选择

根据全面的分析,将土地资源开发利用对湖北省第一产业经济发展的影响确定模型公式(3-2),取对数可得

$$\ln Y = \ln A + \lambda t + \alpha \ln K + \beta \ln L + \eta \ln S \tag{3-3}$$

2)模型的应用

对湖北省 2007~2017 年土地资源要素第一产业投入的相关基础数据进行处理,并利用以上所确立的研究模型,就可以计算其 ln 值(表 3-4)。

表 3-4　湖北省土地资源要素第一产业投入标准化数据表

年份	$\ln Y_1$	$\ln S_1$	$\ln L_1$	$\ln K_1$
2007	7.228 388 452	8.447 491 497	7.436 617 265	5.006 627 273
2008	7.484 368 643	8.447 650 169	7.443 019 825	5.443 499 376
2009	7.493 261 568	8.104 204 855	7.439 735 557	5.773 277 442
2010	7.671 826 798	8.108 894 071	7.433 134 484	5.973 809 612
2011	7.851 388 767	8.575 745 078	7.425 417 480	6.088 840 773
2012	7.954 642 601	8.573 573 525	7.401 780 564	6.264 255 038
2013	8.016 407 003	8.572 022 228	7.366 445 148	6.381 155 901
2014	8.063 658 010	8.568 209 447	7.304 515 946	6.683 798 897
2015	8.104 655 129	8.566 935 283	7.247 080 585	6.905 693 154
2016	8.205 035 350	8.565 087 717	7.198 931 241	6.791 154 045
2017	8.168 758 489	8.563 295 426	7.153 051 635	7.091 159 583

注:Y_1 为第一产业 GDP,S_1 为每年耕地面积数量,L_1 为每年第一产业从业人数,K_1 为每年第一产业固定资产投入

根据表 3-4 湖北省土地资源要素第一产业投入的标准化数据,通过确立的模型公式,利用 SPSS 分析软件对数据进行回归分析,就可以得到湖北省土地资源要素对第一产业发展影响的结果(表 3-5、表 3-6、表 3-7)。

表 3-5　回归分析结果：模型摘要表

模型	R	R^2	调整 R^2	标准估计的误差
1	0.995[a]	0.99	0.983	0.042

注：a 预测变量：(常量)，第一产业固定资产投入（亿元）、第一产业从业人数（万人）、耕地面积（千公顷）、年份

表 3-6　回归分析结果：方差表

模型		平方和	df	均方	F	Sig.
1	回归	1.044	4	0.261	148.523	0.000[b]
	残差	0.011	6	0.002		
	总计	1.055	10			

注：b 因变量：第一产业 GDP（亿元）

表 3-7　回归分析结果：系数表

模型	非标准化系数		标准系数	t	Sig.
	B	标准误差			
（常量）	−286.603	90.43		−3.169	0.019
年份	0.139	0.044	1.416	3.137	0.02
耕地面积	0.166	0.107	0.093	1.558	0.17
第一产业从业人数	1.891	0.479	0.622	3.944	0.008
第一产业固定资产投入	0.037	0.161	0.074	0.231	0.825

3）检验

根据表 3-5、表 3-6、表 3-7 所得的结果进行回归检验，可以看出：$R^2=0.99$，$F=148.523>F(4,6)$。结果表明，模型拟合度较高，回归性明显，表示检验通过。说明该模型能够揭示土地资源开发利用对湖北省第一产业发展的影响。

通过对表 3-7 的分析，可以得到土地资源对湖北省第一产业发展影响的数学表达式：

$$\ln Y_1 = -286.603 + 0.139t + 0.037\ln K_1 + 1.891\ln L_1 + 0.166\ln S_1 \quad (3\text{-}4)$$

4）结果

通过对以上数据整理和模型测算结果分析，可以得出土地资源开发利用对湖北省经济发展影响的研究结果。

一是该模型通过了检验，且拟合度较高，说明土地资源开发利用对湖北省第一产业发展的影响是存在的，符合湖北省经济社会发展的实际。

二是土地资源开发利用数量对湖北省第一产业 GDP 变化的影响明显。研究结果表明，土地资源指标耕地面积 S 对湖北省第一产业 GDP 的弹性系数为 0.166。这表明每增加 1%的耕地数量将增加 0.166%的第一产业 GDP；反之耕地每下降 1%，第一产业总产值将下降 0.166%。说明第一产业的发展与耕地数量有密切的关系，因此，第一产业的发展必须保持合理的土地规模，但在数量变化的同时，也应注重土地的质量提高和经营形式的转变。

三是保持耕地数量对稳定湖北省经济社会的发展具有重要的影响。影响第一产业 GDP 增长弹性的三个要素主要包括资金、劳动力和土地。研究结果表明，在湖北省第一产业的发展过程中，土地资源因素仅次于劳动力，说明增加耕地面积可以使经济获得较大的增长，但是相对来说增长的幅度并不十分明显，而更多的是依靠第一产业从业人数的增加，所以，在国家宏观调控的过程中，湖北省需要控制耕地面积的规模，保持农业经济发展的稳定性，特别是要在后备土地资源不足的形势下，提高耕地的质量和开发利用效率，在减少抛荒、撂荒等耕地闲置和实现土地规模经营和质量上下功夫，切实提高土地的产出水平，以解决耕地供给不足的问题。

四是要提高从业人员的素质。研究表明，农业从业人员数量对湖北省第一产业的发展产生着重要的影响，因此，在目前农村人口向城市大规模转移，第一产业从业人员逐渐减少，特别是青壮年劳动力普遍从事二、三产业的背景下，加强对农业从业人员的业务培训和技术指导，培养职业农民，提高从业人员的素质以提高从业人员劳动效率应成为当前新形势下湖北省第一产业健康快速发展的重要途径，而这也是推动湖北省传统农业向现代农业发展的重要途径之一。

2. 土地资源开发利用对湖北省第二、三产业发展的影响

土地资源作为第二、三产业发展的重要支撑，其对湖北省第二、三产业发展的影响也是明显的。为有效地揭示土地资源开发利用对湖北省第二、三产业发展的影响，本部分将从以下四个方面来开展研究。

1）研究模型的选择

根据以上分析，将土地资源开发利用对湖北省第二、三产业经济发展的影响研究模型确定为式（3-2），取对数可得式（3-3）。

2）模型的应用

对湖北省 2007~2017 年土地资源要素第二、三产业投入相关基础数据进行了收集并利用相关方法进行了处理，就可以计算出相关 ln 值（表 3-8）。

表 3-8　湖北省土地资源要素第二、三产业投入标准化数据表

年份	$\ln Y_{2,3}$	$\ln S_{2,3}$	$\ln L_{2,3}$	$\ln K_{2,3}$
2007	8.989 521 616	7.169 119 043	7.542 743 545	8.385 885 610
2008	9.173 040 293	7.389 131 495	7.549 145 900	8.624 667 272
2009	9.331 329 817	7.395 967 128	7.559 924 203	8.973 386 901
2010	9.544 494 925	7.585 179 499	7.577 582 654	9.250 492 382
2011	9.755 351 167	7.621 978 785	7.597 847 799	9.433 012 612
2012	9.884 859 625	7.662 326 762	7.624 667 813	9.679 013 116
2013	10.000 371 490	7.631 480 160	7.654 443 226	9.911 618 903
2014	10.107 087 360	7.792 637 900	7.696 439 886	10.09 420 749
2015	10.187 650 570	7.623 593 069	7.720 461 695	10.246 833 260
2016	10.275 259 710	7.655 295 943	7.738 488 122	10.261 649 290
2017	10.371 900 230	7.823 805 982	7.754 481 547	10.309 138 640

注：$Y_{2,3}$ 为每年第二、三产业 GDP，$S_{2,3}$ 为每年建设用地面积，$L_{2,3}$ 为每年第二、三产业从业人数，$K_{2,3}$ 为每年第二、三产业固定资产投入

根据表 3-8 所得的相关 ln 值，按照以上所确立的研究模型，并利用 SPSS 软件进行回归分析，就可得到土地资源要素投入对湖北省第二、三产业发展影响的相关回归分析结果（表 3-9）。

表 3-9　回归分析结果：系数表

模型	非标准化系数		标准系数	t	Sig.
	B	标准误差			
常量	−157.365	65.277		−2.411	0.053
年份	0.086	0.037	0.61	2.334	0.058
城市建设用地面积	0.173	0.158	0.07	1.094	0.316
第二、三产业从业人数	−1.359	1.133	−0.231	−1.2	0.275
第二、三产业固定资产投入	0.38	0.089	0.555	4.262	0.005

3）检验

根据表 3-9 结果可知，$R^2=0.997$，$F=491.702>F(4,6)$；拟合度较高，回归性明显，说明检验通过。

通过对表 3-9 的分析，可以得到土地资源对湖北省第二、三产业发展影响的数学表达式：

$$\ln Y_{2,3}= -157.365+0.086t+0.38\ln K_{2,3}-1.359\ln L_{2,3}+0.173\ln S_{2,3} \quad (3\text{-}5)$$

4）结果

根据表 3-9 回归所得的结果，可以得到土地资源要素投入对湖北省第二、三产业影响研究结果。

一是该模型通过了相关检验，且拟合度较高，说明土地资源对湖北省第二、三产业的影响是存在的，符合湖北省经济社会发展的实际。

二是土地资源对湖北省第二、三产业的影响要略高于对第一产业发展的影响。研究结果表明，土地资源数量的变化对湖北省第二、三产业发展的影响也非常明显，达到 0.173，高于其对第一产业发展的影响。说明湖北省第二、三产业的发展对土地资源需求具有明显的依赖性。因此，在土地数量供给不足的情况下，应合理调整城乡土地利用规模、结构和区域分布结构，全面提高农业用地开发利用效率和质量，为第二、三产业发展对建设用地数量的增加提供切实的保障。

三是建设用地数量对湖北省 GDP 变化影响明显。研究结果表明，建设用地作为第二、三产业发展的基础，其在湖北省二、三产业的发展中占有重要的地位，即每增加一个单位，就会对湖北省 GDP 产生 0.173 单位的影响，作用明显。在我国城市化和工业化不断加快的过程中，第二、三产业将对土地具有刚性的需求，因此，管理部门应注重用建设用地数量的供给来引导第二、三产业的发展，防止城镇发展过程中的"摊大饼"行为，提高土地利用效率，使其成为宏观调控的重要手段，为国民经济结构调整和产业升级创造条件和提供支撑。

（二）水资源开发利用对经济社会发展的影响

水资源作为从事经济社会活动的必备资源，其数量的多少和开发利用程度将对区域经济社会发展产生重要的影响，在目前世界淡水资源普遍不足的情况下，水资源现已成为可持续发展资源。湖北省是我国一个水资源比较丰富的地区。其对湖北省经济社会快速发展的支撑作用已得到充分的体现，并将产生长期的影响，但湖北省也是一个水资源开发利用问题比较突出的地区。

1. 数据

水资源与人们的日常生活息息相关，已成为人类社会发展必不可少的要素。为了更好地研究水资源对湖北省经济发展的影响，本小节将从两个方面分别进行探讨，首先是水资源开发利用对湖北省第一产业发展的影响。在这一部分，选择了农田灌溉亩均用水量这一项指标作为水资源要素的代表。其次是探讨水资源开发利用对湖北省第二、三产业发展的影响。为此，通过对《湖北统计年鉴》2007～2017 年水资源的相关数据进行整理，并进行标准化处理（表 3-10）。

表 3-10 湖北省水资源要素第一产业投入标准化数据表

年份	$\ln W_1$	$\ln S_1$	$\ln L_1$	$\ln K_1$
2007	7.228 388 452	5.945 420 609	7.436 617 265	5.006 627 273
2008	7.484 368 643	6.013 715 156	7.443 019 825	5.443 499 376
2009	7.493 261 568	6.131 226 489	7.439 735 557	5.773 277 442
2010	7.671 826 798	6.059 123 196	7.433 134 484	5.973 809 612
2011	7.851 388 767	6.049 733 455	7.425 417 480	6.088 840 773
2012	7.954 642 601	6.016 157 160	7.401 780 564	6.264 255 038
2013	8.016 407 003	6.037 870 920	7.366 445 148	6.381 155 901
2014	8.063 658 010	6.066 108 090	7.304 515 946	6.683 798 897
2015	8.104 655 129	6.063 785 209	7.247 080 585	6.905 693 154
2016	8.205 035 350	5.768 320 996	7.198 931 241	6.791 154 045
2017	8.168 758 489	5.855 071 922	7.153 051 635	7.091 159 583

注：W_1 为每年农用灌溉亩均用水量。

2. 实证

根据以上分析，将分别从水资源要素投入对湖北省第一产业和第二、三产业发展的影响两个方面开展研究。

1）水资源要素投入对湖北省第一产业发展的影响

根据表 3-10 湖北省水资源要素第一产业投入的数据，按照上面建立的研究模型，并使用 SPSS 软件进行回归分析，就可得到湖北省水资源要素对第一产业发展影响的回归分析结果（表 3-11）。

表 3-11 水资源要素第一产业回归分析结果

模型	非标准化系数		标准系数	t	Sig.
	B	标准误差			
（常量）	−302.328	119.881		−2.522	0.045
年份	0.146	0.059	1.496	2.491	0.047
农田灌溉亩均用水量	−0.288	0.367	−0.094	−0.784	0.463
第一产业从业人数	2.284	0.500	0.751	4.571	0.004
第一产业固定资产投入	0.062	0.262	0.123	0.236	0.821

根据表 3-11 结果可知,对回归结果检测后,得到了湖北省水资源要素对第一产业发展的回归方程。具体结果如下:

$$\ln Y_1 = -302.328 + 0.146t + 0.062\ln K_1 + 2.284\ln L_1 - 0.288\ln W_1 \qquad (3-6)$$

研究结果表明,该模型拟合度较高,回归性明显,检验通过,很好地揭示了水资源开发利用对湖北省第一产业发展影响的关系。

2) 水资源要素投入对湖北省第二、三产业发展的影响

湖北省虽然是一个水资源丰富的地区,但仍然存在因水资源供给的时空分布、区域分布和季节性不均衡的影响带来的季节性缺水和结构性缺水问题。水资源作为第二、三产业发展的基础和条件,对水资源存在长期的需求,其不足将直接影响二、三产业的发展,而针对第二、三产业来说,城镇居民生活人均日用水量指标的变化则更能体现出其对经济的影响。

为此,根据《湖北统计年鉴》2007~2017 年的相关资料,将湖北省城镇居民生活人均日用水量指标水资源要素第二、三产业投入数据进行了整理,并进行标准化处理(表 3-12)。

表 3-12　湖北省水资源要素第二、三产业投入标准化数据表

年份	$\ln W_{2,3}$	$\ln S_{2,3}$	$\ln L_{2,3}$	$\ln K_{2,3}$
2007	8.338 265	5.093 750	7.542 744	8.385 886
2008	8.544 460	5.093 750	7.549 146	8.624 667
2009	8.719 549	5.093 750	7.559 924	8.973 387
2010	8.970 689	5.129 899	7.577 583	9.250 492
2011	9.205 150	5.062 595	7.597 848	9.433 013
2012	9.338 152	5.123 964	7.624 668	9.679 013
2013	9.391 833	5.105 945	7.654 443	9.911 619
2014	9.479 433	5.105 945	7.696 440	10.094 210
2015	9.529 029	5.099 866	7.720 462	10.246 830
2016	9.592 495	5.093 750	7.738 488	10.261 650
2017	9.644 830	5.087 596	7.754482	10.309 140

注:$W_{2,3}$ 为每年城镇生活人均用水量

根据表 3-12 湖北省城镇居民生活人均日用水量指标水资源要素第二、三产业投入的数据,按照式(3-6),对湖北省水资源要素投入与第二、三产业发展的关系进行回归分析,就可得到湖北省水资源要素对第二、三产业发展影响的回归分析结果(表 3-13)。

表 3-13　湖北省水资源要素第二、三产业投入回归结果

模型	非标准化系数		标准系数	t	Sig.
	B	标准误差			
（常量）	−132.718	101.056		−1.313	0.237
年份	0.083	0.055	0.613	1.519	0.180
城镇生活人均日用水量	−0.703	1.030	−0.028	−0.683	0.520
第二、三产业从业人数	−3.751	1.496	−0.659	−2.508	0.046
第二、三产业固定资产投入	0.673	0.145	1.019	4.629	0.004

通过对表 3-13 的分析，同样得到了水资源要素对湖北省第二、三产业影响的回归方程，即：

$$\ln Y_{2,3} = -132.718 + 0.083t + 0.673\ln K_{2,3} - 3.751\ln L_{2,3} - 0.703\ln W_{2,3} \quad (3-7)$$

式中：$Y_{2,3}$ 为每年第二、三产业 GDP，$K_{2,3}$ 为每年第二、三产业固定资产投入，$L_{2,3}$ 为每年第二、三产业从业人数，$W_{2,3}$ 为每年城镇生活人均月用水量。

3. 结果

根据表 3-11、表 3-13 的研究结果分析，可以得出水资源开发利用对湖北省经济社会发展影响的研究结果：

一是水资源开发利用对湖北省经济发展的影响是明显的。研究结果表明，本模型通过了检验，且拟合度较高，说明水资源开发利用与湖北省经济发展的关系是存在的，而对产业发展的影响是明显的。

二是湖北省水资源要素与第一产业发展影响呈反比例关系。研究结果表明，农田灌溉亩均用水量每增加一个单位，湖北省第一产业 GDP 将减少 0.288 单位，说明水资源数量增加并不会对第一产业发展产生积极影响。结合湖北省的实际，湖北省是一个农业大省，农业灌溉对水资源有较大的需求，而湖北省第一产业发展对水资源的需求主要体现在水资源的利用效率和区域配置上。因此，湖北省在发展第一产业过程中要在提高水资源利用效率和区域配置上做文章，才能使农业灌溉用水发挥出更大的效率，也可为湖北省第一产业的发展提供空间。

三是第一产业从业人数则与第一产业发展影响呈正向关系。研究结果表明，水资源数量的变化对湖北省第一产业的影响并不明显，其主要因素是第一产业固定资产投入和第一产业从业人数。其中，第一产业从业人数占有重要的地位，即第一产业从业人数每增加一个百分点，第一产业 GDP 就会增加 2.284 个百分点，即湖北省第一产业的发展更多的是依靠从业人数增加来带动的，虽然第一产业固定资产投入对湖北省第一产业发展也产生着重要的影响，但仍然说明湖北省的第

一产业属于传统产业范畴。可见,湖北省农业现代化的道路仍然艰巨和漫长。

四是提高水资源利用效率已成为第二、三产业发展的重点。研究结果表明,湖北省水资源使用量与第二、三产业发展呈相反的趋势,即每增加一个单位的水资源使用量,将减少 0.703 单位第二、三产业 GDP 的增长,也将减少 0.288 单位第一产业 GDP 的增长。因此,作为水资源丰富的地区,在发展第二、三产业过程中湖北省仍然需要在提高水资源的开发利用效率上下功夫,以减少水资源的消耗,保障国民经济和社会发展及生态环境对水资源的需要,为湖北省水资源优势转化为经济优势创造条件。

(三)林业资源开发利用对经济社会发展的影响

林业资源开发利用作为可持续发展的重要支撑,在湖北省经济社会发展的作用日益突出,其影响也是明显的。

1. 数据

通过对《湖北统计年鉴》2007~2017 年相关资料的整理,将湖北省造林面积、林业总产值指数和林业投资完成情况的数据进行了整理,并以此来研究其对湖北省经济发展的影响分析。具体数据见表 3-14。

表 3-14 林业资源要素投入标准化数据表

年份	$\ln Y'$	$\ln Z$	$\ln L$	$\ln V$
2007	2.240 350	4.811 355	4.600 158	2.869 681
2008	2.434 829	5.040 000	4.653 960	3.082 836
2009	2.571 240	5.005 113	4.678 421	3.331 654
2010	2.779 725	5.258 604	4.766 438	3.472 882
2011	2.986 468	5.271 224	4.699 571	3.704 261
2012	3.112 611	5.291 182	4.683 057	3.977 547
2013	3.221 469	5.508 813	4.706 824	4.212 005
2014	3.321 181	5.496 344	4.814 620	4.544 113
2015	3.397 284	5.509 028	4.799 914	4.821 781
2016	3.486 316	5.409 564	4.718 499	5.117 675
2017	3.568 915	5.297 472	4.701 389	5.285 374

注:Y' 为湖北省地区 GDP,Z 为造林面积,L 为林业总产值指数,V 为林业投资完成情况

2. 实证

根据表3-14湖北省林业资源要素投入的数据，按照第二章第三节所确定的模型，并利用SPSS软件进行回归分析，就可以得到湖北省林业资源要素投入对湖北省经济社会发展影响的回归结果（表3-15）。

表3-15 林业资源要素投入回归结果

模型	非标准化系数		标准系数	t	Sig.
	B	标准误差			
（常量）	−541.516	131.428		−4.120	0.006
年份	0.271	0.066	2.007	4.122	0.006
造林面积	0.355	0.157	0.181	2.270	0.064
林业总产值指数	−0.178	0.344	−0.025	−0.520	0.622
林业投资完成情况	−0.628	0.247	−1.158	−2.542	0.044

3. 结果

根据表3-14、表3-15结果分析，可以得到林业资源开发利用对湖北省经济社会发展影响的研究结果：

一是本模型通过了检验，且拟合度较高，说明林业对湖北省经济的影响是存在的，符合湖北省经济社会发展的实际。

二是湖北省经济的增长与造林面积的增加呈正比。研究结果表明，在其他条件不变的情况下，每增加一个单位的造林面积，湖北省的GDP将同比增长0.355个百分点。湖北省林业发展与经济发展具有明显的同步性说明湖北省在经济发展的同时，也更加注重生态环境建设和环境的改善。同时，在林业效益并不计算在GDP范围内时，林业面积的变化对湖北省经济的影响明显，说明它主要是通过其产生的生态效益和社会效益，来改善湖北省内的发展环境，并间接地影响着湖北省的经济社会发展。其影响是长远的，也体现了可持续发展的内在要求。

三是林业投资并不能直接带动经济发展。研究表明，林业总产值指数与经济增长呈现出负相关。也就是说，此处林业投资并不是经济发展的直接拉动原因。说明湖北省林业投资主要体现在植树造林上，而森工企业并没有得到发展，但其对湖北省绿色发展将产生积极的支撑作用。

（四）旅游资源开发利用对经济社会发展的影响

湖北省是一个旅游资源丰富的地区，具有大力发展旅游业的基础和条件。经过长期的发展和经营，以山水、文化等为主要产品和特色的旅游业在湖北省各地得到了快速的发展，现已成为湖北省的重要支柱产业。

1. 数据

湖北省是一个旅游资源相对比较丰富、分布广泛的省份。在实施可持续发展战略过程中，湖北省各地大力挖掘旅游资源，完善基础设施，培养旅游业人才，旅游资源得到了有效的开发和利用，旅游产业得到了较快的发展，并带动了其他产业的发展，现已成为带动湖北省经济社会快速发展的重要支柱产业之一。

为了说明旅游资源开发利用对湖北省经济发展的影响，本部分选用省内旅游收入、接待入境旅游人数两个指标来测算。为此，将《湖北统计年鉴》2007～2017年旅游资源数据进行了整理，并进行标准化处理（表 3-16）。

表 3-16 旅游资源要素投入标准化数据表

年份	$\ln Y'$	$\ln J$	$\ln P$
2007	8.252 652	6.462 827	4.881 421
2008	8.410 868	6.612 296	4.777 062
2009	8.549 604	6.912 225	4.893 827
2010	8.715 810	7.286 555	5.202 586
2011	8.895 361	7.597 341	5.363 753
2012	9.020 087	7.874 564	5.578 659
2013	9.214 789	8.072 658	5.590 846
2014	9.343 856	8.230 074	5.624 266
2015	9.458 743	8.368 405	5.742 231
2016	9.571 622	8.494 643	5.821 752
2017	9.711 563	8.615 209	5.908 472

注：Y' 为湖北省地区 GDP，J 为省内旅游收入，P 为接待入境旅游人数

2. 实证

根据表 3-16 湖北省旅游资源要素的数据，按照以上所确立的模型，并利用 SPSS 软件进行回归分析，就可以得到湖北省旅游资源要素投入对湖北省经济社会发展影响的回归结果（表 3-17）。

表 3-17 旅游资源要素投入回归结果

模型	非标准化系数		标准系数	t	Sig.
	B	标准误差			
（常量）	−200.191	17.0 636 447		−11.732	7.40×10^{-6}
年份	0.103	0.009	0.699	12	6.36×10^{-6}
省内旅游收入	0.266	0.061	0.416	4.382	0.00 322 803
接待入境旅游人数	−0.138	0.081	−0.114	−1.71	0.13 110 038

3. 结果

通过对表 3-17 分析，可以得到旅游资源开发利用对湖北省经济社会发展影响的研究结果：

一是本模型通过了检验，且拟合度较高，说明旅游业对湖北省经济发展的影响是存在的，符合湖北省经济社会发展的实际。

二是旅游业已成为影响湖北省经济社会发展程度的重要因素。研究结果表明，湖北省旅游资源投入要素中省内旅游收入与湖北省经济呈正向相关，省内旅游收入的弹性系数为 0.266，即表示每增加一单位的省内旅游收入，就可以带来湖北省 GDP 0.266 个单位幅度的增长，说明湖北省旅游业收入的增加对湖北省经济社会发展产生着直接的支撑作用。它一方面表明，旅游业的发展状况已成为影响湖北省经济社会发展程度的重要因素，同时，在生态优先，不搞大开发的新形势下，旅游业作为绿色产业应成为湖北省结构调整、转变经济发展方式的重要途径。

三是旅游发展的质量有待提高。研究结果表明，湖北省接待入境旅游人数的变化与湖北省经济社会发展呈反向关系，说明接待入境旅游人数的变化与湖北省经济社会发展的影响并不明显。更说明旅游产品不能满足游客的需要，并影响游客的消费能力。它在一定程度上反映了湖北省的旅游业发展仍然存在不大、不强，旅游产业链建设有待加强，旅游产品特色不明显，基础设施不完善等问题。这些问题都需要在今后的发展中加以重点解决，为旅游业做大做强，并发展成为湖北省的支柱产业创造条件。

（五）矿产资源开发利用对经济社会发展的影响

湖北省是一个矿产资源十分丰富的地区，许多的矿产资源随着湖北省经济社会的不断发展得以开发利用。

1. 数据

湖北省矿产资源在我国一直处于中上游的地位，但是从收集的数据（表3-2、表3-3）来看，随着省内经济社会的发展，采矿业所投入的资金和劳动力是逐年下降的，而矿产资源大量的开发利用使得矿产资源的储备也变得极度匮乏，而为了满足人民日益增长的美好生活需要，对于能源的需求也是只增不减。

为了进一步说明矿产资源开发利用对湖北省经济发展的影响，本小节选用矿业固定资产投入、矿业从业人数、能源消耗量三个指标来测算。为此，将《湖北统计年鉴》2007～2017年矿产资源数据进行了整理，并进行了标准化处理（表3-18）。

表3-18 矿产资源要素投入标准化数据表

年份	$\ln Y'$	$\ln K'$	$\ln L'$	$\ln S'$
2007	9.710 926 551	4.371 850 028	2.804 444 641	9.381 010 986
2008	9.903 826 495	4.627 205 613	2.865 110 928	9.288 782 723
2009	10.038 398 180	5.026 180 505	2.896 320 694	9.353 807 615
2010	10.245 767 180	5.407 889 003	2.911 991 905	9.453 036 323
2011	10.449 195 070	5.581 087 395	3.080 064 231	9.543 964 987
2012	10.570 539 190	5.828 121 749	3.008 668 242	9.607 979 604
2013	10.675 850 180	5.912 610 716	2.903 556 676	9.661 615 335
2014	10.772 371 320	6.003 393 118	2.851 076 375	9.700 162 560
2015	10.843 964 430	6.116 443 850	2.715 720 707	9.705 264 027
2016	10.927 099 680	5.797 272 818	2.766 765 550	9.732 081 010
2017	11.005 405 700	5.560 989 276	2.725 673 986	9.7497 34 794

注：Y'为湖北省地区GDP，K'为矿业固定资产投入，L'为矿业从业人数，S'为能源消耗量

2. 实证

根据表3-18湖北省矿产资源要素的数据，按照第二章第二节确立的模型，并利用SPSS软件进行回归分析，就可以得到湖北省矿产资源要素投入对湖北省经济社会发展影响的回归结果（表3-19）。

表 3-19　矿产资源要素投入回归结果

模型	非标准化系数		标准系数	t	Sig.
	B	标准误差			
（常量）	−218.513	11.276		−19.379	0.000
年份	0.113	0.006	0.853	18.788	0.000
采矿业固定资产投资	0.136	0.022	0.178	6.109	0.001
采矿业在岗人数	0.387	0.067	0.100	5.758	0.001
能源消费量合计	0.079	0.120	0.030	0.661	0.533

3. 结果

根据表 3-19 结果分析，可以得到矿产资源开发利用对湖北省经济社会发展影响的研究结果：

一是本模型通过了检验，且拟合度较高，说明矿产资源对湖北省经济的影响是存在的，符合湖北省经济社会发展的实际。

二是湖北省经济的增长与采矿业的固定资产投资与矿业从业人员的增加呈正比。研究结果表明，在其他条件不变的情况下，每增加一个单位矿业固定资产投资，湖北省的 GDP 将同比增长 0.136 个百分点，而矿业每增加一个百分点，人均地区 GDP 将增长 0.387 个单位。与此同时，能源的消耗量与经济社会的发展也呈正比例关系，因此不难看出湖北省的矿产资源的发展与省内经济社会同向发展，新形势下社会的竞争不断地增加，我国对矿产资源的需求也是不断地增加，但是数据表明湖北省在矿产资源投入的人力和物力都是在随着时间的变化不断下降的，但是能源的需求量却是有增无减，这充分说明湖北省矿产资源的供求关系是不容乐观的。

三是湖北省矿产资源对经济社会发展的影响较大。研究表明，湖北省矿产资源的各项指标与经济增长均呈现出正向相关。也就是说，矿产资源的开采和能源的消耗对经济的发展起到了至关重要的作用，但湖北的地质环境相对较为复杂，很多地方的矿产资源处于枯竭状态，有许多的矿产资源没有得到开发和利用，因此，当前最紧要的任务就是要根据湖北省的地质特征，积极开展找矿突破行动，从而从根本上保证湖北省矿产资源的供需要求，促进湖北省经济社会的可持续发展。

第四节　湖北省自然资源对经济发展的区域影响实证分析

湖北省是一个自然资源非常丰富，但又是一个分布和开发利用区域差异巨大的地区。为了进一步说明自然资源对湖北省经济发展的影响，本节将从区域差异的角度来研究自然资源开发利用对不同地区经济发展的影响，并在比较的基础上探讨区域差异存在的原因，为湖北省制定差异化的自然资源开发利用政策，提高自然资源开发利用效率，优化区域自然资源空间布局提供理论支撑和实践指导。

通过前面对湖北省自然资源对经济发展影响的整体分析，可以看到自然资源开发利用在湖北省经济发展中的作用是明显的，尤其是土地资源作为经济发展的基本投入要素是很难被取代的，但区域的差异性并没有得到充分的反映。为此，本节将以湖北省六个分区为例，来研究自然资源开发利用对不同区域经济发展的影响，并对其差异进行分析和比较。

一、数据及其说明

（一）湖北省部分地区农用地面积变动情况数据及其说明

由于湖北省地处亚热带，农业资源丰富，人民勤劳，湖北省成为一个农业耕作历史悠久、经济技术条件比较成熟、农业生产相对发达的地区。在农业生产中，土地作为劳动力和其他生产资源的活动基础，直接参与农产品的形成，同时也是最基本的生产资料和重要的劳动对象。随着经济的不断发展，不难看出湖北省各地区的农用地数量呈持续下降的趋势，但是在严格的耕地保护制度下，湖北的农用地数量基本稳定。为此，利用《湖北统计年鉴》等资料，将2007～2017年湖北省部分地区农用地面积的相关数据进行整理（表3-20）。

表3-20　湖北省部分地区农用地面积　　　　　（单位：10^3 hm²）

年份	武汉	黄石	十堰	鄂州	荆门	咸宁
2007	210.35	13.11	15.78	4.126	25.373	15.284
2008	210.23	13.07	16.78	4.123	25.581	15.36
2009	208.94	13.60	17.04	4.125	25.841	15.467
2010	207.07	13.47	17.29	4.105	25.733	15.585
2011	206.52	13.51	17.37	4.055	26.284	15.606
2012	204.37	13.43	17.40	4.113	27.17	15.659
2013	199.44	13.41	20.39	4.099	27.166	15.865

续表

年份	武汉	黄石	十堰	鄂州	荆门	咸宁
2014	198.53	13.39	23.82	4.04	27.137	16.79
2015	198.36	13.41	24.30	4.627	27.155	16.737
2016	191.37	13.56	24.24	4.085	27.082	16.996
2017	190.55	13.82	24.24	4.166	27.077	17.086

资料来源：《湖北统计年鉴》2008～2018

利用《湖北统计年鉴》等资料对2007～2017年湖北省部分地区第一产业从业人数等资料进行了整理（表3-21）。

表3-21 湖北省部分地区第一产业从业人数 （单位：万人）

年份	武汉	黄石	十堰	鄂州	荆门	咸宁
2007	82.96	30.69	88.80	21.40	58.58	42.74
2008	79.57	29.96	88.50	21.20	58.89	42.53
2009	63.84	29.23	88.40	21.30	58.93	44.20
2010	63.52	28.50	88.60	20.90	58.48	45.20
2011	61.10	28.00	89.20	20.90	58.76	44.11
2012	61.34	27.00	89.10	20.80	58.81	44.01
2013	50.87	27.00	89.30	20.78	59.27	41.92
2014	48.38	26.80	89.40	20.69	58.82	42.47
2015	49.68	26.80	89.50	20.67	59.66	43.56
2016	49.60	26.80	89.60	20.41	59.02	44.32
2017	49.57	26.60	89.70	20.33	58.21	42.52

资料来源：《湖北统计年鉴》2008～2018

（二）湖北省部分地区第一产业发展情况数据及其说明

通过对表3-21的分析不难发现，随着城市化和工业化进程的不断加快，湖北省部分地区第一产业从业人数的数量也发生了显著的变化，并呈现出了由农村向城市、由小城市向大城市、由第一产业向第二、三产业转移的趋势。湖北省各地区第一产业从业人数稍有减少，但基本处于稳定的状态，但第一产业从业人数与农用地使用数量则呈现出同方向发展趋势。表明湖北省农用地使用数量在城市化进程中受到了严峻的挑战，也对第一产业的发展构成了威胁，因此，在城市化进程中必须进一步严格执行国家关于农用地管理政策，保障农业发展对耕地的需要。

同样利用《湖北统计年鉴》2007～2017年湖北省部分地区第一产业固定资产投入和湖北省部分地区第一产业生产总值的相关数据进行整理（表3-22）。资料表明，从湖北省部分地区固定资产投入来看，随着改革开放的不断深入，湖北省部分地区第一产业固定资产投入呈现出了加速的发展态势，而湖北省部分地区第一产业生产总值也呈现出了稳定的增长态势（表3-23）。

表3-22　湖北省部分地区第一产业固定资产投入　　（单位：亿元）

年份	武汉	黄石	十堰	鄂州	荆门	咸宁
2007	18.67	7.71	3.63	3.980 0	15.578 3	1.520
2008	31.52	13.91	8.95	4.240 0	21.296 4	3.530
2009	33.36	15.10	14.44	4.840 0	29.480 4	6.560
2010	33.30	25.86	15.98	5.643 6	26.612 7	13.525
2011	51.84	14.59	28.89	4.110 0	33.793 0	32.662
2012	26.88	31.63	50.55	5.630 0	45.761 2	65.040
2013	22.27	49.07	54.64	10.320 0	54.704 3	70.944
2014	41.37	54.90	64.53	11.890 0	73.735 5	74.934
2015	34.12	64.34	57.91	16.815 3	112.934 4	89.214
2016	44.83	77.25	48.49	13.493 7	133.433 5	102.444
2017	45.35	73.54	61.90	21.944 9	123.160 4	135.762

资料来源：《湖北统计年鉴》2008～2018

表3.23　湖北省部分地区第一产业生产总值　　（单位：亿元）

年份	武汉	黄石	十堰	鄂州	荆门	咸宁
2007	3 209.47	500.32	345	208.71	416.42	291.65
2008	4 115.51	530.57	488	269.79	513.96	369.88
2009	4 620.86	571.59	551	323.75	600.10	418.45
2010	5 565.93	583.63	737	395.29	730.07	520.33
2011	6 762.20	832.69	851	490.89	942.59	652.01
2012	8 003.82	1 003.67	956	560.39	1 085.26	773.20
2013	9 051.27	1 142.03	1 081	630.94	1 202.61	872.11
2014	10 069.48	1 218.56	1 201	686.64	1 310.59	964.25
2015	10 905.60	1 228.10	1 300	730.01	1 388.46	1 030.07
2016	11 912.61	1 305.55	1 429	797.82	1 521.00	1 111.64
2017	13 410.34	1 335.27	1 632	905.92	1 664.17	1 234.86

资料来源：《湖北统计年鉴》2008～2018

（三）湖北省部分地区农林牧渔业总产值变化情况数据及其说明

根据《湖北统计年鉴》及《武汉城市圈统计年鉴》2007～2017 年湖北省部分地区农林牧渔业的相关数据进行整理（表 3-24）。资料表明，从湖北省部分地区农林牧渔业总产值来看，湖北省林业资源的发展一直呈现出稳步上升的趋势。

表 3-24 湖北省部分地区农林牧渔业总产值　　（单位：亿元）

年份	武汉	黄石	鄂州	孝感	黄冈	咸宁
2007	215.920	60.330	49.930	209.000	235.65	111.780
2008	244.640	66.500	72.020	231.010	302.65	134.780
2009	251.790	72.170	79.540	260.600	325.82	140.180
2010	281.090	83.910	92.820	306.610	374.79	168.520
2011	329.490	102.150	108.750	355.900	463.82	196.180
2012	410.669	122.846	126.678	417.572	505.72	237.642
2013	530.266	133.759	138.496	452.395	532.22	264.703
2014	559.440	147.010	143.130	470.530	559.63	280.290
2015	620.280	158.750	149.830	476.880	593.01	301.150
2016	669.650	165.040	169.850	522.380	623.55	310.210
2017	701.270	175.540	180.650	554.350	660.37	321.980

资料来源：《湖北统计年鉴》2008～2018、《武汉城市圈统计年鉴》2008～2018 年

（四）湖北省部分地区入境旅游人数变化情况数据及其说明

根据《湖北统计年鉴》及《武汉城市圈统计年鉴》2007～2017 年湖北省部分地区入境旅游人数的相关数据进行整理（表 3-25）。资料表明，武汉市的入境旅游人数正在稳步上升，但是相对比武汉周边城市，除咸宁旅游人数呈现出小幅度增长以外，其他各个地区的旅游人数都存在波动，甚至在一些地区有逐年下降的趋势。

表 3-25　湖北省部分地区入境旅游人数　　（单位：万人次）

年份	武汉	黄石	鄂州	孝感	黄冈	咸宁
2007	52.98	0.61	0.59	0.83	0.87	0.54
2008	53.40	0.71	0.62	1.15	0.94	0.66
2009	66.90	0.82	0.62	1.34	1.06	1.03
2010	92.79	1.31	0.48	1.69	1.17	1.13
2011	115.91	1.61	0.52	2.07	1.30	1.32

续表

年份	武汉	黄石	鄂州	孝感	黄冈	咸宁
2012	150.89	0.27	0.42	2.36	1.47	1.27
2013	161.37	0.27	0.50	1.06	0.90	1.28
2014	170.57	0.10	0.24	0.14	1.32	1.71
2015	202.36	0.05	0.14	0.08	0.92	2.13
2016	238.84	0.04	0.07	0.86	1.02	2.55
2017	250.31	0.015	0.78	0.08	0.81	2.22

资料来源：《湖北统计年鉴》2008～2018、《武汉城市圈统计年鉴》2008～2018 年

（五）湖北省部分地区单位 GDP 能耗降低率变化情况数据及其说明

根据《湖北统计年鉴》及《武汉城市圈统计年鉴》2011～2017 年湖北省各地区单位 GDP 能耗降低率的相关数据进行整理（表 3-26）。资料表明，近年来湖北省部分地区单位 GDP 能耗均处于下降状态。

表 3-26 湖北省部分地区单位 GDP 能耗降低率 （单位：%）

年份	武汉	黄石	鄂州	孝感	黄冈	咸宁
2011	−4.3	−4.16	−4.11	−4.09	−3.7	−3.5
2012	−4.47	−4.32	−5.63	−4.25	−3.9	−3.78
2013	−3.51	−6.06	−3.96	−5.69	−4.03	−3.72
2014	−2.88	−6.83	−3.91	−5.98	−6.98	−4.72
2015	−5.95	−10.84	−8.51	−5.48	−5.8	−5.11
2016	−4.59	−6.44	−4.36	−4.76	−4.5	5.41
2017	−4.85	−4.91	−8.03	−4.97	−5.61	1.02

资料来源：《湖北统计年鉴》2008～2018、《武汉城市圈统计年鉴》2012～2018 年

（六）湖北省部分地区国民生产总值变化情况数据及其说明

根据《湖北统计年鉴》以及《武汉城市圈统计年鉴》2007～2017 年湖北省部分地区国民生产总值的相关数据进行整理（表 3-27）。本部分将以湖北省部分地区国民生产总值为基数，假设在其他条件不变的情况下，研究各自然资源要素对经济社会发展的影响及支撑作用。

表 3-27　湖北省部分地区国民生产总值　　　　（单位：亿元）

年份	武汉	黄石	鄂州	孝感	黄冈	咸宁
2007	3 209.47	500.32	208.71	473.44	494.05	291.65
2008	4 115.51	530.57	269.79	586.16	626.22	369.88
2009	4 620.86	571.59	323.75	672.88	730.70	418.45
2010	5 565.93	583.63	395.29	800.67	862.30	520.33
2011	6 762.20	832.69	490.89	958.16	1 045.11	652.01
2012	8 003.82	1 003.67	560.39	1 105.16	1 192.88	773.20
2013	9 051.27	1 142.03	630.94	1 238.93	1 332.55	872.11
2014	10 069.48	1 218.56	686.64	1 354.72	1 477.15	964.25
2015	10 905.60	1 228.10	730.01	1 457.20	1 589.24	1 030.07
2016	11 912.61	1 305.55	797.82	1 576.69	1 726.17	1 111.64
2017	13 410.34	1 335.27	905.92	1 742.23	1 921.83	1 234.86

资料来源：《湖北统计年鉴》2008～2018、《武汉市城市圈统计年鉴》2008～2018 年

二、实证过程

为了进一步分析湖北省各地区土地资源要素第一产业投入对地区经济发展的影响，按照区域差异将湖北省分为 6 个区域，并从分区的角度分别对各地区土地资源要素第一产业投入对地区经济发展的影响情况进行分析。

（一）武汉市土地资源要素第一产业投入对地区经济发展的影响

武汉市作为湖北省经济社会发展最有影响的城市，在改革开放不断深入的过程中得到了快速发展，其发展对湖北具有风向标的作用，为此，先就土地资源要素第一产业投入对武汉市地区经济发展的影响进行分析。

在利用《武汉市统计年鉴》将武汉市土地资源要素第一产业投入数据进行整理的基础上，通过利用第二章第二节所确立的方法模型分别对武汉市 2007～2017 年相关数据进行了分析和整理，并得到了武汉市土地资源要素第一产业投入标准化数据（表 3-28）。

表 3-28　武汉市土地资源要素第一产业投入标准化数据表

年份	$\ln Y$	$\ln S$	$\ln L$	$\ln K$
2007	8.073 861	5.348 773	4.418 359	2.926 918
2008	8.322 518	5.348 202	4.376 637	3.450 622

续表

年份	ln$Y$	ln$S$	ln$L$	ln$K$
2009	8.438 336	5.342 047	4.156 380	3.507 358
2010	8.624 419	5.333 057	4.151 355	3.505 557
2011	8.819 104	5.330 397	4.112 512	3.948 162
2012	8.987 674	5.319 932	4.116 432	3.291 383
2013	9.110 660	5.295 513	3.929 273	3.103 240
2014	9.217 264	5.290 940	3.879 087	3.722 556
2015	9.297 032	5.290 084	3.905 602	3.529 884
2016	9.385 353	5.254 209	3.903 991	3.802 878
2017	9.503 781	5.249 915	3.903 386	3.814 410

然后，按照以上确立的模型，利用 SPSS 软件进行回归分析，就可以得到武汉市土地资源要素投入对其第一产业发展影响的回归结果（表 3-29）。

表 3-29 武汉市土地资源要素第一产业投入回归结果

模型	非标准化系数	
	B	标准误差
（常量）	−370.355	80.856
年份	0.176	0.034
农用地面积	4.864	2.288
第一产业从业人数	−0.304	0.280
第一产业固定资产投入	−0.032	0.072

（二）湖北省六个分区土地要素投入对地区第一产业发展的影响

与武汉市研究方法相同，在利用收集和整理数据的基础上，对湖北省其他地区进行土地要素投入对地区第一产业发展的影响分析，然后就可以得到六个分区土地资源对第一产业影响的系数组。

在利用《湖北统计年鉴》将湖北省六个分区土地资源要素第一产业投入数据进行整理的基础上，根据 C-D 模型，并利用 SPSS 软件对湖北省六个分区土地资源要素第一产业投入数据进行数据处理，并进行回归分析，就可以得到湖北省各地区土地资源要素投入对第一产业的影响系数（表 3-30、图 3-2）。

第三章　湖北省自然资源对经济和社会发展的支撑作用分析

表 3-30　湖北省各地区土地资源对第一产业的影响系数表

地区	系数
武汉市	1.864
黄石市	−5.805 86
十堰市	−0.313 26
鄂州市	0.094 256
荆门市	1.372 045
咸宁市	1.331

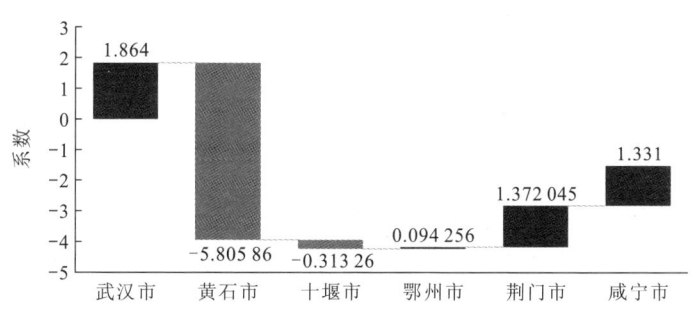

图 3-2　湖北省各地区土地资源对第一产业的影响系数图

（三）湖北省六个分区自然资源其他各要素投入对地区经济社会发展的影响

在收集湖北省六个分区自然资源要素的数据基础上对数据进行整理，从而进一步研究湖北省自然资源对区域经济社会发展的影响。具体步骤为根据 C-D 模型，并利用 SPSS 软件对湖北省武汉城市圈六个分区自然资源要素对国民生产总值投入数据进行数据处理，并进行回归分析，就可以得到湖北省各地区自然资源要素投入对经济社会的影响系数（表 3-31、图 3-3）。

表 3-31　湖北省各地区林业、旅游、矿产资源对国民生产总值的影响系数表

资源种类	武汉市	黄石市	鄂州市	孝感市	黄冈市	咸宁市
林业资源	0.372	2.003	1.178	1.267	1.239	0.997
旅游资源	0.535	0.132	0.004	−0.029	−0.024	0.148
矿产资源	−0.010	−0.057	0.037	−0.152	0.026	−0.056

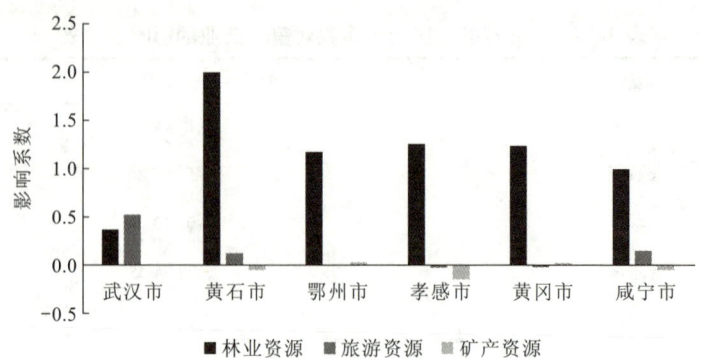

图 3-3 湖北省各地区自然资源对经济社会发展的影响系数图

三、结果

通过对表 3-30 和表 3-31 的分析，可以得到湖北省自然资源对区域经济发展的影响研究结果。

一是本模型通过了检验，且拟合度较高，说明自然资源对湖北省各地区经济发展的影响是存在的，符合经济社会发展的实际。

二是土地资源对第一产业 GDP 的影响系数在地区之间存在明显的差异。在湖北省六个分区中土地资源对第一产业 GDP 的影响系数中武汉市的影响系数最高，达到 1.864，但相对来说仅仅依靠农用地面积很难推动第一产业的发展，尤其是黄石市和十堰市，其土地资源对第一产业的影响系数分别为-5.805 86 和-0.313 26，经济和农用地面积的增加负相关，农用地的使用已经达到了最优，再增加农用地的面积不仅不能带动第一产业 GDP 的增长，反而还会使经济呈现出负增长。另外，土地资源对第一产业的影响在不同地区的差异，一方面反映的是土地开发利用技术水平，也反映了土地的利用效率，但也与其数量有关。

三是林业资源对湖北省各个地区的国民生产总值均起着较大的影响。各市区间影响系数差别不大，其中武汉市最低，为 0.372，黄石市最高，为 2.003，其他均在 1 左右，且均呈现出正相关，说明林业资源的发展对经济社会发展起到了较大的推动作用。这是湖北省近年来林业发展成果的具体体现，也是湖北省改变生态环境的根本途径之一，并确立了湖北省经济社会以及生态环境可持续发展的基础。

四是旅游资源对湖北省内各个地区的影响程度不一。武汉市的旅游资源开发利用对其经济社会发展的影响较大，对国民生产总值的影响系数达到 0.535，对其经济发展的重要支撑作用明显。其次是黄石和咸宁，相对来说其他几个地区的旅游资源不能给城市带来较大的收益。根据所收集的数据来看，湖北省旅游人数和旅游资源所获得的收益有增无减，在科技飞速发展的时代，旅游已经成为提升群众生活幸福指数的重要指标,因此,发挥湖北省人文和自然地理资源优势,推动旅游业高质量发展也是推动经济社会快速发展的重要途径之一。

五是水资源的利用效率不高,从而加剧了供水紧张的局面。研究结果显示,水资源开发利用对湖北省经济发展的影响是明显的,但水资源要素与第一产业的发展呈现出反向关系。第一产业从业人数则与第一产业发展影响成正向关系。水资源数量的变化对湖北省第一产业的影响并不明显,而水资源的使用与湖北省第二、三产业发展呈相反的趋势。说明提高水资源利用效率已成为第二、三产业发展的重点。

六是矿产资源并没有起到推动湖北省各个地区的经济社会快速发展的作用。在某些地区甚至起到了制约作用,如黄石市矿产资源对国民生产总值的影响系数为-0.057,表明其矿产资源开发利用对其经济发展产生了不利的影响。目前,黄石市的矿产资源过度开采已经导致原本矿产资源丰富的城市逐渐走向资源枯竭,现已成为我国资源枯竭型城市之一。随着科技的不断发展,人们所需要的能源等矿产资源也与日俱增,但是湖北省内许多的矿产资源却远远没有得到开发和利用,同时深部找矿突破行动也有待进一步加强,因此,必须根据湖北省复杂的地质条件积极寻找新的矿产资源和新能源,增加重要矿产的供给能力,以满足经济社会发展对矿产资源的需要。

第五节 结论及政策建议

本章截取了湖北省 2007~2017 年自然资源和国民经济的相关数据。在本章的研究范围内,自然资源作为经济增长和社会发展的重要资源和基本的物质保障,其约束作用对湖北省的经济发展的影响十分明显。随着我国人口不断地增长,城市化与工业化不断地发展,土地要素的投入及土地产品的需求必然不断地扩大,水资源的稀缺性、林业投入的紧缺性、旅游资源的快速发展和矿产资源需求的日益增加与社会经济发展需求的快速增长之间的失衡感必然更加凸显。

一、主要结论

本章以土地、水、矿产、林业、旅游等作为自然资源研究了其对湖北省经济发展的影响程度。本章的研究路线如下:先对自然资源与经济发展间的文献进行梳理,通过对经济研究中常用的数据模型的总结,选取了与本研究相结合的 C-D 生产函数模型作为影响模型。然后对土地资源、水资源、矿产资源、林业资源及旅游资源进行分析,确定了自然资源产业的对象及研究内容,计算各个要素的产出弹性，然后根据影响力研究对自然资源对未来经济发展的保障能力进行了讨论分析。

根据对以上研究结果的计算与分析，得到以下主要的结论。

（一）纯粹依靠投入土地面积提高第一产业经济发展已经无法实现

在研究模型中，无论是湖北省还是湖北省的各个分区，农用地的使用已经达到最大化，因此，第一产业的发展依靠增加农用地面积已经是一个不可行而且难度十分大的事情，必须依靠其他的途径来提高土地生产力。具体来讲，就是要通过提高土地利用效率和质量，特别是经营方式的转变来解决土地供给不足的问题，而研究结果显示，劳动力要素在经济规模中的报酬增长均高于 1，因此，要利用科技进步，转变经济发展方式，着力开展农民的农业生产技术培训，培养职业农民，提高从业人员素质，才是提高农业经济产出水平的第一要素。

（二）土地是第二、三产业发展的重点调控对象

建设用地在湖北省第二、三产业经济发展中影响指数仅低于劳动力影响系数，除了"人"的要素以外，是影响系数中最大的一个，因此，对第二、三产业的调控，土地是最好的、也是最有效的因素，各类建设缺少了土地的因素则无法进一步地实施下去。随着新型城镇化和工业化的不断加快，加强土地空间布局的调整和优化将对区域产业结构的调整产生积极的影响。

（三）珍惜水资源，促进经济可持续发展

湖北省虽然是一个水资源丰富的地区，但水资源作为重要的自然资源，与粮食、石油、天然气等资源在经济社会发展中具有同等重要的战略地位。但是不难发现随着水资源使用量的增多，湖北省经济发展不但没有得到显著的提升，还有缓慢下降的趋势。随着社会经济发展，湖北省需水量逐年增加，而水资源供需矛盾也将日趋突出。从一定意义上说，水资源的短缺已经成为湖北省国民经济和社会发展的主要制约因素。因此，在人们日常生活中对水资源的使用必须慎重，要加强节水意识的宣传，推广和使用节水技术和产品，形成节水型社会的发展环境。

（四）旅游业的快速发展已成为湖北省产业转型的重要支撑点

湖北省对丰富的旅游资源的挖掘和老百姓对高质量生活追求的提高呈现出了高度的一致性，而旅游业在湖北省各地的快速发展在湖北省产业转型和结构升级中又发挥了积极的作用，并对湖北省经济社会高质量发展起到了重要的支撑作用，因此，以旅游业为发展重点，以现代交通基础设施和电子商务为支撑，以现代服务业为依托，延长产业链，形成新的业态，将进一步助推湖北省产业转型、升级，

（五）强化对矿产资源开发利用活动的监管

矿产资源开发利用活动对湖北省经济社会发展的支撑作用并不十分突出，但这并不表明湖北省对矿产资源没有需求，反而会在城市化和工业化快速发展过程中更加强烈。矿产资源开发利用的种类、质量和数量存在问题，而实际情况是，湖北省是一个矿产资源丰富的地区，但重要能源等矿产资源供给严重不足，同时，许多资源经过高速开采也出现了枯竭的现象，因此，在矿产资源开发利用方面要满足国民经济和社会发展的需要，必须加强矿业权的管理，同时要开放矿产资源贸易市场，加强区域和国际合作，着力提高重要能源矿产等的供给能力。

二、政策建议

根据以上研究结论，现提出如下政策建议。

（一）提高农民的素质

随着社会经济的全面发展，全民的科学素质在日益增长。在农业现代化进程中，农民科学技术普及的程度将直接影响到农村的经济发展状况和农民生活水平的改善质量。第一产业从业人数的变化对农业发展产生着重要的影响，因此，在农村人口特别是从事农业生产的人口不断减少时，提高农民科学素质，培育和创造一代新型农民，对于加快农业现代化，促城乡协调发展，缩小城乡差距，建设社会主义新农村，促进农业高质量发展具有深远的意义。

（二）严格把控土地审批

要严格预审建设项目用地，遏制产能过剩行业用地，从源头制止重复建设项目用地。加强农用地转用和土地征收审查，抓紧调整完善供地政策和措施。加大对产能过剩行业和重复建设项目的土地检查力度，对未经法律批准的项目实施早期发现、早期抑制和早期处置。各级自然资源管理部门应对产能过剩和重复建设项目进行重点核查。通过用地全过程和环节的管理，才能从源头上控制第二、三产业发展对土地的需求。

（三）严格水资源开发利用水平，实现经济的可持续发展

要进一步建立完善用水、节水、保护水的目标管理责任体系，强化水资源区

域和产业配置能力建设,探讨用市场的方法和手段来解决水资源配置的体制机制,促进节水技术和产品的广泛使用,有效改善水资源配置和开发利用效率,全面形成节水型社会,为地区经济社会可持续发展创造条件。

(四)加强矿产资源供给能力建设

研究结果表明,湖北省虽然是一个矿产资源丰富的地区,但由于开发利用规模和技术限制,特别是市场的变化,矿产资源开发利用对湖北省地区经济发展的影响是有限的,但随着工业化和城市化进程的不断加快,经济社会发展对于湖北省矿产资源,特别是重要能源矿产的需求越来越大,湖北省在矿产资源特别是重要能源矿产资源的供给严重不足,因此,在解决矿产资源供给不足问题方面:一是要继续在重点区域和重要矿产方面开展深部找矿突破行动,并尽快取得实效,以提高重要矿产资源保障能力;二是要充分利用好"两个市场,两种资源",积极开展区域和国际矿产资源技术、贸易等合作,解决本区域重要矿产资源供给不足的问题;三是要以提高"三率"水平为突破口,针对影响"三率"水平提高的技术等问题开展攻关,全面提高矿产资源的开发利用效率。

(五)着力谋划,形成大旅游、大健康产业发展格局

要充分发挥湖北省旅游资源丰富、种类多样、产业发展基础好的优势和条件,积极整合区域内的人文、地理资源,联动发展交通、餐饮、酒店等基础设施和服务业,着力发展休闲、度假、观光、养老和中医药等产业形态,延长产业链,形成高低端结合、特色鲜明、分工合作关系明显、内容丰富、区域协调、配套设施完善、产业发展有序的大旅游和大健康产业分布格局,为湖北省产业转型和高质量发展提供产业支撑。

第四章

新时代对湖北省自然资源空间布局的要求

进入新时代以来,我国的经济社会已经发生了显著的变化,也对湖北省自然资源空间布局提出了新的要求。为此,本章将在探讨新时代特征的基础上,重点探讨和分析新时代对湖北省自然资源空间布局和优化的要求。

第一节　新时代的主要特征

新时代呈现出了明显的发展特征。自然资源是经济社会发展的基石，而经济发展又是自然资源开发的驱动力。当代社会，只有追求经济的绿色发展、高质量发展、区域协调发展所带来的良性循环，才能形成健康的可持续性经济。这也是我国进入新时代以来经济社会呈现出的基本特征，更是我国经济社会发展的主要方向。

一、绿色发展

进入 21 世纪以来，可持续发展已成为世界的主要趋势，绿色发展作为一种新型的社会发展方式在我国得到了确立，并在全国开始全面落实。它主要是以实现效率、和谐和持续为根本目标。绿色发展主要是通过科技创新的途径，提升自然资源的利用效率，从而达到调整产业结构，实现低碳、高效和可持续的发展。它是社会进步、产业发展与生态文明建设的高度协调和统一。绿色发展主要包括三方面的内容。

（1）绿色经济是绿色发展的一个重要内容。绿色经济的含义是采用一种清洁生产的方式，达成生产与消费过程中的绿色生态绩效，以及资源利用效率的最大化。由于"金山银山"和"绿水青山"的矛盾依然长期存在。它反映的是资源开发利用和环境保护之间的关系需要进一步认识。因此，目前经济发展中出现的空间分化的客观事实，要求针对湖北省内不同区域因城施策、因地制宜，实行差异化的绿色发展路径。

（2）绿色发展的另一个重要内涵就是绿色环境。绿色环境意味着自然资源的合理利用，只有如此，才能实现人与自然的平衡、协调发展。美国伦理生态学专家大卫·施沃伦（David A.Schwerin）（2005）认为应该以利益相关各方企业为主体，构筑企业-生态环境-个人三位一体的绿色发展架构。作为绿色城市构建的样板之一，美国生态建筑学之父 Paolo Soleri（1969）通过自行设计的线性生态城来缓解因现代化运动造成的城区扩容、工业污染、水土流失、拥堵与社会隔离等城市负面现象。

（3）绿色文化也是绿色发展的一个不可或缺的重要特征。"绿色文化"作为生态文明建设的重要内容，其发展与生态意识、环保意识等密切关联，是绿色发展的灵魂。"绿色文化"作为绿色发展的价值和意识取向，始终如一地贯彻于绿色发展的点点滴滴。"绿色文化"所代表的绿色价值观，对促进我国绿色发展方式的构筑与经济结构、产业结构的整合具有重要的指导意义。

二、高质量发展

新时代中国产业的发展与转型有两条主线：一条是新旧动能的转换；另一条是经济增速放缓向高质量转变。对中国来讲，在高质量发展阶段，意味着不能再一味地追求经济的高速增长，而是应该向着高效率、有效供给、绿色可持续的方向转化，通过内涵发展，提高经济发展的质量。

高质量发展作为我国新时代的要求，它的内涵主要包括四个方面的内容：第一，高质量发展是新发展理念贯彻实施的关键；第二，经济发展新常态离不开高质量发展；第三，高质量发展是促进现代化经济体系完善的必要手段；第四，高质量发展是适应新时代我国社会主要矛盾变化的内在要求。

高质量发展既是我国经济社会发展的必然选择，也是作为我国新时代最具代表性的特点。总体来看，它具有以下三个方面的重要特征：

第一大特征就是第三产业在经济发展中的贡献明显上升。来自国家统计局的资料显示，2018年我国第三产业占比达到52.2%，同比2017年提高了0.3%；此外，第三产业对经济的贡献也明显提高，占到59.7%。随着改革开放的不断深入，产业分工的精细化，尤其是互联网和传统行业的结合，传统服务业开始转型升级，我国的服务业将进入一个飞速发展的时代，现代服务业将成为带动第三产业快速发展的重要引擎。这表明，服务业的高质量发展应当是我国高质量发展的重要着力点。

第二大特征就是创新驱动经济发展。过去的四十年来，我国经济的迅猛发展是基于粗放型、高要素投入之上的，也为资源环境问题的形成付出了沉重的代价，同时，也极大地限制了经济的可持续发展。因此，必须改变这种粗放型、资源高消耗的经济增长模式，走可持续发展道路。这也就要求调结构、转方式，实现我国经济高增长模式向经济高质量发展转变。而要实现这种转变也就意味着要树立"创新是第一驱动力"的理念，加强科技投入，全面提升全要素生产率，同时，抓住互联网的发展对生产、生活和消费所带来的爆发性革命，促使我国经济向高质量发展的转变更进一步。

第三大特征就是依靠消费有效拉动经济增长。以往我国的经济发展长期靠投资、出口推动，消费的贡献明显不足。不过最近几年，投资与出口的贡献率有所下降，消费对经济产生了越来越重要的贡献。特别是中美贸易战以来随着内需的不断扩大，这一比例还在不断地升高，2017年我国消费的贡献率为58.8%，2018年高达76.2%。党的十九大报告指出，要着重加强和消费相关联的制度、设施、环境建设，为促进经济的高质量发展提供更好的条件。

三、区域协调发展

区域协调发展是世界经济发展的重要经验和趋势。它是指新时代背景下，依据自然资源及生态环境的承载力、发展潜力，按照扩大比较优势、强化薄弱地区、享受均等化服务的要求，形成主体功能定位清晰，不同区域间良性互动，基础设施建设和居民生活水平差距缩小的区域协调发展新格局。它是以政府为纽带、以市场为导向、以企业为主体、以项目为载体的有效互助机制。区域协调发展包括建立和健全自然资源开发有偿使用以及补偿机制，对自然资源衰退、枯竭地区提供扶持等政策。总体上看，区域协调发展主要包含以下三个方面的特征：

第一大特征是产业集聚和区域经济的联动发展。Nicholas Craft 在其研究报告中认为，特定的区域、产业集聚对经济绩效、规模和区域经济协调发展产生显著的正相关影响（Liao, 2005）。张秀生等（2015）从我国华中地区着眼，认为各个地区的基础设施难以协调，经济整体性割裂导致产业结构趋同，会造成生态环境破坏，经济难以良性循环发展。产业集聚作为产业布局和发展的新形式主要是通过以核心企业为主体，相关配套企业集中，并形成产业集聚区的产业发展方式。它通过技术外溢来影响和带动区域的发展。目前，产业集聚已成为我国产业发展的主要形式。

第二大特征是通过中心城市引领或带动重点地区来实现区域协调发展。中心城市或重点地区在产业规模、区位条件以及要素禀赋等方面存在较大优势，实现以中心城市引领的新业态，以重点地区导向带动的平台布局，实现以点带面的城市集群化发展，提高未来竞争力，同时也能促进中心城市对于城市非核心功能的压力缓解，实现产业转移的目标，让地区间协同化分工、差异化竞争，促进区域间协调发展。目前，以城市群为主体，以特大城市为支撑来带动区域经济快速发展已成为区域发展的主要形式，而我国也已进入了以城市群发展为主要形式的区域发展新阶段。

第三大特征是突破了行政区划之间的隔阂，突破了现有体制的约束。不同地区间环境承载力、经济发展水平、人口规模、产业集群不同，发展的需求也不尽相同，绩效评价体系也不尽相同，而区域协调发展对各个城市具有针对性强的特点，因此，针对不同地区发展政策与评价体系因城施策，让不同地区的发展更科学、更合理、更可持续化，才能促进区域的协同发展和协调发展。

第二节　新时代对湖北省自然资源空间布局的新要求

2019年4月1日，湖北省自然资源厅在自然资源工作会议中指出，湖北省自然资源系统要通过"守底线、优服务、强基础、求突破"四大方面入手，积极开展工作。这对湖北省自然资源空间布局提出了新要求：第一是坚持走带有湖北省特色的绿色发展，转换新旧动能；第二是抓住机遇，为湖北省高质量发展树立政治自觉与行动自信，推进结构调整；第三是提高凝聚力，将区域协调作为自然资源空间布局的重点，形成强大合力。习近平总书记说过，"既要金山银山，又要绿水青山"，在湖北省自然资源空间布局的四大要求中，首当其冲的便是绿色发展。

一、绿色发展应成为转换新旧动能的重要引擎

党的十八大以来，湖北省绿色发展在环境保护、资源修复、绿色生态三个方面取得了重大进展，形成了"长江绿色经济带"的产业新格局，绿色发展的经济与社会效益不断提高。但与之并存的是，湖北省在水资源、能源资源等自然资源的供给方面也存在或多或少的短缺与失衡问题。其问题主要集中在以下两个方面：

第一，水资源存在严重的供求不平衡且短期内难以调和。中国水资源总量约为 $42.87 \times 10^{12} \text{ m}^3$，排在世界第六，然而人均水资源量却仅为 2074.53 m^3，不到世界人均数的 1/3。按照国际水资源短缺标准，我国 32 个省份处于缺水状态，湖北省虽然是我国水资源比较丰富的地区之一，但仍然存在水质性缺水和时空性缺水，水资源供给不能满足国民经济和社会发展日益增长的需要。此外，局部水资源，尤其是非点源污染越来越显著，湖北省的地下水监测结果甚至部分地区出现铅、汞、砷等超标的重金属污染。

第二，能源供给不能满足国民经济和社会发展的需要。湖北省矿产资源及石油、天然气等能源资源禀赋严重不足，难以自给自足，且利用效率和水平仍然比较低下。如图 4-1 所示，湖北省内各类规模以上能源工业消费量占总能源工业消费量的比例呈逐年上升的趋势，而湖北省又是一个能源等重要矿产分布缺乏、供给严重不足的地区，供需矛盾日益突出。其中，热力能源、原煤等在湖北省的工业能源中占比极高，热力能源从 2014 年的 $7626.11 \times 10^{10} \text{ kJ}$ 增长到 2017 年的 $8875.93 \times 10^{10} \text{ kJ}$，而原煤使用逐年递减，从 2014 年的 $7984.97 \times 10^4 \text{ t}$ 逐渐降低至 2017 年的 $7116.78 \times 10^4 \text{ t}$，能源需求增长明显，而原油、电力、洗精煤等其他传统能源资源供给则保持了较为稳定的生产规模，在工业化和城镇化快速发展的过程中，能源等重要矿产资源供给不足明显，供需矛盾日益突出。

基于以上存在的诸多问题，党的十八大以来，湖北省在绿色发展重点战略的引领下，在节能减排、淘汰落后产能方面取得了重大的成效。资料表明，2017 年湖北省的单位 GDP 能耗同比减少了 5.54%，其中，潜江、鄂州、十堰成效显著，分别降低了 9.16%、8.03%、7.01% 的单位 GDP 能耗，居于省内前三位，湖北省规模以上工业能源消费量趋于稳定，这是巨大的进步。2018 年 4 月，湖北省发布了《关于加快新旧动能转换的若干意见》，对生态创新建设、产业集聚和营商环境的优化等方面都做出了详细的工作部署，对湖北省未来经济发展与产业结构调整起

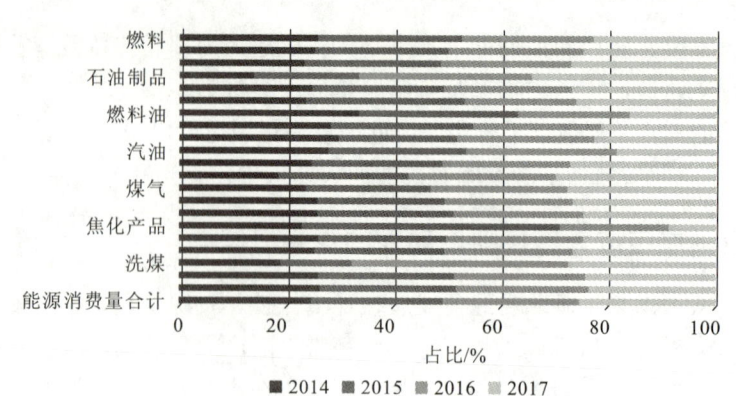

图 4-1　湖北省规模以上能源工业消费量占比

到了关键性、全局性作用的 10 个重点产业和 43 个细分领域进行重点培育，以实现向新动能的转化。与此同时，湖北省通过加大排污费的征收、使用及污染赔款，来减少乃至剔除旧动能、落后产能。从图 4-2 可以看出，湖北省 2000～2017 年交纳排污费的单位总体呈现出递减的趋势，效果明显。

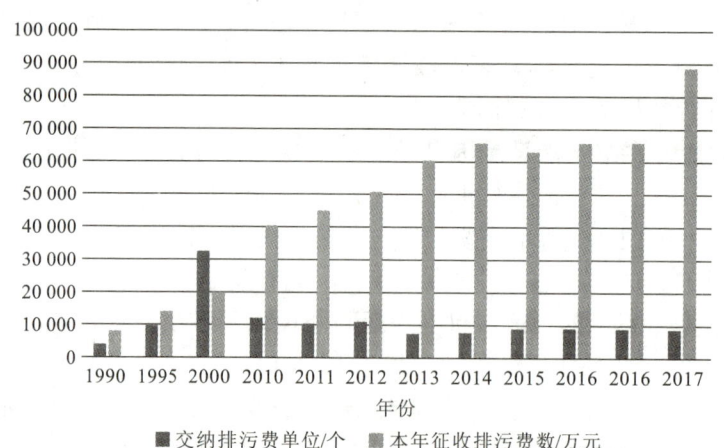

图 4-2　湖北省 1990～2017 年排污费征收、使用和污染赔（罚）款情况

严峻的现实要求我们必须转换新旧动能，实施绿色发展战略。唯有如此，才能使产业结构实现良性运转，维持湖北省经济的健康发展。如图 4-3 所示，随着湖北省环境治理投资的快速增长，湖北省的绿色支撑体系正在不断完备，包括绿色交通、绿色通信、绿色科技和绿色金融等。

湖北省绿色发展体系的目标是实现生产生态化，即企业从高能耗、低效率向"资源—绿色产业化生产—绿色产品—资源再加工—绿色产品"的可持续闭路循环转变，构建生态绿色产业体系，加大对环境治理的投资额，来打造绿色生态产业链，实现湖北省新旧动能的转换。

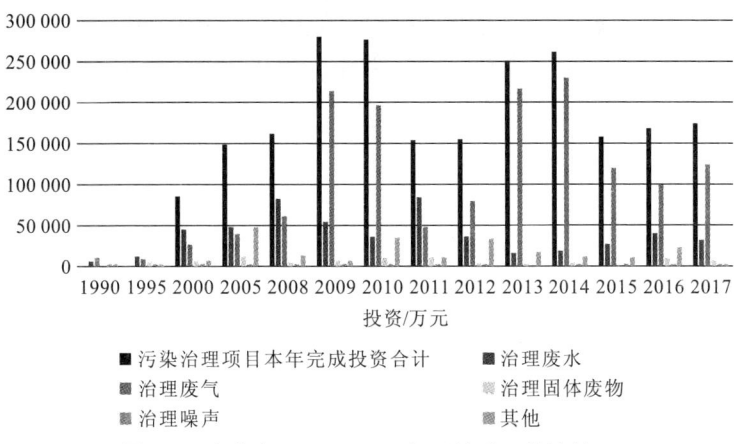

图 4-3　湖北省 1990～2017 年环境治理投资情况

目前，在国家的支持下，湖北省各级政府正按照国家的要求积极工作，着力调整产业结构，转变经济发展方式，绿色发展已深入到经济社会的各个方面并已取得明显的成效，而新旧动能的转换也取得了重要的进展。

二、高质量发展应成为结构调整的重要方向

经过近四十年的高速增长，中国经济发展现已站在了新的历史起点，推动高质量发展，合乎规律、符合实际，有必要，有基础。在新动能支撑能力不断提升的过程中，高质量发展的条件正在不断累积。湖北省在高质量发展方面具有先天的优势和基础。主要体现在以下三个方面。

（一）区位交通条件优越

湖北省坐拥江汉平原，地理位置"得中独厚"，有"九省通衢"的美称，是我国区域协调发展的重要战略支撑点。随着我国现代交通基础设施布局的进一步展开，高速铁路、高速公路、航空枢纽、内河航运中心等交通基础设施建设方面尤其是内河水运方面取得了明显的进展，现已成为我国现代交通网络的重要组成部分，全国综合交通枢纽中心的交通优势地位得到了进一步的巩固和体现。

（二）经济发展良好

改革开放以来，湖北省充分发挥自身的优势，经济发展取得了重要的成就，经济实力不断增强。据统计，2018 年湖北省生产总值为 39366.55 亿元，同比上年增长 7.8 个百分点，比全国平均水平高 1.2%。其中，第一产业增长 3547.51 亿元，同比上年增长 6.8%；第二产业增加值为 17088.95 亿元，同比上年增加 6.8%；

第三产业增长迅猛，较上年同期增长 18 730.09 亿元，增长率为 9.9%，第一、第二、第三产业之比为 9.0∶43.4∶47.6。湖北省的产业结构不断优化，经济平稳发展趋势明显。

（三）科教人才丰富

湖北省作为我国一个创新资源大省，科技成果丰硕，在光纤、电子等领域都有广泛的布局并具有重大技术突破，且在校大学生数量众多，高校和科研单位如云，拥有广阔的人才基础和教育资源。

此外，湖北省贯彻高质量发展战略还面临着许多的发展机遇。总体上来说，这些发展机遇主要体现在以下两个方面：

（1）国家和湖北省的政策大力支持。湖北省作为生态试点省份，出台了《湖北生态省建设规划纲要》及相配套的考核方式，并且对年度经济规划指标做出相应的调整，严厉整治环境破坏问题与违法违规行为。除利好的政策环境外，湖北省还提供了相应的资金和场地支持。

（2）社会各界的强力支持和密切关注。从地方政府的大力支持到专家学者的建言献策，如学者黄永林（2015）从重质求效的方法论角度对湖北省文化产业方面的高质量发展提出建议；朱厚伦（2010）从"一芯驱动、两带支撑、三区协同、一转五化、六项重点工程"的湖北省战略发展层面入手，对湖北省地质产业方面的高质量发展提出建议；肖伏清（2019）结合现代农业发展，从绿色农业角度对湖北省农业产业方面的高质量发展提出建议。此外，还有一些企业如彭场镇的湖北新鑫无纺布有限公司，在当地政策的号召下，创业投身于鳜鱼养殖基地，带动易桥村 20 户村民实现脱贫就业。这些成果都为湖北省的高质量发展贡献出了自己的力量，也是湖北省走绿色发展道路的群众基础。

但同时也应该清醒地看到，湖北省要践行高质量发展也有诸多劣势与问题，其中，最主要的是湖北省的"蹩脚"产业结构严重地制约着湖北省的高质量发展。例如，第二产业的"产业病"，尤其是机械、化工、冶金等传统的"高污染、高能耗、低附加值"类型企业的转型问题，曾经的发展主力成了如今高质量发展的羁绊；其次是资源环境问题所带来的焦虑，包括水污染，矿产资源利用效率低，粗放式开发及石油化工污染等资源环境问题（图 4-4）。

此外，湖北省是一个传统产业分布广泛的地区，在高质量发展方面仍然面临许多的挑战，需要进一步加强忧患意识。

（1）与沿海省份存在较大差距。尽管湖北省在改革开放的进程中得到了较快的发展，但产业高质量发展之路仍然面临着长三角、珠三角、京津冀等先发地区的挑战和压力，且根据《中国省际经济高质量发展的测度》分析，湖北省在经济增长基

第四章 新时代对湖北省自然资源空间布局的要求

```
区位优势显著                                 产业结构制约
经济基础较好  优势（S）        劣势（W）   资源环境问题
科教人才优势
                  湖北省高质量发展
                     SWOT分析
政策优势                                    与沿海省份差距明显
社会各界关注与支持  机会（O）    挑战（T）   运行机制存在隐患
产业规模化                                  技术成果转化能力不足
```

图 4-4 湖北省高质量发展 SWOT 分析图

本面及社会成果这两个层面的经济高质量发展指标均远不如沿海地区，差距巨大。

（2）运行机制存在隐患。包括地方政府招商引资时只注重经济效益而忽视了对资源的过度开采和对环境的影响，走先污染再治理的老路。湖北省 2018 年通报了 18 个典型案例，其中，仅水污染就占了 15 个，如鄂州、黄石的湖泊围栏围网养殖问题，以及珍珠养殖取缔拆除工作的滞后问题，武汉陈家冲等垃圾填埋场所存在的渗滤液改扩建滞后问题等。

（3）技术成果转化能力不足。湖北省的技术资源、教育资源和人才资源虽然丰富，但在技术成果运用和转化、城市综合竞争力等方面却十分薄弱。武汉的大学毕业生留汉工作率仅 40%，虽高于全国平均的 36%，但远低于北京的 51%、沈阳的 49% 和成都的 48%（图 4-5）。此外，2014 年湖北省出台政策，技术成果的荣誉权归高校和所属单位，而知识产权归于研发团队。湖北省在科技成果转化方面也做了许多工作，如科技成果孵化器的建设和运营、社会中介组织建设等方面走在全国前列，但研发和市场脱节的问题突出，科技成果转化率仍然远远不足。这些问题存在的原因：一是成果转化周期长；二是与市场需求不匹配；三是研发人员的参与热情不高。这些问题的存在都导致了科技成果转化成功率低。

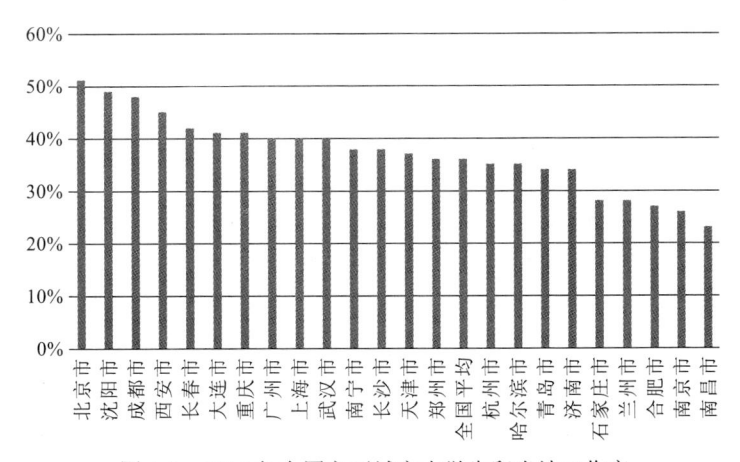

图 4-5 2018 年全国主要城市大学生留当地工作率

作为我国新时代的主要特征之一的高质量发展已经成为我国经济社会发展的主要方向。湖北省具有高质量发展的条件和基础，更有机遇，当然也面临着许多的挑战。目前，湖北省积极抢抓高质量发展的机遇，充分发挥区位、科教和人才优势，着力调整产业结构，转变发展方式，大力开展生态环境建设，湖北省高质量发展态势明显，现已成为区域产业结构和经济结构调整的重要途径。

三、区域协调应成为自然资源空间布局的重点

湖北省内不同城市间由于经济体量不同、早期产业布局不同，区域资源禀赋不同，形成了以武汉为中心的"1+8城市圈"、以宜昌为中心的"鄂西南城市圈"及以襄阳为中心的"鄂西北城市圈"，但目前湖北省在自然资源空间布局与区域经济的发展方面却存在头重脚轻的特点。

首先，湖北省区域经济发展中的总体特征是东高西低。仅武汉城市圈就占到了全省土地面积的31.2%，居住着全省常住总人口的52.5%。2018年武汉城市圈地区生产总值达21 133亿元，占全省生产总值的60.34%；而与此同时，鄂西生态文化旅游圈占全省土地面积的68.8%，常住人口占全省的47.2%，2018年该圈地区生产总值仅为全省生产总值的39.66%。其次，武汉市在省内一城独大，经济发展支撑点不够多。2018年，武汉地区生产总值14 847.29亿元，比上年增长8.0%，占到全省生产总值的37.71%。从全省看，经济发展过度依赖特大城市和大城市，尤其是武汉一城独大的格局虽然有所缓解，但城市结构没有发生明显的变化，区域发展格局并没有明显改观，实现湖北省内的区域协调还有很长的路要走。

其次，武汉市在湖北省的经济结构和产业布局中占比过大。1939年，Jefferson（1939）最早提出了城市首位度的概念。它反映了城镇体系中的城市发展要素在最大城市的集中程度，80年来，不同学者对城市首位度的利弊有着不同的理解。2018年全国27个省会城市首位度排名如图4-6所示。可以看出，武汉市在27个省会中首位度处于领先地位，居于全国第五位。这首先说明了武汉市对湖北省的经济发展是起到了带头大哥的作用，引领兄弟城市经济发展和产业转型，在集聚经济与规模经济两个层面具有积极影响，但同时，也表明武汉市的资源要素过于集中，虹吸了临近城市的资本、人力、技术、自然资源等要素禀赋，遏制了省内其他城市发展，不利于区域协调发展。湖北省大力实行的"一主两副"战略，既通过"一主"重点发展"武汉1+8城市圈"，又通过"两副"带动"鄂西北""鄂西南"城市圈的发展，加上长江经济带战略的实施，带动了荆州等沿江工业城市的发展，湖北省的自然资源区域协调取得了重大进展。

第四章 新时代对湖北省自然资源空间布局的要求

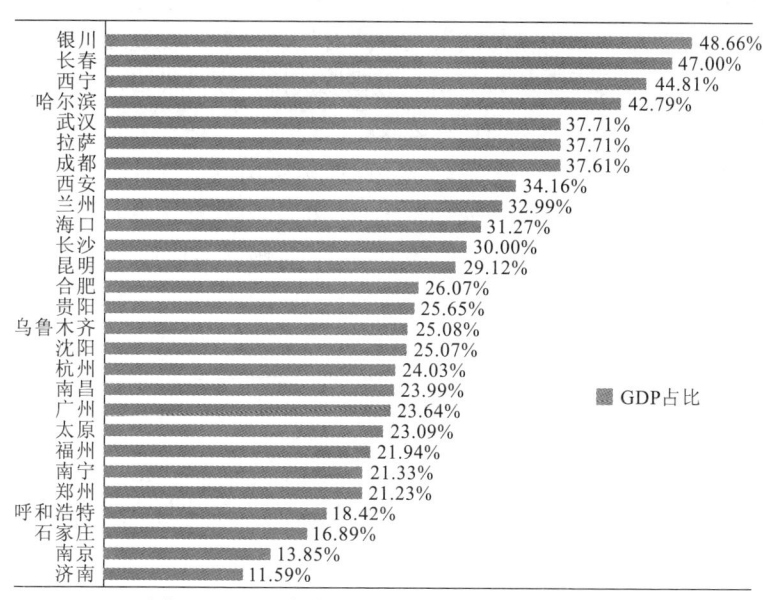

城市	GDP占比
银川	48.66%
长春	47.00%
西宁	44.81%
哈尔滨	42.79%
武汉	37.71%
拉萨	37.71%
成都	37.61%
西安	34.16%
兰州	32.99%
海口	31.27%
长沙	30.00%
昆明	29.12%
合肥	26.07%
贵阳	25.65%
乌鲁木齐	25.08%
沈阳	25.07%
杭州	24.03%
南昌	23.99%
广州	23.64%
太原	23.09%
福州	21.94%
南宁	21.33%
郑州	21.23%
呼和浩特	18.42%
石家庄	16.89%
南京	13.85%
济南	11.59%

图 4-6 2018 年全国 27 个省会城市首位度排名

西宁首位度由 2017 年 GDP 计算得出

在新的时代，湖北省在自然资源空间布局和优化方面，仍应以区域协调发展为重点。为促进区域协调，湖北省应把握自然资源空间布局的六大重点。

第一是以"两圈一带"、长江经济带战略为基石，促进湖北省的区域协调发展。"十三五"期间，湖北省区域经济发展的核心任务，就是贯彻落实"两圈一带"的总体战略、"一主两副"的中心城市带动战略、长江经济带战略及红绿"两区"建设战略，充分培育和发展新的区域经济增长点，形成带动腹地经济发展的增长极，最终使湖北省的产业布局从"重点突破"向"多点支撑、协调发展"转换。

第二是落实湖北省主体功能区战略，提高区域协调发展效益。湖北省以国家划分的四大主体功能区，即重点开发区域、重点生态功能区、农产品主产区和禁止开发区域为指导，根据资源环境承载能力，按照各主体功能区的不同定位进行建设，使各区域功能更突出、人口经济资源环境更协调、空间布局更清晰。同时，为推动形成主体功能区合理布局，实现不同区域居民享有均等化的基本公共服务，全省需要综合实施激励与约束并重的财政政策、投资政策、产业政策、土地政策、人口政策和环境政策等政策措施。

第三是积极推进"一主两副"战略，改变湖北省"东强西弱"经济格局。主要措施有：积极扩大两个省域副中心城市宜昌、襄阳城市规模，完善城市功能，形成以武汉为中心，以宜昌、襄阳为支撑，大、中、小城市分布合理，结构完整的区域城市分布体系，增强区域竞争力和辐射力；积极发展"宜荆荆"和"襄十随"两个次区域城市群。积极与武汉城市圈对接，培育和发展战略性新兴产业。同时，湖北省人民政府需要从省域副中心地位扶持、项目投资、人才建设和宣传上加大对两个省域副中心城市的扶持力度。

第四是加大对革命老区、少数民族地区、贫困山区的扶持力度。主要政策手段包括：对《湖北省主体功能区规划》中明确的禁止开发及限制开发区域、生存条件恶劣地区、地质灾害严重地区的贫困人口，实施易地扶贫搬迁；对武陵山区、大别山区等连片贫困山区和革命老区，有步骤地推进扶贫开发综合项目区建设；总体而言，需要对农村贫困人口全面实施扶贫政策，实现农村低保制度与扶贫开发政策的有效衔接。通过这些主要措施的实施，全面解决影响贫困地区发展的基础设施和公共服务不足问题，提高其自身可持续发展的能力，实现根本脱贫。

第五是推进县域经济发展，努力实现藏富于民。目前，县域经济依然是湖北省经济发展的薄弱环节。县域工业化、产业化程度不高是制约湖北省县域经济实力的关键所在。发展县域经济：一是要积极应对面临的新情况、新问题和新形势，牢固树立自力更生求发展的思想观念，克服"等、靠、要"的依赖思想。二是充分发挥比较优势，努力实现经济结构战略性调整的新突破。各县（市）在地理位置、资源状况、市场条件、经济基础等方面差别很大，发展县域经济必须着力深化区域分工与合作关系，因地制宜，走特色发展、差异发展之路，充分发挥比较优势，变大而全为大而专，变小而全为小而精，在与国际、国内市场对接中找到自己的适宜位置，形成特色产业。三是进一步转变政府职能，着力营造良好的县域经济发展环境。四是需要多方筹集资金，努力缓解县域经济发展资金的瓶颈制约。通过县域经济的发展，达到促进城乡、区域和产业协调和融合发展的目标。

第六是转变经济发展方式，推进新型工业化和城镇化。一是优化城镇空间布局，科学构建城镇体系，全面提升城镇综合承载能力。主要包括优化城镇空间布局，做大做强武汉城市圈和"宜荆荆""襄十随"城市群，加快湖北长江经济带、汉江城市带发展（三群两带城镇化战略）；科学构建城镇体系，加快县级市和县城发展，大力培育中心镇和特色镇，推进农村新型社区和中心村建设。二是优化城市群产业布局，推动产业结构调整，建设宜居城镇。推动发展先进制造业，培育生产性服务业，逐步淘汰落后产能，提高创新能力；以产业集聚、中小企业和民营经济、农业现代化壮大县域经济规模。三是推进土地制度改革，加快户籍制度及其配套改革。建立健全土地流转市场；加快户籍制度及其配套制度改革，改革和完善城市落户积分管理制度，鼓励有条件的农民工在城镇落户，多方面促进农民工城镇融入；统筹城乡发展，着力推进城乡一体的社会保障制度，多方面促进农民工融入城镇社会生活，推动新生代农民工市民化。

第三节 自然资源制度改革对湖北省自然资源空间布局的要求

自然资源制度改革对湖北省的自然资源空间布局的要求。它主要包括以下三个方面，第一是自然资源资产管理体制改革的要求；第二是自然资源管理监管制度改革的要求；第三是自然资源参与宏观经济决策的要求。

一、自然资源资产管理体制改革的要求

根据自然资源的形成规律和基本特征，我国的自然资源资产管理体制改革思路如图 4-7 所示：

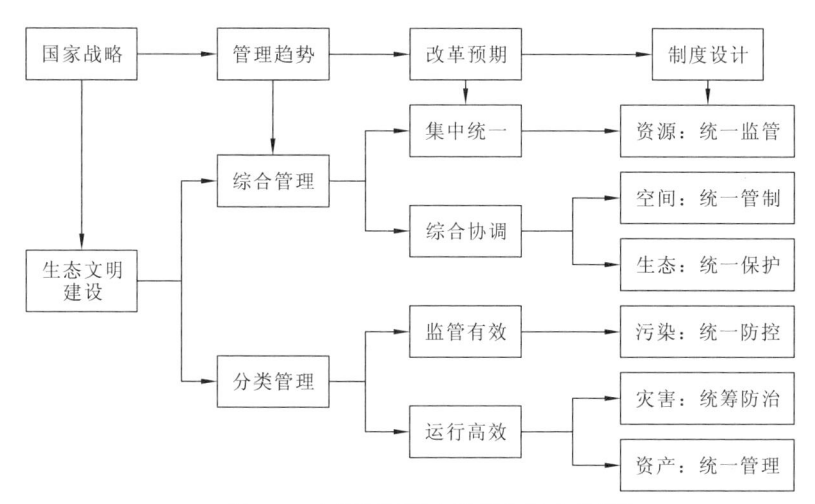

图 4-7 自然资源资产管理体制改革思路

自中华人民共和国成立以来，我国的自然资源资产管理体制改革大致经历了四个大的发展阶段，并呈现出了不同的发展特征。

第一阶段（1949~1978 年），自然资源资产管理体制的缺失阶段。这一阶段未出现自然资源资产管理理念，资源配置更多依靠行政拨划，资源无偿过度开采严重。这与计划经济体制有密切的关系。

第二阶段（1978~1990 年），自然资源资产管理体制的探索阶段。这一阶段是我国自然资源资产管理方法的探索期，国家虽然从制度上提出自然资源资产的所有权、使用权分离，建立了自然资源资产有偿使用制度，但并未真正应用于实际工作中。

第三阶段（1990~2010 年），自然资源资产分类管理体制的形成阶段。随着我国市场经济体制的不断建立，这一阶段初步确立了目前我国自然资源资产分类

管理的体制，而自然资源有偿使用制度也在这一时期全面推行，要素市场建设的步伐加快；由于不同自然资源的管理步伐不一，自然资源的管理呈现出分类分级、相对集中、混合管理共同存在的态势，但这一时期国家并未专门设立自然资源资产管理机构。

第四阶段(十八大以来)，自然资源资产管理体制开始步入全面深化改革阶段。这一阶段就"健全国家自然资源资产管理体制，统一行使全民所有自然资源资产所有者"，对自然资源管理体制的深化改革提出了新要求。包括管理理念、组织架构、能力建设、配套制度等几大方面深化改革。

在湖北省自然资源资产管理体制改革的进程中，要在全面落实国家关于自然资源管理改革精神和要求的基础上，要对以下四大方面提出重点要求。

第一，在管理理念方面，要求湖北省要认清并正确处理好计划与市场、中央与地方、分类管理与综合管理、资产管理与资源监管等多对关系。明确自然资源分为以生产要素为主体功能的经营性自然资源和以社会服务为主体功能的非经营性自然资源资产，确立自然资源产权，推进经营性自然资源的市场化改革进程，形成与市场经济体制相适应的自然资源资产管理体制和运行机制。

第二，在组织架构方面，除了在中央层面设立自然资源部，以便加强部门的综合协调，并在部门内成立自然资源管理机构与监管机构，分别承担所有者功能和监督者责任；在湖北省级及以下层面，也应当参照中央设置相应的自然资源管理机构。加强功能建设，形成与经济社会发展要求相适应的管理体制和运行机制。

第三，在能力建设方面，要求湖北省加大自然资源的监测、登记及核算技术与设备的研发投入力度，加强自然资源专业技术人才的力量配备，推进人才的培养、引进，强化自然资源管理的信息化和自然资源大数据平台建设。

第四，在配套制度方面，要求湖北省加快自然资源的产权制度改革进程，建立主体结构合理、产权边界清晰、职能结构完善、利益分配格局合理的自然资源产权制度；要求湖北省进一步完善自然资源有偿使用制度，扩大有偿使用范围，完善招挂拍流程，深化自然资源和其衍生产品的价格改革，建立能充分考量自然资源稀缺程度、资源市场供求关系、生态环境损害成本的价格形成机制及自然资源调查与评价制度，提高自然资源分配格局的合理性。

二、自然资源监管制度改革的要求

湖北省自然资源监管制度经过改革与规划，虽然基本上实现了矿产资源、国土资源、海洋资源等主要自然资源的统一集中管理，但依然存在职权交叉、多头管理、管理碎片化等难以适应生态资源改革建设需要的顽疾。自然资源监管制度改革的方向是向着"四大保障＋三大环节＋两大基础"迈进。在自然资源监管保障层面，做到体制保障、法制保障、监督保障与服务保障；在自然资源监管环节层面，做到源头保护、利用节约与破坏修复；在自然资源监管基础层面，做到产权基础与空间基础相结合。经过改革后的湖北省自然资源监管制度框架体系如图 4-8 所示。

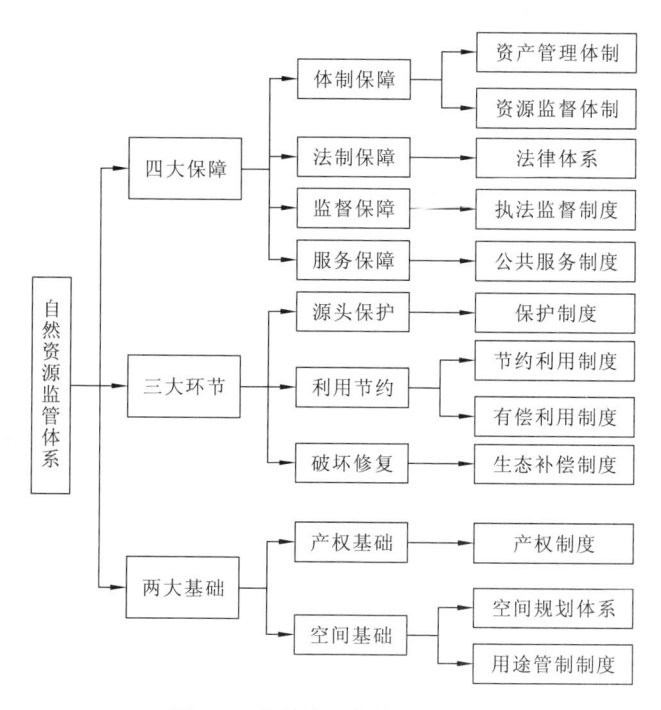

图 4-8　自然资源监管制度框架体系

根据经济社会发展的要求，在湖北省自然资源监管制度改革的进程中，要着力处理好如下四对关系。

第一，正确处理好自然资源开发与环境保护的关系。资源开发与环境保护是一对相互制约的辩证统一关系。合理、适度开发自然资源的确能有效保护生态环境，因为对于自然资源是更强调其直接有用性，偏好实体功能；而生态环境的内涵则更指向"服务功能"和"受纳功能"。这也就意味着对自然资源的开发必然会带来某种程度的破坏，如果处理不当，则会造成严重的妨碍。如美国拓荒时期的"黑风暴"事件。因此只有在开发中保护、在保护中开发，树立绿色发展理念，才能尽可能地减少自然资源开发利用对生态环境产生的不利影响，实现"既要绿水青山，也要金山银山"的战略目标。

第二，正确处理好政府与市场之间的关系。在中国特色的社会主义市场经济条件下，政府与市场是资源配置的两种有效手段。在对自然资源管理监管制度改革的过程中,应当科学地划清政府和市场的边界,充分发挥政府的宏观调控职能,以及在资源安全、节约集约化利用、自然资源用途管制、供需双向调节、差别化管理等方面的作用;同时,要充分保障市场在资源配置中起到的基础性和决定性作用。资源开发存在典型的外部不经济性,因此,单一的市场调节功效会造成企业单纯追逐经济利益而导致自然资源的过度浪费现象,这样更容易产生严重的生态环境破坏效应。综上所述,政府要更好地发挥其宏观调控职能,及时纠正市场的负面效应。

第三,正确处理好分类管理与综合管理的关系。一般而言,自然资源的分级分类管理是基础,综合管理是新时代的发展趋势和要求。正确处理好分类管理和综合管理的关系,意味着在体现不同资源禀赋差异、实现分级分类管理的基础上,根据不同种类自然资源之间的相互关联及综合管理的大趋势,加强集中统一管理。就目前状况看来,针对自然资源尤其是能源类资源实现综合管理还存在较大差距,针对资源勘探开发与市场需求之间的协调亦存在诸多不利因素,这就要求在加强自然资源综合调查与管理的基础上,建立分级分类的自然资源管理制度。此外,还需加强以单一门类自然资源基本属性为基础的工作,加强自然资源的综合调查与评价。

第四,处理好自然资源管理和监管的关系。自然资源的管理和监管是新时代监管制度改革一个问题的两个方面。自然资源具备稀缺性和产权清晰等特点。自然资源经过许可开采后,便成了自然资源资产。自然资源管理和监管的核心区别在于,前者是所有者授予管理者对自然资源进行统一调度的权利,而后者是对前者的权力进行监管。处理好这一对关系,就要求进一步完善自然资源的监管体系,统一行使自然资源空间用途监管的职责,充分行使国有自然资源所有权人和国家自然资源管理者"在独立中合作,在合作中监督"的职能,促使社会公共利益达到最大化。

三、自然资源参与宏观经济决策的要求

十九届三中全会以后自然资源部的成立,将促使我国对自然资源的管理从被动适应国民经济的发展向主动参与宏观经济决策、引导国民经济发展方向的转变。这意味着我国对自然资源的有效管理在国民经济发展中的地位日趋重要。

自然资源参与宏观经济决策,主要是要考虑从以下三个方面对经济决策的结果产生影响:一是资源稀缺与宏观经济决策的关联性问题;二是经济增长与外部成本的矛盾问题;三是价格与资源配置问题。

对湖北省自然资源参与宏观经济决策的要求,主要是要充分发挥自然资源管理的功能带动国民经济和社会发展。其内容主要包括四点。

第一，充分发挥自然资源的扶贫功能，提升经济欠发达地区居民的收入水平、改善生活。自然资源扶贫政策是我国近年来解决贫困问题实践中行之有效的重要经验。它主要包括：大力扶持落后地区自然资源的可持续性开发；加强贫困地区的经济自我造血功能，优化产业结构，提升区域经济发展力。进入新时代以来，我国农民家庭收入来源主要包括：经营性收入、转移性收入和财产性收入等。其中经营性收入、转移性收入是农民家庭尤其是落后地区贫困人口收入的重要来源。由于受到当地经济发展水平比较低下的限制，难以合理利用产业项目带动区域经济的发展来达到提高当地居民收入的目的。但如果能有效、充分发挥自然资源的扶贫功能，可以显著改善落后地区的贫困现状，为促进落后地区的经济发展和当地居民的脱贫致富提供机遇。因此，需要进一步改革自然资源的使用制度，理顺自然资源勘查、开发、投资收益和自然资源国家权益的分配关系，实现自然资源国家所有权益和勘查、投资权益分体运行机制，强化对落后地区的自然资源的合理利用和布局，可以在宏观上促进贫困地区人口脱贫工作的开展，提升欠发达地区的经济造血能力。

第二，以自然资源的公益性功能的发挥推动地区的经济社会发展。目前我国已将自然资源的勘察开发等方面划分为公益性和商业性两个层次。公益性主要包括与自然资源相关的教育、科研、勘探、调查等活动以及战略性资源的开发利用、自然资源开发利用技术的推广与应用、生态地质环境保护与修复等。自然资源的商业性是与自然资源的公益性相对应的。自然资源的商业性主要通过开放市场、充分发挥市场机制的作用等方式或方法来实现；自然资源的公益性则主要是通过政府的宏观管理职能来实现。通过合理布局自然资源公益性项目和建立自然资源开发利益共享机制，着力开展资源地基础设施和公共服务建设，提高区域发展能力，将自然资源资产和资本管理作为实施惠民利民的自然资源开发共享战略的重要支撑，让人民群众共享自然资源开发利用的红利。

第三，充分发挥自然资源管理功能，让人民共享改革发展成果。首先要建立自然资源动态管理机制。这需要从以下几方面着手：加强建设本区域自然资源资产和资本账户，形成能够真实、及时、完整反映自然资源动态变化和监督、管理的运行机制；实现自然资源的保值、增值，提高自然资源的开发利用效率和水平。其次，要积极推进自然资源产权制度的改革。通过自然资源产权制度的改革，发挥市场配置资源的决定性作用，建立和完善自然资源交易市场和制度；加大对自然资源开发利用的投入，全面提高效率；着眼于利益分配关系的调整，使人民群众能从自然资源产权改革中获得更多收益，切实增加其收入来源，让全民共享发展成果，推动落后地区和农村地区现代化进程。然后，要大力建设惠民工程。切实做好城镇保障性安居工程、棚户区改造工程、生态移民工程等工作，改善居民的生活条件，切实提高其居住水平和生活质量。最后，要形成并落实自然资源开发利用利益共享机制。如积极推进资源富集区建设，切实保障和尊重居民和不发达地区的合法权益，积极调整自然资源开发利用利益分配机制。

第四，以自然资源供给调控功能的发挥引导区域经济发展和产业结构调整。自然资源是产业发展的重要物质基础，其供给状况直接影响相关产业的发展。因此，需要加强自然资源供给对区域相关产业发展的引导工作。这要求做好以下几方面工作：首先，要加强对自然资源供给的调控。在落实自然资源"发展和生态"两条底线的基础上，主动适应区域产业发展需要，实施自然资源供给侧结构性改革，着力调控自然资源供给数量、品种等以及自然资源的区域布局，引导地区经济发展和产业结构调整，促进区域经济健康、持续和快速发展，能基本保障本地区新型工业化和城镇化对自然资源日益增长的需求；其次，要优化土地资源开发利用空间布局。这意味着要进一步开展区域国土空间规划、优化和布局等工作，合理调整城乡土地用途和结构，切实保障本区域生态地质环境、区域公共基础设施和支柱性产业对土地的需要，形成分布有序、结构合理、环境友好、和谐发展的土地资源开发利用空间布局新格局。

第四节　资源禀赋对湖北省自然资源空间布局的要求

资源禀赋，是一国或者一个地区的地理位置、自然资源、环境生态等对本国或本地区发展占据重要作用的各种生产要素。作为重要生产要素之一的自然资源包括多方面内容，比如水资源、矿产资源、土地资源等；环境生态主要包括生态保护和环境污染等状况，以及城市公路、铁路、机场等基础设施的建设情况等。资源禀赋构成要素既多且杂，难于量化，且湖北省的自然资源空间布局是长江经济带发展上不可或缺的一环，因此，以湖北省的资源禀赋为基础，加快湖北省自然资源的合理布局，形成特色产业，促进区域经济和社会的快速发展十分重要。

一、区域分布协调的要求

区域协调发展是区域经济发展的内在要求，也是世界经济发展的主要趋势。它不仅包括人口、资源、环境与经济社会发展的协调，也包括区域产业布局的协调。自然资源开发利用必须考虑资源禀赋、产业发展基础、技术水平、市场和管理等因素，也包括区域的产业布局和区域关系等问题。

长江经济带覆盖我国东、中、西部 11 个省市，人口和生产总值超过全国的40%。长江经济带以沿江大中城市和城市群为依托，以黄金水道为纽带，是一条横贯东西、连接南北的综合产业带。长江经济带资源富集、经济集聚、人口和城市集中，不仅具有巨大的内需市场，同时还是承接产业、资本战略转移的首选地之一。因此，统筹湖北省区域分布协调发展对长江经济带具有的战略支撑点作用。

要素禀赋和发展阶段的不同、区域协调能力的差异决定了不同区域的经济竞争力大小（表4-1），因此，如何通过自然资源空间布局的调整和优化，促进区域产业的发展，是现阶段提高区域协调能力，促进我国区域经济协调发展的关键问题。

表4-1　中部各省资源禀赋及战略地位评分

省份	得分	备注
山西	8	山西省现状：产业结构重型化、产品初级化和高度依赖煤炭。针对此提出战略："建设全国新型能源基地和新型工业基地。"矿产资源丰富，其中煤矿储量大，分布集中，地质构造简单，埋藏浅，易开采
河南	7	河南省的战略：加快中原城市群发展和县域经济发展，推进工业化、城镇化和农业现代化进程
湖北	8	湖北省的战略目标：把湖北建设成重要的农产品加工生产区、现代制造业聚集区、高新技术发展区、现代物流中心区
湖南	6	湖南省重点是做强长株潭城市群，建设湘中经济走廊，发展湘西经济带。同时实行南向战略，积极承接珠三角产业转移。矿产丰富，矿种较多，是全国矿产品种较多的省份之一。全国已发现的140多个矿种中，湖南有111种，其中已探明储量的有83种
江西	7	战略定位：把江西建设成沿海发达地区的"三个基地、一个后花园"，即把江西建成沿海发达地区产业梯度转移的承接基地、优质农副产品加工供应基地、劳务输出基地和旅游休闲的"后花园"。本地区矿产资源丰富，铜、金、银、钽、铀等13种矿产资源保有资源储量居全国第一位；钨、铱等8种居全国第二位
安徽	6	具有一定的区位优势，位于长三角与中部六省的交汇处；此外，其在长三角的位置与地位都比较边缘，和中部其他五省的资源和经济结构特点也多有不同

数据来源：BBIC 整理

评分来源：锦秋财智咨询行研报告

从湖北省的实际来看，要达到自然资源区域分布协调的要求，可以考虑重点从以下三方面发力。

一是探索区域创新驱动发展新模式，提高自然资源开发利用效率。党的十九大报告提出创新是"引领发展的第一动力，是建设现代化经济体系的战略支撑"。湖北省是科技人才大省和创新资源大省，国家创新型试点省份。东湖自主创新示范区是全国第二家自主创新示范区，武汉全面创新改革试验区也已获批并有序推进。作为国家创新试点城市的武汉、襄阳、宜昌等创新示范功能非常显著。

在推动创新驱动模式过程，应积极发挥"一主两副"创新引领优势，探索区域差异化的创新发展路径，加快推进武汉市全面创新改革试验，推动武汉加快融入全球创新网络。同时应该大力支持襄阳和宜昌两个城市的国家创新型城市试点建设工作，并发挥其增长极的扩散效应，辐射带动鄂西创新发展。继续支持推进创新基础和发展潜力较好的部分城市争创国家创新型试点城市、建设区域创新中心。以全面创新为导向，跨区域、跨国界整合、配置创新资源，加强重大创新平台布局，建设完善区域协同创新体系，在发展方式转变和核心动能转换上走在全国前列。此外，还要通过创新发展，实现自然资源跨区域流动、资源的优化配置以及合理分布资源型产业，从而达到提高自然资源开发利用效率和资源型产业竞争力的目的和要求。

二是探索沿江和跨江中小城市间的组团新路径，形成资源型产业的集聚区和产业经济带。党的十九大报告提出："实施区域协调发展战略，建立更加有效的区域协调发展新机制。"湖北省是多个经济带、城市群、城市圈、经济区的聚集区域。这为湖北省加强区域内外合作、健全互动融合发展、协同发展体系提供了良好的外部环境。

湖北省长江、汉江干流岸线总长 3814.5 km，位居沿江各省市之首。在组团新路径的发展模式中，可以考虑以长江、汉江为主轴，以城镇为依托、以产业为支撑，坚持"多层+多极""组团+抱团""集聚+集约"，探索"多中心、组团式"的城市群发展模式，推进沿江左右岸、上下游、干支流共同开发和联动发展，进而增强长江上、中、下游尤其是中西部之间联系，推动长江经济带朝着协调、协同方向发展。同时在充分考量区域差异的基础上，突出区域特色，并积极引导同一类型资源型企业在集约发展和集团发展的过程中向同一区域集中布局，为资源型产业的集聚及产业经济带布局的形成创造有利条件。

三是探索生态保护和绿色发展协调新机制，为绿色发展创造条件。作为长江干线流经最长的省份，湖北省在国家重大区域战略中的定位均与"两型社会""生态"密切相关。武汉城市圈是全国"两型社会"建设示范区，长江中游城市群被定位为"两型社会"建设引领区。因此，必须探索生态保护和绿色发展协调新机制。

具体而言，湖北省在探索生态保护和绿色发展协调新机制的过程中，要始终坚持以下四方面：①坚持"节约优先、保护优先、自然恢复"原则，统筹发展三江（长江、汉江、清江）、四山（武陵山、秦巴山、大别山、幕阜山）、江汉平原等生态资源区域，构建生态流量充足、水土保持有效、江湖库关系和谐、生物各类多样的生态安全格局；②坚持发展绿色农业，全面建立主要农产品生产布局的定期监测和动态调整机制，探索区域农业循环利用机制；③坚持构建市场导向的绿色技术创新体系；强化区域统筹，探索在四大片区开展横向生态补偿试点；④积极探索自然资源、资产市场化交易,加强生态环境市场交易监管;建立跨区域生态治理联防联控体系;构建长江经济带重要生态安全屏障。

二、区域产业布局的关联性要求

改革开放以来,在较长一段时间内,湖北省不同区域之间的经济发展、产业规模差距呈现出逐渐扩大的趋势。尽管目前慢慢呈现出逆转迹象,但这种逆转状态较不稳定。

区域经济差距和产业鸿沟的长期存在,不利于我国的经济与社会的协调发展。在产业关联理论中,区域产业的关联发展处于核心地位,1990年以来,湖北省三大产业的发展此起彼伏,对湖北省生产总值的贡献率如图4-9所示。

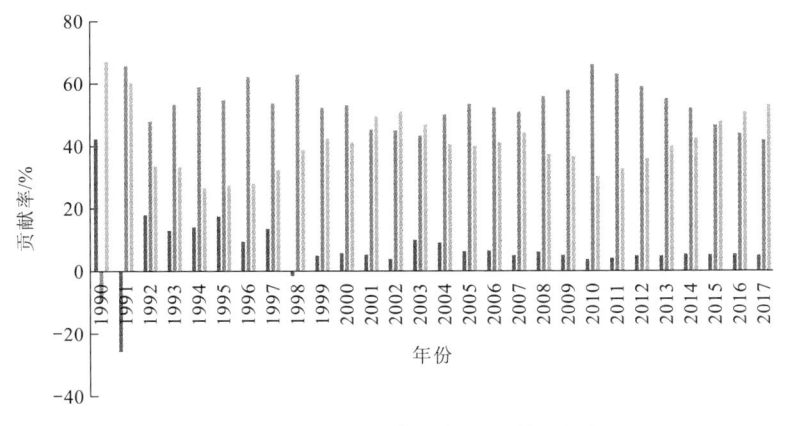

图 4-9　湖北省 1990～2017 年三大产业贡献率

对湖北省而言,制造业与服务业的空间布局对经济发展水平具有非常重要的影响力。产业集聚的形成反映了不同地区间的生产差距。通过相关产业间的关联机制及累积循环机制的作用,导致了强强集聚区域和弱弱集聚区域的形成及其发展水平和收入水平的差距。范剑勇(2006)、徐康宁(2001)通过实证研究,考察了制造业和服务业的集聚与不同区域经济发展水平和产业规模差距之间存在极强的正向相关性。

由于行政分割的影响,我国区域之间的产业关联性并不强。突出产业发展的关联性既是市场经济的要求,也是新时代我国产业发展的必然选择。为此,突出区域产业布局的关联性要求,湖北省就必须做好以下三个方面的工作。

一是在区域产业布局协同发展的方向上,湖北省"武汉城市圈"应重点发挥强强集聚的优势和增长极作用。一方面,继续巩固和加强"武汉城市圈"作为经济核心的增长极的作用，推动制造业和服务业向高端化方向发展，促进产业结构的优化升级；另一方面，应尽量加强"鄂西南"和"鄂西北"两个大区域的扩散作用和辐射范围，鼓励将制造业向鄂西地区转移，促进各经济圈与周边地区的一体化建设。

二是要坚定不移地推进"一芯两带三区"战略，加强区域产业布局的关联性，推进区域协同与产业规模化发展。

"一芯驱动"战略，即以武汉作为中心城市引领其他地区，做到产业之"芯"、区域之"心"、动能之"新"。第一是产业之"芯"，这意味着将武汉、襄阳、宜昌等地区打磨成"芯片"产业智能创造中心和综合性国家产业创新中心；第二是区域之"心"，即推进中心城市加快工业化与城镇化进程，提升"武汉1+8""鄂西北""鄂西南"城市群功能，形成更多新的地区增长极；第三是动能之"新"，其含义是以经济效率变革和经济发展动力变革为核心，加快产业结构优化升级，推动经济的高质量发展，形成经济的新动能体系，推动工业、服务业的高质量发展。

"两带支撑"战略，意味着通过"一带一路"倡议及长江经济带发展战略的有效对接，促进湖北省产业结构的优化调整。"两带支撑"的内涵则是以长江、汉江为纽带，着力形成长江绿色经济、创新驱动发展经济带及汉孝随襄制造业高质量发展带，既要打造以绿色经济和创新驱动为特色的高质量发展经济带，又要磨合以传统产业转型升级和先进制造业为重点的高质量发展经济带。

"三区协同"战略的"三区"指的是：鄂西绿色发展示范区、江汉平原振兴发展示范区和鄂东转型发展示范区。三区协同意味着各地区按照各自定位，遵从战略发展要求，实现区域间的可持续发展。①鄂西绿色发展示范区。本示范区的核心是以"绿"为本，将清洁能源、生态农业、文化旅游等绿色产业作为该地区的主导产业，打造湖北省绿色发展增长极。②江汉平原振兴发展示范区。其核心是以"农"为基础，大力实施乡村振兴战略，服务国家粮食安全战略，以特色农业为主导方向，建设湖北省特色农业产业增长极。③鄂东转型发展示范区。本示范区的核心是以"转型"为要点，通过依托老工业基地的传统优势，积极承接国外和东南沿海的产业转移，推动传统第二产业的转型升级，为资源枯竭型城市找准转型的突破口，打造湖北省转型升级增长极。

通过实施"一芯两带三区"战略，着力调整和优化区域自然资源空间布局，形成区域产业协同发展的格局，促进区域的协调发展。

三是要强化产业集聚区和产业经济带布局方向。产业集聚作为一种现代产业布局的新形态，它在减少企业交易成本，增强核心企业竞争力，促进区域之间产业的关联发展，深化区域分工与合作关系等方面具有重要的作用。它在形式上主要表现为产业园区、产业集团和产业带等。目前，产业集聚发展已成为世界区域产业布局的主要趋势，也是我国新时代企业布局的主要方向，更是区域创新发展的结果。为此，湖北省要在自然资源禀赋和产业发展的基础上，以特色产业为支撑，通过规模化、集约化，引导相关资源型企业集聚发展，为产业集聚区和产业经济带布局的进一步形成和发展创造条件。目前，湖北省资源型产业集聚发展的趋势明显，如以武汉—鄂州—黄石为依托的鄂东沿江建材工业走廊，以十堰—襄阳—随州—武汉为支撑的汉江汽车工业走廊等，同时，在其他地区也呈现出了资源型产业集聚区和产业经济带布局的态势。因此，落实区域产业布局的关联性要求重点是要在做大做强企业的同时，引导相关资源型企业的集聚发展，深化区域之间的联系，促进区域的协调发展和融合发展。湖北省是我国现代产业布局比较突出的地区，引导企业集聚布局发展将进一步增强湖北省企业的竞争力，优化区域资源型产业结构和自然资源空间布局结构，拓展区域发展空间，并带动湖北省经济社会的快速发展。

三、资源种类优化的要求

湖北省内的自然资源种类丰富，类型多样，分布广泛，拥有充足的地矿、水资源、自然植被等自然资源。

其中，湖北省的地质构造比较复杂，岩浆活动颇为频繁，具有完备的沉积地层，并伴有经区域变质而大面积分布的变质岩系。总体而言，湖北省成矿条件优越，矿产资源丰富。目前已发现149种重要矿产，其中，居全国首位的矿产主要由磷、石榴石、硅灰石、红金石、泥灰岩；岩盐、铁、钢、石墨、石膏、重晶石、萤石、金、钒、汞、锰、镍等矿产资源储量亦很丰富。

此外，湖北省水资源也非常丰富，拥有占全国第十位的地表水体积，水资源量居全国第四位。有颇负盛名的长江和汉江：长江由西向东横贯全省，汉江全长的3/4流经湖北省境，与源出边境山地的众多河流共同汇注长江。湖北省内中小河流超过1100条，总长度达3.5万多公里。全省过境容水量约有 $6338\times10^8\,m^3$，因而有丰富径流量可供调蓄利用。水力资源丰富，可开发水能达 $3308.1\times10^4\,kW\cdot h$。

湖北省还拥有丰富的植物资源，是中国植物资源较丰富省份之一，全省树种有1300余种，其中用材林约占一半。湖北省境内植被既有多种南方种类的常绿阔叶树，也有大量北方种类的落叶阔叶树；同时由于其天然的地理位置优势，位于中国东西植物区系的过渡地区，这样便于邻近地区的植物成分引进。

优化自然资源种类，一是要遵循自然资源持续利用的原则；二是要遵循要求产业和资源相结合的系统治理；三是要遵循生态经济综合平衡的原则；四是要遵循依靠科技进步，加快自然资源循环利用的原则。

对于湖北省的水土资源，需要以小流域为单元进行综合而系统的治理。此外，需要按照土地不同的条件，采用适合的治理措施，因地制宜地进行全流域治理技术组装。土地优化配置的基本模式是：沟道以淤地坝、骨干坝、微型水库和支毛沟沟头植物"柔性坝"相配套形成沟道人工湿地生态系统，既拦沙又促进沟道人工湿地生态系统发展，建设沟底基本农田。在粒径≥0.1mm的粗沙区进行集中推广应用，这样既能治理水土流失，又能全面拦蓄暴雨径流，形成优质土地。同时，进行河道治理，发展河滩农田。

对于湖北省的生物资源，可以将其作为江汉平原产业结构调整的资源基础。考虑区域差异因素，选择各种适宜生长且具有产业链状开发的生物资源，遵循自然资源再利用的原则建立各类工业生态园区，按工业生态园区—加工—市场流程的开发模式进行生产，将原生态优质生物制成品，形成产业规模，然后推向国内外市场。

对于矿产资源，要在强化分类指导的基础上，就湖北省的自然资源分布情况和国民经济和社会发展的需要，着力优化资源开发利用种类，对供给不足且对经济社会发展有重大影响的能源等重要矿产资源要加强管理，并通过进一步开展找矿突破战略行动和开放与合作，提高重要能源资源的供给能力，保障国民经济和社会发展的需要；对于优势资源，要加强过程管理，着力提高资源的开发利用效率，保护生态环境，在做大做强的同时，引导相关企业集聚发展，为湖北省产业结构的调整和发展方式的转变提供产业支撑；对于一般矿产要控制开发利用规模，严格开发利用过程管理，切实保护生态环境。

四、开放与合作的要求

湖北省是我国自然资源比较丰富但自然资源的区域分布并不均衡的地区。重要能源矿产严重缺乏；可开发利用的土地资源后续保障不足；水质和水资源有效利用率低，并存在季节性和结构性缺水等严重问题；森林覆盖率和森林资源后续保障能力有待加强。这是湖北省自然资源空间布局进一步展开的不利因素。要发挥湖北省的资源禀赋，优化自然资源空间布局，就必须坚持开放和合作的原则。

开放自然资源市场，就是要充分利用好国内外两个市场、两种资源。通过开放，积极引进先进的技术、人才、管理、资金，全面提高自然资源开发利用效率，着力调整和优化自然资源空间布局，走集约、节约利用和绿色发展的道路，探索出一条有利于湖北省自然资源空间布局进一步展开和优化的实现路径，突出生态和自然资源参与宏观经济决策的重要作用，推进人与自然和谐发展的现代化建设新格局的形成，实现高质量发展。同时要在开放中实现合作共赢。充分利用好"两个市场，两种资源"，积极开展区域和国际矿产资源技术、贸易等合作，解决本区域矿产资源供给不足的问题。从国际的角度，考虑结合"一带一路"倡议的实施，扩大国际资源的供给渠道，加强资源开发利用的国际合作。从区域来看，就是要坚持特色发展、差异化发展，形成有区域特色的资源型产业。

但要全面实现湖北省自然资源开发利用的开放与合作，还需要完善以下三个方面的内容。

（1）建立和完善区域合作机制，推进长江经济带的统筹协调发展。区域合作机制的有效实施可以实现区域间的统筹规划。首先要制定并完善各种区域发展政策。通过制定相关政策、协调各方利益，包括协调解决本区域内基础设施建设、城市规划、经济发展布局、环境治理、产业整合和财税分配及利益调整等重大问题。在此基础上，要进一步建立和完善现有区域性经济社会合作组织。通过区域协定、区域公约或局部协商、多方协议等多种形式共同制定经济社会合作条款和区域性的法规、条例，打破地方保护性政策，形成多层次的协调机制，注重并协调各相关利益主体的诉求，协调各方利益，全面推进长江经济带共同发展和繁荣。

（2）建立和完善产业协作机制，推进长江区域经济结构的优化调整。首先，要确立区域产业发展联动机制。要在发挥区域自然资源禀赋的基础上建立由政府推动的，市场机制自发作用下的产业联动机制，即建立一种支柱产业配套、新兴产业共建、一般产业互补的产业联动机制。充分利用和发挥长江经济带的产业、科教优势，提高长江经济带的产业竞争能力；其次，要有效发挥大型企业集团在长江经济带协调和协同发展中的主体作用；以资产为纽带，加上技术和管理，通过参股、控股、兼并、联营、组织专业化协作等各种形式发展企业之间的联合与合作，快速形成一批具有参与国际竞争实力的大型资源型企业集团，助其成为长江经济带协调发展的重要主体。

（3）建立和完善市场协作机制，形成长江经济带统一市场共同体。长江经济带中西部地区与沿海发达地区在自然资源禀赋上存在明显的差异，但同时在自然资源开发利用上却存在明显的分工与合作关系。比如中西部地区虽然自然资源丰富，但由于技术水平、资本、市场等与沿海发达地区存在明显的差距，只能在自然资源，特别是矿产资源开发利用环节中承担开采和初加工的功能，而沿海发达地区则承担着科研、开发、深加工和市场的功能，它们之间的发展差距实质上体现的是技术水平和人才上的差距。

制度完善是形成长江经济带统一市场共同体的首要保障。因此，实现长江经济带区域合作的首要任务是完善各项制度。统一市场是指一种完善的市场体系。统一市场不仅包括商品市场，也包括各类要素市场。也就是说，统一的市场就是要让各种要素、产品、服务和企业按照利润最大化原则自由流动，促进有序竞争。

为实现这一目标，长江经济带沿江各省市、各城市之间要执行相互开放的政策，形成平等竞争、互惠互利的宽松环境，打破省市间、城市间的行政壁垒，使资产、信息、技术、商品、人才等能在经济带内自由流动，实现生产要素的优化配置和经济效率的不断提高。此外，要充分发挥长江沿岸中心城市经济协调的作用，在长江经济带各区域市场的基础上，逐步完善市场共同体管理机构和市场运作规则，形成长江经济带统一市场共同体。

第五章

湖北省自然资源空间布局优化的条件分析

  自然资源禀赋、分布、类型、质量、数量和开发利用技术经济条件是区域自然资源空间布局和优化的条件和基础,也是区域产业发展和布局的重要支撑。它对区域经济社会发展的影响是深远的。湖北省是一个自然资源比较丰富的地区,也是我国自然资源开发利用历史悠久、经济社会相对发达的地区,但自然资源禀赋、分布、类型、质量、数量和开发利用的区域差异使湖北省仍然存在自然资源开发利用不合理、重要资源供给不足、空间布局需要进一步优化等问题,而这些问题的长期存在不仅严重地制约了湖北省的经济转型,也对其可持续发展产生了重大的威胁。为此,本章将通过对湖北省自然资源空间布局优化基础条件的深入分析,重点探讨湖北省自然资源空间布局优化所面临的机遇与挑战,为湖北省自然资源空间布局的进一步优化提供支撑。

第一节　自然资源空间布局优化的基础

湖北省自然资源较为丰富。境内拥有美丽富饶的江汉平原和保存完好的神农架原始森林；矿产资源种类多、储量大、质量较好；水资源充沛，江河湖泊众多，素有"千湖之省"的美称；可供开发的水能资源条件优越，居全国前列。这些基础和条件为湖北省自然资源空间布局的进一步调整和优化提供了重要的物质支撑和前提。

一、资源条件

湖北省地处中国的中部，水、土、矿产等自然资源分布广泛，种类多样、数量丰富，为湖北省经济社会的快速发展提供了重要的资源条件。近年来，湖北省水、土、矿产资源在开发和利用方面取得了显著的成绩，其自然资源综合优势度列于全国第六位。说明其资源基础条件良好。

（一）水资源条件

湖北省是我国的水资源大省，水资源数量大，水力资源丰富，江河湖泊分布广泛，素有"千湖之省"的美称。湖北省地处亚热带季风性湿润气候区，降水充沛，水资源丰富。据《2017年湖北省水资源公报》显示，2017年湖北全省水资源总量为 $1\,248.76 \times 10^8 \, m^3$，水资源总量位于全国前列。多江相聚，湖泊众多，湖泊面积达 $3\,000$ 余 km^2。境内地下水资源丰富。据《2017年湖北省水资源公报》显示，湖北省2017年地下水资源量 $318.99 \times 10^8 \, m^3$。同时，湖北省入境客水资源丰富，2017年全省入境水量 $6545.00 \times 10^8 \, m^3$，出境水量为 $7\,638.02 \times 10^8 \, m^3$。另外，境内水力资源丰富。资料反映，境内水能资源理论蕴藏量居全国第七位，可开发装机容量 $3\,310 \times 10^4 \, kW$，仅次于川、滇、藏而居全国第四位。

随着经济的快速发展与城市化进程的不断加快，湖北省水资源开发利用中存在的问题也日益突出：一是人均水资源短缺。湖北省人均水资源量列全国第十七位，低于全国平均值，在城市化和工业化不断加快的进程中城市缺水问题日益突出；二是水资源分布不均衡。湖北省水资源分布具有南北区域相差悬殊的特点：南多北少，山区多，平原河谷少。同时，水资源的地区分布与区域人口、耕地、产值等社会经济要素的分布不符，总人口、耕地、工业产值总量在全省比重中占比较大的城市，其水资源总量在全省比重中占比小。不均衡的水资源空间分布与不匹配的产业布局，均不利于湖北省的可持续发展。三是水资源污染问题日趋严重。湖北省湖泊和城市内湖富营养化程度日益加剧,形成多条污染带;流域性的水污染事故时有发生,对人民群众的饮水安全造成直接影响。四是工业农业用水浪费严重。全省水资源利用系数不高,使得用水浪费的问题日益突出。目前湖北省在农田灌溉方面仍普遍采用大水漫灌,引水渠利用率仅为50%;在工业用水方面,重复利用率较低,仅为20%~50%,农业工业用水浪费问题严重。

以上分析表明,湖北省虽然是一个水资源丰富的地区,但水资源开发利用形式粗放,利用效率低,在经济社会快速发展对水资源需要不断增加的同时,水资源开发利用中的使用结构、区域配置不合理和污染问题也日益突出,并在一定程度上加剧了水资源供给不足的紧张局面,对国民经济和社会发展产生了不利的影响,因此,科学开发和利用水资源,提高水资源利用效率,合理调配水资源的区域和产业布局,加强水环境治理已成为湖北省走绿色发展道路,实现可持续发展的重要选择。

(二)土地资源条件

湖北省地处我国中部腹地,位于长江中游地区。全省土地总面积为$18.59 \times 10^4 \, km^2$,在全国土地总面积中占比1.94%;土壤类型多样,自然条件优越,资源丰富。湖北省土地资源条件的特点主要表现为:一是地貌类型复杂。高山、丘陵、平原、湖区都有广泛的分布,土地资源分布格局为"七水一山二分田";二是土壤类型丰富多样。红壤等土地类型多样,并分布广泛,使得湖北具备发展多样化农业的优越自然条件;三是土地开发利用特点显著。湖北省土地开发利用具有区域分异的显著特点,如鄂西山区的用地方式是林地为主,耕地少;此外,耕地中的用地方式又以旱地为主,水田少,发展耕地受到较大限制;鄂东南的用地方式是以丘陵为主,普遍发展林特产品;鄂东北的用地方式是以低山丘陵为主,发展桑蚕、茶叶的条件优越;鄂北岗地、鄂东沿江平原、江汉平原、鄂中丘陵地势平坦,是我国重要的农副产品生产和供应基地,为湖北省农业分区发展和特色农业的形成创造了条件;四是水土结合条件良好。丰富的降水,雨热同季,土壤肥沃,水土结合良好,为湖北省开发利用土地资源,发展农业等产业提供了重要的物质基础,也使湖北省成为我国农业经济比较发达的地区之一。

随着社会经济的发展、城镇建设的扩张及人口的增加,湖北省土地资源开发利用中的问题逐渐显现,具体可以概括为:一是耕地数量不断减少。近三十年来湖北省26个县耕地总面积由$1\,329\,976\,hm^2$减少到$1\,098\,136\,hm^2$,减少了$231\,840\,hm^2$,耕地总面积减少了17.43%,而不同耕地类型和各地形耕地面积均有较大幅度减少。二是土地污染,耕地整体质量呈严重下降趋势。工业的飞速发展和城市化进程的加快,使得"三废"排放量不断增加;由于防污和污染治理措施未能及时跟上,农村被扩散了大量有毒有害物质,耕地受到污染,同时,农用合肥、农药的大量使用也使农用地面源污染问题日益突出,优质耕地面积减少,劣质耕地面积增加。三是人地矛盾日益突出。随着人口持续增加,非农建设用地大量占用耕地,特别是城镇建设用地占用城郊的良地和耕地,加剧了人地矛盾。四是土地利用结构不合理。目前,湖北省耕地利用结构仍是以生产粮食、经济作物为主,饲料作物发展不足,养地作物播种面积下降;林地中用材林比重大,经济林、薪炭林、防护林比重小;草地中天然草地面积大,人工建设草地少。虽然近年来湖北省农业用地结构进行了较大的调整,但陡坡地、低湖田和其他低产地改造的力度仍然不足,需要进一步加强。

土地是人类社会赖以生存的重要物质支撑条件,也是产业布局的基础资源。湖北省土地资源开发利用中存在的利用效率不高、数量不足、土壤污染和人地矛盾等突出问题已经对湖北省经济社会可持续发展产生了不利的影响,因此,在经济社会发展过程中必须要注重土地的质量和效率建设,并在绿色发展道路上加以重视和重点解决。

(三)矿产资源条件

湖北省矿产资源资种类多,分布广,其中,磷、铁、铜、石膏、岩盐在全国占有重要地位。湖北省矿产资源分布的特点显著:一是矿产资源储量规模大,种类齐全。截至2017年底,全省已累计发现矿种150种,已查明累计资源储量的矿种91种,2018年新发现了矿产地11处,资源禀赋居全国中游。二是矿产资源分布广泛。主要矿产地相对集中,为湖北省矿产开发、振兴区域经济打下了坚实的基础。三是共、伴生矿多,贫矿、难选矿多,开发难度大。共、伴生有益组分的有色金属、贵金属和稀有金属矿占这几类矿产总量的80%左右,其中,以鄂东地区铜、铁、金、钼、钴最具代表性,其综合回收、利用的经济、资源效益十分明显。部分矿产贫矿多、富矿少,选矿加工较困难,如鄂西一带铁矿品位低,还未开发利用。

湖北省矿产资源开发利用历史悠久,矿业经济比较发达,但是在矿产资源开发利用中仍然存在许多不容忽视的问题。具体可以概括如下:一是矿产后备资源紧缺。湖北省非金属矿占多数,在已查明的资源储量中,地质控制程度较低的部分所占比重大;在已查明的资源储量结构中,经济可利用的资源储量少,后备矿产资源较为紧缺。二是矿产资源开发利用率不高。在采矿上,采富弃贫,采易弃难而产生的开采率、回采率低,采矿贫化率高,造成矿产资源的严重浪费。如磷矿资源利用率仅1/3,煤矿回采率仅25%~35%;低回采率、高贫化率、低回收率、低综合利用率,"三率"水平明显低于全国水平。这就直接影响了湖北省矿产资源开发利用和矿业经济效益。三是矿产供需总量失衡，开发利用布局与结构不够合理。石油等大宗支柱性能源矿产的有效供给长期低于需求，供需缺口越来越大；磷矿等非金属矿产供过于求，矿产供需失衡。另外，区域之间矿产资源勘查开发不平衡，矿业生产力集中在湖北中部及周边地区，其他地区矿业发展明显落后，矿产资源开发利用布局有待进一步优化。

湖北省丰富的矿产资源虽然支撑了湖北省经济社会发展对矿产资源的需要，但资源供给不足和生态环境压力对经济社会发展的约束问题已开始显现，需要引起高度重视，并切实加以解决。

二、科学技术条件

湖北省是我国的科技大省，科技人员数量庞大，高等学校和科研单位分布密集，科技平台和孵化器众多，科技成果突出，科技投入力度大，高新技术等高科技产业得到了较快的发展。这不仅有效地支撑着湖北省经济社会的快速发展，也使湖北省成为我国重要的科技创新基地。

（一）科技创新战略得到了全面的落实

2018年是决胜全面建成小康社会、实施"十三五"规划承上启下的关键一年，做好全年的科技工作意义重大。湖北省科技系统充分认识当前科技工作面临的新形势和新要求，结合工作实际，以"互联网＋成果转化"助力供给侧结构性改革，围绕科技创新"三个面向"，坚定实施创新驱动发展战略，以深化科技体制改革为动力，以"一项建设，三大工程"为重点，加强基础研究，着力突破关键核心技术，着力促进产学研合作，提升科技创新能力，大力推进全省科技成果转移转化。湖北省的科技工作取得了明显的进展，科技创新战略在科技工作的引导下也得到了全面的落实。

（二）湖北省全面开启成果转化新模式

湖北省充分发挥科技资源丰富、科技人才数量大、科技平台众多、科技成果突出的优势和条件，积极探索科技成果转化的新途径和新模式，成果转化工作始终走在全国的前列。为了进一步加快科技成果转化工作，推动科技工作向纵深方向发展，2017年湖北省科学技术厅在科技成果大转化工程中启动了"以平台促共享、以需求促转化、以中介促对接"的公益活动——"科惠行动"。在精准匹配专家的基础上，湖北省于2017年先后举办"科惠网企业高校院所行"活动4场，开展"科惠网专家市州行"活动10场，累计组织208个专家团队为400余家企业提供技术服务，达成初步意向238份，其中签订意向协议47项，陆续启动实施成果转化33项。湖北省开启的"政府搭台、机构配对、现场见面、批量处理"的对接方式，充分发挥了科惠网的平台优势，为解决"中小企业找专家难、高校院所找需求难"的问题，提供了新思路，开辟了新途径。

（三）科技成果丰富

近年来，在创新发展战略的实施过程中，湖北加快启动实施"科技成果大转化工程"，采取"定向、间接、有偿投入"和"市场评价"方式，每年支持1 000项科技成果在省内企业转化、扩散并产生经济效益，成效已经显现。资料表明，近三年来，湖北省累计实现科技成果转移、转化4 012项，高校及科研院所等市场主体的科技成果正转化为生产力。市场主体已成为科技创新的重要力量，其中，武汉光电工业技术研究院的金属零部件金属增材制造技术以1 000万元的价格完成转让，武汉工程大学徐慢教授及其研发团队将碳化硅陶瓷膜技术及专利成果作价2 000多万转让。这一切都为湖北省科技成果产业化和市场化提供了重要的基础和保障。

（四）湖北开启创新强省建设新征程

在国家创新型国家的推动下，全省加快推进"创新湖北"建设，积极改善创新创业环境，推动实施创新驱动发展战略，2013~2018年，湖北省技术合同交易额翻了4倍。全省科技成果转化工作呈现出"全面开花"的良好局面，17个市（州、林区）均超额完成了年度目标任务，其中，荆门、黄冈、神农架、天门4个市（林区）完成率达到了200%以上，尤其荆门市完成了年度目标任务的260%。

优越的科技条件、丰富的空间成果使湖北省在创新发展中掌握了主动，也为湖北省绿色发展和高质量发展提供了科技支撑和发展的动力，但成果转化中仍然存在许多的不足，特别是产学研的结合问题仍然需要在今后的科技工作中进一步加强，避免"墙内开花墙外香"尴尬局面的进一步出现。

三、产业条件

湖北省是我国近代工业的发源地之一。丰富的自然资源和坚实的产业基础为湖北省产业的发展提供了良好的条件，也为湖北省产业的大发展提供了重要的支撑。在互联网、人工智能技术的推动下，新的业态不断产生，传统产业也在技术进步的过程中焕发出了新的活力，而高新技术产业的引领作用逐渐显现。目前，湖北省已逐步形成以支柱产业为支撑，以传统产业为基础，高新技术产业蓬勃发展，以产业带为纽带，一、二、三次产业结构逐步优化、协调，产业门类较为齐全，人才、技术和产品优势明显，自主创新能力强，区域布局合理的产业发展格局。

（一）工业基础条件

湖北是我国重要的老工业基地，经过改革开放 40 年的洗礼，湖北省作为中国重要工业基地的地位得到了进一步的巩固和加强。湖北省现已成为中国三大钢铁基地之一，目前是中国最大的中、厚、薄板和特种钢生产基地，中国最大的重型机床和包装机械生产基地，中国第二大汽车生产基地和最大的中型货车生产基地，中国国家光电子信息产业基地，国家中药现代化产业基地和中国重要的纺织基地之一，中国最大的水电基地，中国最大的联碱、农药和磷、盐化工及纤膏生产基地；就产值而言，湖北省已形成了非金属矿物制品业、汽车制造业、化学原料及化学制品制造业、农副食品加工业、黑色金属冶炼及压延加工业和纺织业六大千亿工业产业。湖北省作为长江经济带重要的工业省份，近年来工业产值一直高于全国平均水平。资料表明，2017 年湖北省固定资产投资累计完成 31 872.57 亿元，增长 11.0%。民间投资增速加快，湖北省民间投资 2017 年完成了 19 645.15 亿元，增长 7.1%。工业投资增长呈现企稳回升态势，湖北省工业投资 2017 年累计完成 12 712.39 亿元，增长 11.9%。投资增长趋势明显。较好的工业基础和工业的快速发展为湖北省经济社会的快速发展提供了发展的动力。

湖北省工业产值效益良好，发展迅速，但也存在一些制约产业结构调整和升级的问题，工业发展条件有待进一步优化：一是工业投资结构不平衡。湖北省固定资产投资过热的现象虽有所改善，但工业产业内部不平衡问题依然严重，其中，制造业投资比例占到总投资总量的 80% 左右。说明湖北省工业生产能力优势主要集中在一般原料加工和机械制造行业，物质消耗比较大，高加工度产业发展不足，高技术含量仍处于较低水平。二是工业结构长期以来以重工业为主，能源消耗大，对资源环境形成较大的压力。2005 年之后，湖北省重工业比例持续下降，但仍占主导地位；传统资源密集型产业产值在湖北工业总产值中比重过大，且新能源结构中清洁能源、新能源占比较低，单位地区生产总值能耗高，在现有生产技术水平下对资源环境容易形成较大的压力。三是工业污染较严重。湖北省工业各污染物排放强度指标明显高于全国平均水平。

丰富的自然资源为湖北省工业的发展提供了重要的物质支撑，但作为一个传统工业分布比较集中的地区，工业发展中存在的问题也为湖北省走绿色发展和高质量发展的道路增加了许多的障碍。

（二）农业基础条件

湖北省地处亚热带季风性气候区，气候宜人，雨热同季，水、土、气条件配合良好，农业资源十分丰富，具有发展农业的有利条件和基础；湖北省农业生产条件优越，农业生产历史悠久，素有"鱼米之乡"的美称，生产规模总量大，产品质量优，商品率高，是我国重要的商品粮、棉、油、淡水产品生产与供应基地；淡水鱼、油菜籽、棉花、水稻的商品产量位居全国前列，农副产品的生产及其加工有巨大的发展潜力。

湖北省农业未来发展趋势良好。近年来，湖北重点打造农产品质量强省，高度重视开展农民科技培训，在全省范围内大力推进无公害食品行动计划，大力推行农业的标准化生产，加大农产品的质量检测管理力度，迅速提高了湖北省优质农产品的质量。据统计，湖北省现已有绿色食品、无公害食品和有机食品标志产品品牌共计674个，总产量299.94×10^4 t；无公害农产品生产基地共计420个。目前，湖北已构建完整的农业环境和农产品质量监测检验体系；已有4个国家级监测检验中心，6个省级质量监测中心；4 000余质量监测检验人员。当前，湖北省农业的规模化、集约化和专业化发展程度明显提高，趋势明显，但作为一个传统农业占主导的地区，农业和农村现代化的道路仍然漫长和艰辛。

湖北作为传统的农业大省，在经济发展新常态的背景下，湖北省也正在经历农业转型发展的重大转变，面临着许多亟待解决的新困难：一是农业发展资金短缺。目前农村基础设施建设与农业产业发展仍主要依靠建设立项来获取资金支持，所获资金有限；由于农业项目周期长、风险大、见效慢，民间资本注入"三农"领域的积极性不高，民间资本注入非常有限，整体农业发展资金不足。二是农业小规模经营、兼业化问题突出。尽管规模经营在湖北省已经有所起步和发展，但还远未形成气候，农业的小规模、兼业化问题仍然十分突出；同时，全职从事农业经营的农户比重也不到20%，新型职业农民培育任重而道远。这些问题的存在进一步增加了湖北省农业转型的压力。

（三）服务业基础条件

进入21世纪以来，湖北省服务业呈现了快速增长的势头。资料表明，2007~2016年，湖北省服务业十年平均增速达到11.35%，增加值增长了2.97倍。经济新常态下，湖北省加快发展服务业，加快推动服务业扩规模、提速度、优结构、上水平，致力于释放改革红利、推进供给侧结构性改革，服务业得到了快速发展，并向现代服务业方向发展，现已成为湖北省经济社会快速发展的重要支撑产业。2017年湖北省服务业实现增加值1.65万亿元，同比增长9.5%，占GDP比重为45.2%，对经济增长贡献率为53.3%，对湖北省经济社会的稳定发展起到了重要的支撑作用；2017年湖北省服务业市场主体达到377.03万户，占全省市场主体比重为83.9%。发展形势良好。

湖北省服务业未来发展潜力巨大。2018年湖北将推进实施"三千亿元产业培育工程",围绕金融、商务服务、现代物流、房地产、软件和信息技术服务、商贸服务、文化体育服务、研发设计和科技服务、旅游、健康养老和家庭服务 10 个服务业重点产业,以壮大产业规模、提升产业竞争力为核心,推动十大重点产业大发展,力争到"十三五"末,十大产业的规模均达到 3 000 亿元以上,总量占全省服务业比重达到 85%以上。目前,湖北省的现代化服务业正在茁壮成长,生产性服务业发展初具规模,并对优化区域产业结构、产业分工和合作关系的形成和提高区域竞争力产生了积极的影响。

在调结构、转方式的过程中,湖北省的服务业得到了较快的发展,成效明显,硕果累累,但同时也面临着若干难题和挑战,产业发展亟待进一步转型升级:一是产业规模与发达地区差距仍较大。虽然近年来湖北省服务业发展较快,但服务业总产量仍然明显落后于广州等沿海城市;湖北省 2016 年服务业占 GDP 的比重是 44.7%,低于同年全国平均水平 6.9 个百分点。服务业总量、规模都有待进一步提高。二是服务业有效供给不足。在经济新常态下,我国居民消费结构有了显著变化,即对学习、快乐、健康、安全、美丽的需求日益增高,吃、穿、住、行、用需求相对下降。目前湖北省的服务业有效供给明显不足,服务能力、设施和水平仍有待提高,湖北省服务业的发展还未能很好地满足人民日益增长的美好生活需要。三是服务业竞争不足。湖北省内大多数服务企业处于"低、小、散"的状态,缺乏一批知名度高的龙头服务企业和服务品牌,整体来看尚未形成规模效应。

服务业在区域产业结构调整中占有重要的地位。湖北省服务业的快速发展带动了现代服务业和生产性服务业的蓬勃发展,但总量不足和规模偏小等问题仍然需要引起重视,并在发展中着力解决。

(四)环境保护产业基础条件

经过近年的飞速发展,湖北省环境保护产业已发展成为门类较为齐全、部分领域技术领先并具一定规模的新兴产业,是湖北省实施可持续发展战略,走绿色发展和高质量发展道路的重要支撑。目前,湖北省已拥有一批达到世界先进水平和国内领先水平的成果,环境保护优势产业主要集中在环保设备(产品)生产与经营、资源综合利用和环境服务等领域。其中,达到国际先进水平的成果为激波传质厌氧生化工艺技术与产品、光化学废水处理技术与产品、臭氧消毒剂生成技术与产品等;处于国内领先水平的成果为旋转喷雾干燥法烟气脱硫技术、循环式厌氧——好氧生物膜水处理技术与设备、碱回收锅炉等。

近年来,在绿色发展的推动下,湖北省环境保护产业发展成果显著:一是发展态势良好。目前,湖北已有 200 多家环保企业,其中近 16 家企业规模过亿元,近 40 家企业规模过千万元;环境保护企业的快速发展有助于湖北省环境保护产业的规模发展。二是对绿色发展和高质量发展的支撑作用开始得到体现。2017 年湖北省的污染排放同比下降 3.5%，完成了 2017 年初确定的污染减排目标。长江干流水质总体状况良好，且水质状况保持稳定，所监测的 18 个断面水质均达到 II～III 类，其中 II 类和 III 类分别占比 50%。省内拥有 46 个自然保护区，其中 24 个为国家级自然保护区，22 个为省级自然保护区，自然保护区的面积保持不变。环境保护产业的快速发展为湖北省环境质量的改善创造了条件，也为湖北省可持续发展提供了重要的支撑。

湖北省环境保护产业虽然起步较晚，并呈现出了良好的发展态势，但在共抓大保护、不搞大开发、严格空间管控的新形势下，环境保护产业在发展过程中仍然存在若干不可忽视的问题：一是企业规模较小，难以形成规模效应。湖北省环境保护产业虽已形成了一些具有核心竞争力的大型环保高新技术企业，但总体而言，仍是以集中度低且不具备规模优势、缺少核心竞争力的中小环保企业为主，影响湖北省环境保护产业发展后劲，难以形成规模效应。二是技术研发能力不高，科研成果本地转化率较低。湖北省作为人才大省，环境保护技术人才是其优势，然而这种人才优势并没有成果转化为产业优势，产、学、研未能有效结合，科研成果本地转化率较低，环保企业在环保技术开发和服务方面明显落后于广东等发达省份，技术研发能力有待加强。

环境保护产业的发展不仅为湖北省绿色发展和高质量发展创造了条件，也成为湖北省新的经济增长点，但仍然必须注意发展中存在的问题，为环境保护产业的健康和快速发展创造有利的条件。

四、人才条件

湖北省历来重视和发展教育事业，作为我国重要的高等教育、科研和文化基地，湖北科教文化资源和实力始终位居全国的前列。目前，湖北省仅拥有普通高校就有 129 所，其中 2 所为世界一流大学建设高校，5 所为世界一流学科建设高校；在校大学生人数高达 140.18 万。湖北省的国家科技奖获奖项目数量曾连续 7 年位居全国前四，科学研究水平处于全国领先地位。这一切都表明湖北省是我国重要的人才培养、人才输出和人才储备基地，也为湖北省人才成长和发展提供了良好的条件和基础。

（一）教育基础条件

湖北省历来重视教育，各类教育资源丰富，教育人才储备充足，各级、各类教育机构分布广泛，高等教育水平位居全国前列，人才资源丰富，是我国的教育大省和教育强省之一。目前，湖北省在校大学生人数已高达 140 万，在常住人口中占比 2.25%。其中，武汉在校大学生人数超过了 118.33 万，位居全国第一。据统计，湖北省截至 2017 年末，研究生招生共计 5.2 万人，在校研究生人数为 13.6 万，毕业生人数为 3.5 万；普通高等教育的本专科招生共计 40.7 万人，在校生人数为 140.1 万，毕业生人数为 39.5 万；各类中等职业教育招生共计 15.9 万人，在校生人数为 44.9 万，毕业生人数为 13.7 万；普通高中招生共计 27.1 万人，在校生人数为 81.9 万，毕业生人数为 29.0 万；普通初中在校生人数为 148.7 万，小学在校生人数为 354.6 万，幼儿园在园幼儿人数为 176.0 万人。发达的教育和丰富的教育、教学资源为湖北省经济社会的快速发展提供了重要的人才保障，也成为湖北省经济社会快速发展的重要动力，但优质教育资源配置区域分布不均衡和教育的国际化问题仍然有待进一步解决。

（二）科技基础条件

湖北省是我国一个科技资源丰富，科技人员数量众多、科研院所和高等学校分布集中、科技成果产出率高的地区之一，现已成为我国重要的科技大省和科技创新中心之一。资料表明，目前，湖北省从事科技活动的科技人员约 20 万人，居全国前 5 位，是全国科技人员比较集中的地区之一。湖北现有 1 300 多家各类科研机构，其中，1 个为代表原始创新实力的国家实验室（华中科技大学武汉光电国家实验室），5 个为国家野外试验台站，6 个为国家工程研究中心，15 个为国家重点实验室，58 个为国家部委重点实验室，18 个为国家级工程技术研究中心，23 个为国家级企业技术中心。截至 2017 年，湖北省共计统计 1 600 项登记重大科技成果。其中，有 20 项为基础理论成果，40 项为软科学成果，1 540 项为应用技术成果。湖北省 2017 年共签订 24 742 项技术合同，技术合同成交金额共计 1 066.0 亿元。另外，建有省级工程研究中心（工程实验室）160 家、省级企业技术中心 475 家；卫星云图接收站点 17 个，地震台站 47 个，天气雷达观测站点 14 个，地震遥测台网 3 个。

优质的科技资源、丰硕的科技成果和优秀科技人才的不断涌现为湖北省实施创新发展战略，形成创新型社会，加快高新技术产业的发展，促进产业转型、升级和经济社会的快速发展提供了重要的科技支撑、产品、产业和人才保障，也进一步夯实了湖北省在全国科技大省和重要科研基地的地位，但人才培养大省和丰富的科技资源、科技创新成果如何进一步转化为科技强省和经济强省则仍然需要进一步探索。目前，湖北的人才优势尚未充分转化为经济发展优势，已成为制约湖北经济高质量发展的一个重要因素。

（三）文化基础条件

湖北省人文资源丰富，文化底蕴丰厚，发展历史悠久，发展基础良好，地域特色鲜明，极具发展文化产业的资源优势。湖北省文化产业在改革开放不断深入的进程中得到了快速发展，文化资源也得到了进一步的挖掘，优秀文艺作品层出不穷；大批文化人才脱颖而出。截至2017年末，湖北省共有86个国有艺术表演团体、115个公共图书馆、157个博物馆、125个群艺馆、文化馆；1 612个放映单位和96个电影放映管理机构；8座广播电台、75座广播电视台、1 079.4万户有线电视用户。全年出版全国性和省级报纸11.0亿份，2.3亿册图书和1.5亿册各类期刊。楚剧、汉剧等精品、力作不断，并广为流传，而图书、电影、表演等各类文化市场和长江传媒等文化产业也得到了较快发展。目前，湖北省的文化产业在互联网、大数据等技术的推动下，呈现出了传统媒体、自媒体、多媒体等表达和表现多形式、多样化，传统与现代、实与虚并存的发展态势，已成为湖北省的重要产业之一。文化事业的快速发展不仅丰富了群众的精神文化生活，繁荣了文化市场，也对湖北省经济社会的快速发展产生了重要的影响。

湖北省具备了大力发展文化产业的条件与优势，文化产业发展潜力巨大。湖北省文化人才密集，现已产生和积累了一大批文化人才和精英，文化产业发展趋势良好。近年来，湖北省文化产业不断扩大，产业规模扩大，产业数量显著增多，但不容忽视的是，湖北文化基础条件还有待进一步完善：一方面，湖北文化产业总体发展严重不足，全省文化产业增长量低于全国平均水平，"大文化小产业"特征明显；产品开发深度不足，产品的文化附加值和科技附加值不高。另一方面，湖北省文化人才投入不足，文化事业经费投入与浙江省等文化强省相比还有一定差距；缺乏有效的激励和使用机制；在人才引进和人才培养方面存在管理缺陷。

大力整合和充分挖掘本地文化资源，形成特色的文化产业，丰富文化产品，活跃文化市场，满足人民群众文化生活需要，切实承担起支撑经济社会发展的地位是当前湖北省文化产业发展的重点。

（四）体育基础条件

湖北省有较强的竞技体育实力，一直在羽毛球、体操、跳水、皮划艇等优势项目上保持领先水平，培养出了杨威、廖辉、高崚等一批世界体育冠军。这与湖北省体育资源丰富，体育教育发达，体育设施分布广泛，体育人才众多，群众性体育活动开展普遍有着密切的关系。

湖北省作为全国群众体育工作先进省，具备十分丰富的体育人才资源。湖北省全民体育工作发展全面。资料表明，湖北省全年经常参加锻炼的体育人口高达40.1%，显著高于全国的平均水平。目前，湖北有1个全国"体操之乡"，6个全国"武术之乡"，3个全国"田径之乡"，17个全国体育先进社区，38个全国体育先进县，近百个全国群众体育先进工作者。截至2017年，湖北运动员在国际比赛中，共计 48 项次获得冠军、28 项次获得亚军、40 项次获得季军；在全国比赛中，共计 107 项次获得冠军、123 项次获得亚军、124 项次获得季军。

湖北省群众体育活动开展广泛，竞技体育有序发展，体育产业发展良好。为满足群众对体育产业的广泛需要，着力培养体育人才，湖北省正整合体育资源，加强体育资源和基础设施的建设，体育场地设施稳步增长。湖北省体育场馆基本实现了对外开放，并切实保障居民开展体育活动对公共体育服务的需要；重视合理优化各区域的体育产业布局，产业集群效应显现，现在武汉以竞赛表演、健身休闲等业态为主的体育产业已经初步形成，武汉周边城市体育产业新业态也发展良好，全省体育产业呈现出蓬勃发展态势。目前，湖北省虽然有武汉体育学院等专业体育人才培养学校和机构，但部分体育项目的专业人才仍然较为匮乏，而现有的社会体育指导员在等级结构、文化程度、专业素质等方面均有很大差异，高素质的体育管理人才缺乏；亟须拓宽教育培训渠道。培养实用型体育人才，加强休闲体育运动人才培养和场馆、设施建设，推动湖北省休闲体育市场和群众体育活动的有序发展，并将进一步体育产业的发展。

（五）卫生基础条件

湖北省传统上就是一个十分注重医疗卫生事业发展的地区。医疗卫生基础设施完善，医疗卫生资源分布集中。全省各级各类医疗卫生机构和科研单位健全，分布广泛，卫生人才丰富，已成为我国重要的医疗卫生大省。湖北省目前拥有华中科技大学同济医学院等高等医学院校和科研院所，以及同济医院、协和医院等集临床、科研、教学于一体的大型综合医院；为湖北省医疗卫生事业的发展培育了众多高层次优秀卫生科技人才，使得湖北省在医学领域保持着较强的科技创新能力。据统计，截至 2017 年末，湖北省共拥有 36 349 家医疗卫生机构以及 51.0 万卫生计生人员。

伴随着国家医疗卫生健康体制改革的进一步深化和互联网、人工智能等技术的快速发展，湖北省在卫生、医疗和健康资源区域均等化和服务水平、服务能力建设等方面积极工作，并取得了积极的进展；坚持把卫生人才队伍建设作为推动卫生事业发展的一项根本性措施，致力于推动卫生人才队伍建设全面、协调、可持续发展。整体来看，湖北省卫生基础条件良好，卫生人才资源较丰富，但高质量卫生人才与发达省份相比仍有较大差距，领军人才严重匮乏；农村基层卫生人才学历低、职称低、专业能力低的"三低"状况较为严重，亟须重点加强基层卫生人才队伍建设，同时，区域卫生、医疗和健康资源区域均等化问题也需进一步解决。

湖北省的教育和科技优势确立了湖北省的人才优势，也是湖北省经济社会快速发展的重要条件，但如何使人为我用，并切实变为经济和产业优势是湖北省人才队伍建设中必须注意的问题。

五、市场条件

在改革开放不断深入的进程中，湖北省积极改善市场环境，市场条件得到了进一步的优化和改善，为湖北省经济社会发展创造了良好的市场条件，也为经济主体的健康发展提供了重要的保障。

（一）经济发展水平明显提高，市场环境建设良好

近几年来，湖北进一步深化经济体制改革，改善发展环境，调整产业结构，转变经济发展方式，大力发展开放型经济，走绿色发展和高质量发展的道路，开放型经济取得了较快的发展，经济发展水平持续提升，营造出了良好的市场环境。据统计，湖北省2017年的国内生产总值为36522.95亿元，较之于2016年增长了7.8%；湖北2017年三大产业结构，在2016年11.2∶44.9∶43.9的产业结构基础上调整为10.3∶44.5∶45.2，经济结构和产业结构优化趋势明显。经济的快速发展和市场环境的改善也为湖北省调整和优化产业结构、经济结构，促进经济转型，提高经济发展质量创造了条件。

（二）湖北省居民消费能力显著提升，市场发展潜力巨大

随着我国改革开放的不断深入，在经济社会得到快速发展的同时，湖北省居民生活水平也得到显著的提升，而居民收入水平逐年增高的同时，消费能力也随之得到快速提升，湖北省消费市场呈现出了良好的发展态势。据统计，湖北省2017年的居民人均可支配收入为23757元，较之于2016年增长了9.0%，其中，城镇常住居民、农村常住居民的人均可支配收入分别为31889元、13812元，较之于2016年均增长了8.5%。居民消费价格较之于2016年上涨1.5%，其中城市消费价格上涨1.7%，农村消费价格上涨1.2%。它表明，消费结构和消费能力的提升使湖北省成为中国重要的消费市场，也为湖北省发展经济提供了重要的动力。目前，湖北省各类市场都得到了快速发展，现已形成了以武汉为中心，我国中部地区最大的市场中心、消费中心。

（三）市场环境有待进一步优化

总体来看，在改革开放不断深入和市场经济体制不断完善的进程中，湖北省在经济的市场化和市场化建设方面虽然取得了一定的成绩，并为湖北省经济社会的健康发展提供了良好的发展环境，但与先进省市相比，仍然存在较大的差距。

具体表现为：湖北省市场总体规模不大、市场结构有待完善、市场环境有待建设等问题。以 2017 年为例，湖北省实现外贸进出口总额 3 134.3 亿元，比 2016 年增长 20.6%，成绩巨大，但仍然落后于先进省市，营商环境仍有待改善和提高。因此，改善市场条件，提升发展环境仍然是湖北省经济社会稳定发展的重要任务。

进入新时代以来，围绕绿色发展和高质量发展，湖北省积极推进市场软硬件建设，在服务市场主体发展，减轻企业负担，提供公平竞争环境和维护市场秩序等方面已经取得了明显的成效，但如何从市场主体的人才引进和服务、引导企业发展等市场环境建设方面仍然需要进一步加强工作。

六、发展环境条件

随着我国改革开放的不断深入，特别是在市场经济体制不断建立和完善的过程中，湖北省非常注重政策环境和法制环境的建设，着力优化营商环境，发展环境条件得到了明显的改善，现已成为我国发展环境良好和改善明显的地区之一。

（一）湖北省经济发展政策环境良好

目前，湖北省正面临中部崛起、东湖国家自主创新示范区建设、武汉城市圈"两型社会"建设和长江经济带开放开发等国家重大战略机遇，迎来了经济发展的大好时机，湖北省经济发展潜力巨大。近年来，湖北省政府着力营造产业发展环境，助力湖北省产业结构优化升级，如先后发布《湖北省云计算大数据发展"十三五"规划》《湖北省软件和信息技术服务业"十三五"发展规划》，大力推动湖北省电子行业高速发展。同时，通过政府管理体制改革，简化办事流程，下放管理权限，优化服务环境，提高办事质量和效率，减轻企业负担，政企关系、政商关系也得到了明显的改善，而经济社会发展的市场环境也得到了明显的改善和提升。

（二）湖北省经济发展法制环境良好

为了进一步优化法制环境，促进经济健康发展，平等保护各类市场主体的合法权益，湖北重点开展了一系列工作：一是在全省范围内大力贯彻"服务发展是第一要务"的观念，加快转变执法、司法理念，培育全省政法干警的服务发展、营造环境意识，提供优质高效的法律服务及健全的法制保障，促进了湖北省经济健康发展；二是要求进一步强化政法机关在服务经济发展方面的主动性与创造性，为企业提供更加及时、快捷、便利和高效的法律服务；三是积极探索搭建警企互动平台，进一步建立与完善企业反映诉求的渠道；四是进一步优化公正执法和公平司法等环境建设。目前，湖北省的法制环境建设取得了明显的成效，但在公正执法和公平司法方面仍有改进的空间。

(三)营商环境得到了改善

近年来,随着政府管理体制改革的深入推进,在简化办事流程,实施负面清单管理,下放管理权限,降低企业负担,强化服务能力建设等方面也取得了积极的进展。这不仅使政府的服务能力和服务效率得到了明显的提高,也进一步优化了营商环境,提高了企业的发展能力。同时,政府在市场准入、人才流动、配套设施、经营环境改善、管理制度等方面也开展了有效的工作,为企业营商环境的改善也创造了良好的条件。通过以上努力,湖北省的发展环境已得到了明显的改善,也使湖北省成为我国发展环境改善明显的地区,但仍然需要在公共服务、降低企业负担等营商环境的建设方面下功夫,为湖北省经济社会的健康发展创造条件。

第二节 新时代给湖北省自然资源空间布局带来的挑战

新时代,中国经济社会发展进入了以结构优化、区域协调和高质量发展为主要特征的新时期,也对自然资源空间布局的进一步展开提出了新的要求。在新的形势下,湖北省必须牢牢把握高质量发展的根本要求,突出问题导向,找准中央要求和湖北实际的结合点、切入点、着力点,主动出击和应对新时代的挑战,加快补齐高质量发展的短板,着力培育和打造湖北省高质量发展的新优势,努力开创新时代湖北省自然资源空间布局和优化的新局面,为湖北省的经济社会较好发展创造条件。

一、"三大攻坚战"的挑战

"三大攻坚战"是近年来在国内外经济社会形势发展重大变化的条件下,我国经济社会发展中存在的突出问题。它是指防范化解重大风险、精准脱贫、污染防治,是习近平总书记在十九大报告中首次提出的新表述。2018年初,全国国土资源工作会议明确要求国土资源系统要在打好三大攻坚战中主动作为,提出了"打好防范风险、精准脱贫、污染防治三大攻坚战,是全面建成小康社会必须跨越的关口,要找准位置、精准发力、主动作为"。作为我国"三大攻坚战"能否成功的重点区域,湖北省自然资源空间布局和优化迎来了新的挑战。

(一)防范和化解重大风险

当前,湖北省金融风险总体可控,但潜在风险不容忽视。需重点防控"黑天鹅"式金融风险,关注潜在风险,比如"脱虚向实"依然突出,不少资金流入股市、债市、期货、房地产等领域,累积金融泡沫,挤压实体经济等。同时,个别地方政府"明股实债","灰犀牛"式风险持续累积,其通过城投等平台借债,或为企业发债担保,加上"明股实债"等隐性债务,不断累积潜在风险。部分企业盲目扩张,滥加杠杆,负债企高。此外,随着互联网金融的快速发展,披着理财、股权众筹、资管等"金融创新"外衣的非法集资活动一度乱象丛生,金融潜在风险不容忽视。打好自然资源领域系统性风险防范化解攻坚战,要坚决守住自然资源领域不发生系统性风险的底线,发挥自然资源宏观调控功能,通过数量,结构的调整,引导国民经济向调结构、转方式和高质量方向发展,重点防范金融风险,切实将金融资本导入实体经济,引导省内知名地产企业积极转型,参与股权投资,引导部分金融、地产资金回流实体企业,引导基金"脱虚向实",为湖北省高新技术企业和实体企业的发展提供了资金支持。

（二）精准扶贫

精准扶贫是近年来我国各级政府的一项重要任务,也是全面建成小康社会的具体要求。在各级政府的共同努力和社会各界齐心协力的支持、帮助和共同参与下,湖北省扶贫攻坚工作取得了重要的进展。据统计,湖北省各级人民政府经过近3年的精准扶贫,建档立卡贫困人口已由原来的572.6万人,降至2017年底的201.7万人左右。2018年湖北省105.5万人实现脱贫,精准扶贫工作成效显著,同时,扶贫工作仍有许多难题尚未得到根本解决,压力仍然巨大。目前,湖北省精准扶贫工作的重难点主要集中在自然条件恶劣的老、少、边、穷等深度贫困地区,多属因学、因病、因灾或缺劳动力致贫,脱贫压力巨大。打好自然资源领域精准扶贫攻坚战,需重点聚焦深度贫困地区和特殊贫困人口,聚焦产业扶贫,全力保障易地扶贫搬迁等用地需求,大力支持贫困地区新产业新业态用地;坚持扶贫同扶志、扶智相结合,激发脱贫内生动力,增设湖北省教育扶贫专项资金,实现可持续稳固脱贫;坚持自然资源的公益性和商业性相结合,发挥自然资源的扶贫功能,通过科学布局和合理开发利用落后地区、贫困地区的自然资源规模和水平,建成了一批基础设施,布局了一批特色产业,提高了落后地区的发展能力,为促进落后地区和贫困地区经济社会的快速发展创造条件。目前,湖北省扶贫工作已取得阶段性进展,现已有20个贫困县摘帽,但仍有17个县需要进一步加大扶贫的力度,同时,返贫的问题也不可忽视。

（三）污染防治

湖北省作为全国重要的"粮仓"和工业重地,生态地位重要,污染防治和生态环境保护责任重大。其污染防治难点在于长期的粗放式传统发展方式带来的污染源多年累积,点多面广等生态环境问题突出;既要防控污染,同时,又要保持湖北省经济稳中求进。这些问题的存在为湖北省污染防治带来了严峻的挑战和巨大压力，也使湖北省污染防治任务艰巨。打好自然资源领域污染防治攻坚战，需坚持生态优先、绿色发展，坚决落实长江经济带发展"共抓大保护、不搞大开发"要求，把长江生态环境修复摆在压倒性位置，切实抓好中央环保督察整改落实；加强源头防控，严把污染行业产能用地、用矿关口；大力发展循环经济，推动绿色发展，严格企业排放水平和环境标准，通过关、停、并、转等措施，取缔和关、停一批环境指标不达标的企业；推进重点治理，建立长效机制，针对大气、水和土壤污染的防治实施有效措施，重点抓好矿山生态环境治理，加强矿山地质环境恢复和综合治理，集中治理农业面源污染问题；综合整治水系，管控污水排放，重点治理一批水域，让湖北的天更蓝、山更绿、水更清。

湖北省是一个矿业活动比较活跃的地区，但无序开采和破坏环境等问题仍然突出，是湖北省污染防治的重点领域。在绿色发展的新形势下，湖北省矿业的转型升级面临严峻的压力和挑战，因此，加强矿业企业的社会责任约束，让矿业企业切实履行污染防治和土地复垦和尾矿治理，提高"三率"水平应成为矿业企业的自觉行为，为绿色矿业、和谐矿山的建设贡献力量。

二、绿色发展的挑战

绿色发展作为新发展理念的重要组成部分，是践行新发展理念的关键，也是高质量发展的本质内涵。湖北省拥有丰富的自然资源，生态地位突出，具有充足的绿色发展动力。但随着工业化、城镇化的快速发展，湖北省区域生态环境问题日益严重，资源环境问题已经成为湖北发展的最大挑战。坚持绿色发展不仅有利于湖北省发挥资源优势，改善生态环境，实现从生态大省向生态强省转变，也是新时期湖北省调结构，转方式，走可持续发展道路的必然选择。目前，湖北省在绿色发展方面仍然存在许多不容忽视的问题。主要表现在以下三个方面。

（一）区域性生态环境问题日益严重

随着经济社会的发展，湖北省区域性生态环境问题日益突出，已对湖北省绿色发展形成了重大的障碍。其区域性生态环境问题主要表现在：一是部分河流污染物超标，"水华"事件时有发生、污水直排没有得到根治等，江河湖泊水质明显下降，治理效果并不理想；二是多地空气质量不达标天数明显偏高，大气质量形势较为严峻，治理任务艰巨；三是湿地生态功能退化，江汉平原土壤和地下水污染较为突出等。目前，湖北省在生态环境治理和环境建设方面已取得了一定的进展，但长期积累的区域性生态环境问题仍然比较严重，需要长期的坚持。

（二）湖北省产业结构调整压力较大

湖北省是一个以传统产业和重化工业分布为主的地区，重污染企业分布密集，且广泛，同时，传统产业产能过剩问题也较为突出。去产能、去库存将会对湖北省经济发展造成较大压力。另外，湖北省服务业总体发展相对滞后，特别是现代服务业发展明显不足，自主创新能力有待进一步加强，尚未完全建立内生型增长动力。这些问题的存在都为湖北省产业结构调整和产业发展增加了压力。

（三）生态补偿和利益协调机制有待进一步加强

近年来，湖北省积极引导绿色矿山企业健康发展，规范企业行为，形成行业自律，但长期以来积累的矿山环境问题并没有得到有效的解决，而生态补偿和利益协调机制又没有取得实质性的进展，为湖北省实施绿色发展战略产生了不利影响。生态补偿和利益协调机制必须进一步加强。

当前，湖北省正在积极推进绿色发展战略，并取得了一定的进展，环境治理和生态修复工作也得到了有效的推进，环境恶化的趋势得到明显的遏制，但这些问题的大量存在却对湖北省绿色发展产生了严重的不利影响，也成为新时期影响湖北省经济社会走可持续发展道路的重要障碍。

在新的时代，绿色发展也对湖北省自然资源空间布局进一步展开和优化提出了新的要求。近年来，湖北省已建立全省城市建设绿色发展指标体系，绿色发展取得了一定的成效，但仍需进一步探索和突破，并集中力量破解突出问题，在生态土地整治上力求更大影响，打造生态土地整治湖北模式。推进绿色矿山建设，制定市级绿色矿山建设标准规范，以点带面推进全市绿色矿山建设。开展新一轮土地利用总体规划编制试点，把生态保护红线、永久基本农田、城镇开发边界"三条控制线"落实到具体地块，从而统筹推动湖北省自然资源空间布局进一步优化和升级，走上集约、节约、生态发展的轨道。总体来看，湖北省要迎接绿色发展的挑战重点是要完成以下任务。

1. 进一步统筹治理城市水环境

近年来，随着城市的快速发展，城市水环境问题日益突出，影响了城市的可持续发展。为此，湖北省立足湖北省水系发达的特点，以"五水共治"为抓手，全面推进城市水环境综合治理：一是治污水。大力实施雨污分流，全力推进截污纳管，升级改造污水处理管网和设施，形成完整的城市污水收集和处理系统，坚决杜绝污水直排，基本消除黑臭水体，并防止新的黑臭水体产生；二是防洪水。城区所有河湖均要制定"多规合一"的一河（湖）一策，建立洪水预测、预报和预警制度，加大城市防洪基础设施建设力度，完善城市防洪体系；三是排涝水。编制完成城市排水防涝规划，落实改造雨污分流管网，进一步完善排水防涝设施，积极全面推进湖北省海绵城市建设，加快解决城市积水、内涝等问题；四是保供水。强化供水应急保障，城市备用水源建设符合备用水源启用条件；加快供水设施改造与建设；五是抓节水。在继续宣传节约和集约知识，提高全体居民节约和集约用水意识的同时，要实施城市节水设施的综合改造，推广节水技术和产品，限制淘汰落后技术和不符合节水标准的产品，建立和完善节约和集约用水制度；提高城市污水收集和处理水平，全面推进中水的使用，提高水资源的利用效率和结构，全面形成节水型社会。目前，湖北省的城市水环境治理已取得实质进展，但水环境、水生态、水资源综合开发利用和水资源产业配置等问题的综合治理任务仍然十分艰巨。

2. 开展湖北省土地利用总体规划编制试点

以点带面探索湖北省土地利用总体规划编制方法及管理方式是新时期土地利用总体规划编制的总体要求，也能为全面开展新一轮土地利用总体规划编制工作积累实践经验。近年来，湖北省积极开展"三治"工作，着力提升城市人居环境质量，并在全面提高土地利用总体规划编制的质量和水平上下功夫，土地利用总体规划编制试点工作在全省得以展开，并取得了明显的成效。这为湖北省自然资源空间布局的进一步展开和优化，提高自然资源综合开发利用效率，优化自然资源空间布局，促进区域经济社会快速和协调发展提供了重要的基础支撑。

3. 推进湖北省绿色矿山建设

湖北省自绿色矿山建设开展以来，已取得了可喜的成绩，矿山环境治理也取得了明显的进展，但总体上看，国家级绿色矿山试点单位占比仍偏低，且标准不一。新时代下，依据中华人民共和国自然资源部2018年6月发布的《非金属矿行业绿色矿山建设规范》等9项行业标准，"有法可依"地开展湖北省绿色矿山建设。在全省范围内牢固树立"要搞大保护、不搞大开发，坚持绿色发展"的理念，重视推动湖北省矿产资源开发的绿色转型发展，充分调动矿山企业的积极性，加强行业自律，积极开创生产发展、生活富裕、生态良好的文明协调发展道路已成为新时期湖北省的必然选择。

4. 严格落实"三条控制线"

按照国家的总体要求，湖北省积极工作，把生态保护红线、永久基本农田、城镇开发边界"三条控制线"落实到具体的地块，推动城市集约节约利用土地发展。优化城市绿地布局,留出城市风道、绿廊,提高城市公共用地规模,构建完整连贯的绿地系统,重视建立基础设施健全、功能完善的防灾避险大型公园。城市受损水体、山体、工矿废弃地、垃圾填埋场得到有效修复。进一步提质建设老旧公园,大力推进海绵绿地建设,生态修复湖泊、湿地、江河等生态系统,经济社会发展的生态支撑得到了保障。目前,湖北省在"三条控制线"的落实工作已取得了积极的进展,对湖北省可持续发展的积极影响也将逐步显现,但必须严格管理,长期坚持。

三、长江经济带发展战略实施的挑战

长江经济带作为我国经济社会发展的重要区域,具有极其重要的战略地位。为了提质提速长江经济带的发展,2016年5月,国家发展和改革委员会制定和推出了《长江经济带发展规划纲要》,把长江经济带发展上升为国家战略的高度。长江经济带覆盖11个省市,覆盖面积约 205×10^4 km^2,在全国土地总面积中占比21%,区域人口和经济总量均在全国人口和经济总量中占比高达40%。其作为中国经济发展全局中的重要支撑带,是中国最大的以长江为纽带联结构成的相对完整的经济带,是中国位置居中、腹地辽阔、资源丰富、自然地理基础最好的经济带,是中国区位条件优越、产业分布最集中、经济发展水平最高、综合竞争力最强的经济带,也是中国区域协调发展的重要支撑区域。其生态地位重要、综合实力较强、发展潜力和空间巨大,现已成为我国经济社会快速发展的重要支撑地区之一。

湖北省是农业大省、水利大省、林业大省、生态大省,具有显著的生态优势。目前,湖北省在发展循环经济、探索与建设生态示范省和"两型"社会上都处于全国的领先位置。同时,湖北长江经济带发展仍面临诸多亟待解决的困难和问题,主要是水质型缺水问题、土地资源承载力问题日益突出、产业转型升级任务艰巨等。这些困难和问题也给湖北省自然资源空间布局进一步展开和优化带来了新的挑战。

(一)水质型缺水问题严重

随着经济社会的高速发展和城镇化进程的不断加快,湖北省对水资源的需求也日益增加。同时,长江经济带水体污染问题在工业化和城镇化快速发展的进程中也较为严重,生活污水和生产污水排放总量持续偏高,水体污染带来的水质下降显著,可用水资源日益减少,水资源供需矛盾日益突出,由此导致的湖北省水质型缺水问题也日益严重,也对湖北省经济社会发展产生了不利的影响,因此,合理配置区域水资源,调整经济结构,节约和集约利用水资源,严格污水排放,提高水资源利用效率和污水处理能力是湖北省经济社会发展中必须优先解决的问题。

（二）土地资源承载力问题日益突出

作为全国人口十大省份之一，湖北省人口基数较为庞大，在传统的发展方式影响下，湖北省土地利用效率不足、产出率低和可用土地资源日益减少及土地城镇化和人口城镇化对土地需求不断增加的矛盾进一步加剧，土地资源禀赋不足的特征较为显著。此外，省内各市因经济发展水平的差异，土地资源利用效率和配置水平的差异较大，土地资源承载力明显下降。优化人口空间布局，提高土地的开发利用效率和质量，优化区域资源配置已成为湖北省当前各级政府的重要任务。

（三）产业转型升级任务艰巨

国家依托长江黄金水道，推动长江经济带发展的重大战略任务其目的是要打造世界级产业集群。这对长江经济带产业转型、升级也提出了新的要求。湖北传统产业分布较密集，多是资源消耗型的重化工企业，经济发展新常态下，去产能、去库存必然对传统产业形成较大冲击，湖北省产业转型升级任务艰巨。同时，湖北省高新技术产业等新兴产业发展尚未形成规模。湖北省加快产业转型升级、优化产业结构和经济结构任务重、时间紧、压力大。

四、新旧动能转换的挑战

近年来，随着我国调结构、转方式的不断推进和力度的不断加大，我国经济进入了以中高速增长为主要特征的新的发展时期。转换新旧动能，着力提高发展的质量和水平，促进经济社会实现可持续发展已成为我国的必然选择，而旧动能具有大目标 GDP 增速、大规模要素粗放投入、大规模模仿跟踪复制等特征。其主要包括规模速度型目标导向、传统低端产业发展、GDP 导向制度引领等内容。新动能具有新制度、新要素、新产业形态、新主题等表现形式，其主要包括创新性主体支撑、可持续制度引领、质量效益型目标导向、新兴高端产业发展等内容。新旧动能转换是指推动中低端产业形态向中高端产业形态转换，推动旧主体向新主体转换，推动规模速度型目标导向向质量效益型目标导向转换，由低端要素粗放投入向高级要素集约投入转化。

近年来，湖北省促进新旧动能转换、强化科技创新、加快现代服务业发展等一系列政策措施陆续出台，一大批重大产业项目陆续落户，为湖北增添了发展后劲、创造了发展优势。资料表明，湖北省 2018 上半年实现地区生产总值 17958.17 亿元，按可比价格计算，增长 7.8%，比全国生产总值增长速率快 1.0 个百分点，实行了湖北经济存量、增量的同步增强，而新旧动能转换也呈现出了加快的态势，但是，不容忽视的是全省高技术制造业占比偏低的现状尚未得到根本的突破。

当前，湖北省正处于培育经济发展新动能的关键阶段，如何做好淘汰落后产能的"减法"，狠抓重点项目建设的"加法"，旧产能平稳下降，新动能稳定增长，湖北面临着较大的挑战。在新的时代，湖北省仍需进一步探索出推进新旧动能接续转换的湖北路径，依据湖北资源优势，政府大力鼓励扶持传统企业优化升级，支持新形态产业快速发展，实现新旧动能平稳转换，为湖北省产业优化和升级创造条件。

第三节　新时代给湖北省自然资源空间布局带来的机遇

新时代下，湖北省自然资源空间布局迎来了前所未有的发展机遇。湖北省应抓牢时代发展机遇，学习贯彻十九大精神提出的加快建设安全、绿色、高效、法治、和谐的"五个美丽国土"目标，立足湖北省的实际情况，科学适度有序地配置自然资源，重视强化自然资源保护，全面促进资源节约集约利用，大力推进湖北省绿色自然资源发展，进一步优化湖北省自然资源空间布局，开创湖北省自然资源管理新境界。

一、绿色发展的机遇

湖北省生物资源丰富，森林覆盖率高，具有绿色发展的条件和基础。作为我国最具绿色发展条件的区域之一，湖北省坐拥国家"两型"社会建设改革试验区、三峡工程坝区所在地和南水北调中线工程水源区，生态大省的地位举足轻重，具有充足的绿色发展动力。新时代下，随着长江经济带国家战略的顺利实施，以湖北为中心的长江中部地区的重要性十分突出，这为湖北省迎来了历史性的绿色发展机遇。

（一）湖北省规划引领，重视绿色考核，为绿色发展留足发展空间

湖北省重视规划引领，在源头上牢固树立生态优先的"规矩"，搭建出了"1+5+N"的规划体系，先后编制并实施了《湖北长江经济带生态保护和绿色发展总体规划》及相关的绿色宜居城镇建设等5部专项规划，规划引领湖北省严格守好环境质量底线、生态保护红线及资源消耗上限。湖北省现已建立了绿色GDP考评体系，将生态环境保护等列入核心指标；率先将乡镇划分为三类功能区，即"优先发展区""重点发展区"和"限制发展区"，并分别对这三类功能区进行考核，不再仅仅关注GDP。全省坚持在环境资源承载能力之内开展各项开发活动，为湖北省的可持续发展留足了发展空间。

（二）生态农业、创意农业、循环农业发展潜力巨大

作为农业大省，自2015年以来，湖北省大力建设高标准农田，推进长江经济带绿色发展，深入实施国土整治项目，大力改善灌溉条件，提高土地的产出率，现已初步实现了耕地数量和质量的双提升，在推进土地资源供给侧结构性改革方面初见成效。新时代下，湖北省土地利用正逐渐以存量为主，向发展质量提升方向转变，大力推动了湖北省生态农业、创意农业、循环农业的快速发展。未来湖北的生态农业、创意农业、循环农业发展潜力和空间巨大，也为湖北省农业从传统农业向现代农业转变创造了条件。

（三）借助长江大保护，优化产业布局

在国家将长江经济带发展战略上升为国家战略的过程中，湖北省正在按照国家的总体部署，积极落实"共抓大保护、不搞大开发"要求，严格把握"三条控制线"，重点推进了一批重大生态修复和重大技改项目，如2017年开始实施为期三年的"万企万亿技改工程"，力争3年内实现全省规模以上工业企业技术改造全覆盖，投资达到万亿元以上，推动湖北工业高质量发展。推进以国家存储器基地、华星光电为代表的一大批重点项目，将绿色产业的发展底盘进一步夯实。同时，倒逼传统制造业绿色改造和发展，严格淘汰一批落后产能与污染企业，对重化工及造纸项目的布局进行严格控制，现有的134家化工企业将全部关停或搬离。新时代下，湖北省全面优化产业布局，吸引了众多高新技术企业来湖北投资发展，湖北绿色循环低碳产业快速发展。目前，长江经济带的生态环境保护和修复工作已取得积极进展，而区域产业布局和优化工作也正在有序推进。

（四）探索湖北绿色发展新路，形成新的经济增长点，增强"绿色市场"活力

湖北省在全面修复生态系统的同时，积极探索绿色发展新道路，结合湖北区域特色，发挥湖北农耕、水乡文化的文化优势，大力发展特色旅游，建设休闲观光农业，致力于实现旅游产业新突破，形成新的经济增长点。试点探路，试点打造武汉青山区为湖北省首个长江经济带生态文明示范区，为全省的绿色发展探明了新的道路；试点示范，先后试点建设黄石、十堰、荆州、宜昌等国家生态文明先行示范区，荆门、潜江、枝江等国家循环经济示范城市及神农架等国家公园体制试点，积极探索湖北绿色发展道路；绿色矿山建设试点取得了重要进展，湖北省大力建设国家级绿色矿山，探索形成一批煤炭资源绿色开采新模式、金属矿山资源高效综合利用新模式、化工及建材非金属矿山绿色发展新模式；积极推进碳

市场的有序发展。目前,湖北省的碳排放权交易数量与交易金额均位居全国第一,碳市场发展绿色动力十足。

(五)发挥江海联运优势,打造黄金水道

依托长江,打造黄金经济走廊,长江经济带绿色发展的"十大战略性举措"与长江大保护的"十大标志性战役"已在湖北省全面推进,湖北省坚持绿色发展,充分发挥江海联运优势,将湖北长江经济带积极建设为生态优先、绿色发展的黄金经济带。在政府的主导下,武汉至安庆的 6 m 水深航道整治工程能够直接送到武汉万吨巨轮;湖北通江达海的能力将通过沿江高铁的建设而进一步全面提升。湖北现已具备水、陆、港、岸、产、城等联动发展新优势,黄金水道的新机遇为湖北提供了广阔的发展空间。

二、结构调整的机遇

新的时代,我国社会主要矛盾发生重大变化,对经济发展提出了更高质量的要求,农业要朝着绿色健康的方向发展,工业要向精密、精良的方向发展,文化产品要向精品方向发展,进一步提升经济发展质量和效益,全面贯彻落实结构调整。新时代为湖北省产业结构调整营造了良好的发展空间。

(一)绿色转型,产业结构调整新机遇

较之于全国,湖北省的产业结构中,第一产业比重较高,传统农业结构仍较为明显,农业现代化水平不高;第二产业比重适中,重化工企业占比较高,高新技术企业占比低;第三产业比重有待提高,且零售、批发等传统第三产业占比高,金融、信息服务等新兴服务业占比低。新时代下,绿色发展要求湖北省亟须调整优化产业结构,将发展重点从污染大、能耗高的重工业行业转向能耗低、污染小的低碳行业,调整三大产业结构为"三二一"型,即以第一产业为基础,第二产业为辅助,重点发展第三产业;大力发展集约型第一产业新兴服务行业,提高农业生产效率;调整第二产业内部结构,推动引导传统产业改造升级,扶持发展节能低碳环保企业;重视创新性人才培养,大力发展新型服务行业。湖北省大力发展绿色循环低碳经济,有助于产业结构调整优化,增强绿色发展动力,开创湖北省自然资源管理新境界。

(二)乡村振兴战略推进农业供给侧结构性改革的机遇

目前,我国农业、农村的发展已进入了新的历史阶段,农业的主要矛盾发生了根本性的变化,即由总量不足的矛盾转变为结构性矛盾。湖北省作为我国农业

大省之一，农产品总产量高、规模大，但其附加值低，品牌少，大而不强的问题较为突出。新时代下，湖北切实落实乡村振兴战略，以2018"农业质量年"为契机，进一步推进农业供给侧结构性改革，高度重视调优产品结构，优化区域布局结构，加快农业科技创新，坚持走绿色健康的现代化农业发展道路，推进农村三大产业融合发展，加速构建"互联网＋现代农业"现代农业产业体系，按照规模化、集约化和专业化的要求，大力发展现代农业，推动湖北农业向高质量时代迈进，为湖北省统筹推进农业供给侧结构性改革打好坚实的基础。

（三）发展低碳经济推动能源结构调整的机遇

随着经济的高速发展及城市化进程的加快，我国生态环境保护与经济社会发展之间的矛盾日益加剧。为了保护生态环境，发展低碳经济，我国在"十三五"规划中将碳排放总量控制设置为约束性指标，严格实现污染排放总量及排放强度的双重控制。湖北作为我国中部地区的工业枢纽、经济枢纽、中部崛起战略中心，其碳排放等环境问题十分突出，高消耗、高污染的重化工企业仍是拉动湖北经济社会发展的主要动力，因而近年来，湖北省能源资源约束问题日益凸显，环境污染日益严重。发展低碳经济要求湖北省彻底转变经济增长方式，高度重视能源结构调整，大力扶持新能源清洁能源的研发，湖北省能源结构调整迎来了新的发展机遇。

三、高质量发展的机遇

在新时代下，我国的经济已由高速增长阶段转变为了高质量发展阶段。高质量发展要求我国大力提升经济发展效益与发展质量，着力解决好发展不平衡不充分的问题，对全要素生产率提出了更高要求。同时，也为湖北省自然资源开发利用效率的提高、空间布局的进一步展开和优化带来了前所未有的时代机遇。

（一）生态高质量维护推动经济高质量发展的机遇

系统修复生态环境的过程，同时也是提升经济发展质量的过程。湖北省严格落实节约优先、保护优先、生态优先的方针，全面加强生态系统保护，湖泊湿地生态修复、生物多样性保护等9大治本工程被严格实施；现已拆除了127.54万亩围栏、网箱和围网养殖；新增加了2个国家级的保护区；投资近200亿元修复水生态系统，大梁子湖流域的区域水患已经得到破解；整治长江岸线非法码头，长江干线367座非法码头被坚决取缔，腾退岸线143km。完成整治的码头面积达$565 \times 10^4 m^2$，一批码头规范提升；积极推动湖北省山水林田湖草系统整治，加快推进美丽湖北建设，致力于以生态高质量维护推动经济高质量发展。目前，湖北省长江岸线拆除码头、腾退长江岸线，复绿岸滩工作已取得积极进展，现已转入岸线修复、日常巡查机制建立、港口建设等方面。

（二）以长江经济带发展推动高质量发展的机遇

湖北省依托国家实施长江经济带战略的优势和机遇，大力开展综合性、现代化立体交通走廊建设，着力打造长江黄金水道。长江航运条件优越，长江干线航道现已具备建成国家高等级航道标准；以水运为枢纽的多式联运系统普遍处于起步、加速发展阶段，武汉长江中游航运中心枢纽港阳逻港的进港铁路最近已投入使用，湖北省铁水、公水、江海联运基础设施逐渐完善；优惠政策条件下，众多资源逐渐向湖北聚集，众多民营企业看到长江经济带发展的商业机遇，纷纷在湖北新建港口，湖北省港口数量迅速增加。湖北省具备良好的建设综合性立体交通走廊，打造黄金水道的发展潜力，有助于推动湖北省高质量发展。当前，安庆至武汉 6 m 水深标准航道建设工作已经启动，黄石、九江、安庆等枢纽港口建设也取得了重要进展，而随着国家新一轮现代化交通基础设施建设的全面展开，长江经济带沿岸的铁水、公水、江海联运工作也在有条不紊地进行，综合性、现代化的立体交通走廊建设初具规模。这一切均标志着长江经济带的高质量发展机遇已经来临。

（三）供给侧结构性改革推动高质量发展的机遇

在新时代下，湖北省高度重视和深化自然资源供给侧结构性改革，大力开展深部找矿突行动，提高重要能源资源的供给能力，充分发挥自然资源在调控宏观经济方面的独特作用和功能，着力提高自然资源供给的效能和优化区域空间布局，科学把握自然资源供给数量、质量、结构、价格、品种、区域、力度和时序，主动引导国民经济和社会向调结构、转方式和高质量方向发展；全省大力促进"四大板块""三大战略"实施，并健全"人地挂钩"机制，合理调整城乡、产业土地利用结构，较大程度地优化了国土空间开发利用格局；土地增值收益投向"三农"力度明显加大，引导了更多资源配置投向"三农"，推动实施乡村振兴战略；利用工程性措施着力解决区域内存在的水质性缺水和时空性缺水问题，重点开展水环境和水污染防治问题，优化水资源区域和产业配置，提高水资源的开发利用效率。目前，湖北省自然资源供给侧结构性改革已取得了较大的进展，也为湖北省经济社会的高质量发展打好了发展基础。

四、创新发展的机遇

湖北省作为我国的教育、科研和创新中心，具备极为丰富的创新资源。湖北省会武汉市现已发展为全国第二大智力密集区,创新人才不断涌现,创新成果丰富,东湖自主创新示范区的综合创新实力位居全国第二位。湖北创新人才优势显著,创新资源富集,创新能力和创新发展的潜力和空间巨大。大力推进创新发展将为湖北省高质量发展提供更为坚实的基础和条件。

(一)科技革命和产业变革新机遇

近年来,湖北牢牢把握住新一轮的科技革命与产业变革的时代机遇,迅速崛起了一批新兴产业,优势产业稳步发展,逐渐步入高端。世界近一半的大跨桥梁及近六成的中国高铁均是"湖北造",湖北光纤光缆的生产规模位居全球第一,光电子产品技术已稳步走向全球,越来越多的湖北"智造"从湖北走向了世界。新时代下,湖北省迎来了新的科技革命和产业变革的新机遇,并将进一步助力湖北省的快速发展和高质量发展。

(二)共享湖北创新发展和自贸区建设新机遇

湖北自贸试验区作为我国进一步对外开放的重要平台之一,在新时代下得到快速发展,并对湖北省进一步扩大开放,提高开放水平发挥了积极的作用。结合地区特色,因地制宜地差异发展襄阳、武汉、宜昌三大自贸片区;逐步探索出了较为成熟的跨境电子商务等百余项改革的试点经验,可在更大范围内复制推广。"内陆腹地"和"开放高地"双重机遇,吸引了全球企业来湖北创新创业,提高了湖北省的开放度,推进了湖北省的开放进程。目前,湖北自贸试验区建设已取得了新的进展。它的建设不仅可为湖北省的对外开放提供重要的平台,帮助更多的企业走向国际市场提供舞台,提高企业的市场竞争力,为区域经济发展提高动力,也为共享湖北创新发展提供了新的发展机遇。

(三)"三深一土"自然资源科技创新发展新机遇

自然资源科技创新"三深一土"战略的实施大力地推动了湖北搭建自然资源科技创新平台,实施自然资源科技创新的进程。随着经济的高速发展,我国的石油、天然气等能源资源消耗巨大,资源不足问题成为新时代亟须解决的新问题。探究发现,我国待开发能源资源一半以上蕴藏在陆地深部和深海空间,能源资源的探采开发还有巨大发展空间。新时代下,湖北省可借助科技创新发展新机遇,继续开展深部找矿突破行动,深入开展深地探测,勘查深部地热资源,加强深层石油、天然气能源资源等重要、短缺矿产资源的勘查及开发利用工作,提高重要矿产资源的供给能力;加强空间资源调查,科学规划地上和地下空间,充分利用和合理开发城市地下空间资源,提高城市土地开发利用效率;发挥湖北省深空开发的技术、人才、学科和科研优势,集中力量和优势,联合攻关,重点开展深空对地观测,着力取得一批新成果,为自然资源事业提供种类丰富、数据可靠的卫星数据保障;加强耕地资源保护,通过休耕、土壤污染治理,提高土地质量。新时代下,湖北要高度重视培育创新型人才,加快全面推进自然资源科技创新,抓牢"三深一土"自然资源的科技创新发展机遇,致力于探索出从人才强、科技强到产业强、经济强的湖北发展新路径,为湖北自然资源事业提供永续创新发展的动力。

五、共享发展的机遇

在新时代下,长江经济带发展与"一带一路"倡议两大具有国际影响的"世纪工程",使得湖北迎来了前所未有的共享发展新机遇。此外,中国(湖北)自由贸易试验区新建成立,大力推动湖北建成开放新高地,拥抱开放新时代。新时代,湖北具备了共享发展的时代机遇,有力推进更高层次的产业合作,加速湖北省产业结构优化升级,整合资源,优化自然资源空间布局。

(一)共建长江经济带的共享发展机遇

在新时代下,湖北抢抓国家实施长江经济带战略的机遇,统筹推进纳入本省长江经济带规划的277项重大项目,形成清单管理、滚动推进机制;该项目涉及长江汉江水生态保护、长江中游深水航道整治、三峡枢纽综合立体运输体系、武汉长江中游航运中心、三峡城市群和汉江城市建设、长江银行和汉江中小企业银行筹建等,有力推动湖北省产业转型升级,推进全流域绿色协调发展。九省二市相关城市共建长江经济带,共同深化长江流域园区与产业合作,有助于湖北省构筑对内对外双向开放、内资外资集聚辐射的长江经济带产业合作平台的同时,有助于升级湖北传统产业结构,大力发展现代服务业,为优化自然资源空间布局打好坚实基础。

(二)"一带一路"倡议推动湖北由内陆腹地走向开放前沿的共享发展新机遇

自国家"一带一路"倡议提出后,湖北积极响应,紧紧抓住共享发展的时代机遇,研究制订了湖北省参与建设"一带一路"的实施方案及"一带一路"专项规划,更宽领域地推进扩大开放,打造最优营商环境,搭建更好合作平台,推进更高层次的产业合作,吸引全球投资者来湖北投资发展,共享时代发展机遇,共享湖北发展成果。目前,湖北省已与世界160多个国家和地区建立了经贸往来关系,与"一带一路"沿线国家和地区缔结友好城市达28对;中欧班列(武汉)

15条常态化运营路线途经28个国家,2016年全年开行234列,发运21630标箱,同比增长45%,累计货运总量稳居全国前四;截至2018年4月底,湖北企业在"一带一路"有一定规模的国际产能合作项目达90个,总金额近300亿美元;湖北省规划和建设的境外产业园达到8个;14 300多家外资企业落户湖北,总投资额达420多亿美元。搭上新丝绸之路快车的湖北,开放之路将越走越宽,产业结构优化升级的步伐加快,区域合作创新能力加强,对外开放的共享发展潜力巨大。

(三)中国(湖北)自由贸易试验区建成,打造开放新高地的共享发展新机遇

新时代下,为了加快推进中部崛起、全面深化改革、扩大对外开放,党中央、国务院做出了建立中国(湖北)自由贸易试验区的重大决策。中国(湖北)自由贸易试验区于2018年4月1日起挂牌运行,实施范围覆盖了119.96 km^2,所涵盖的片区包括武汉、襄阳、宜昌;武汉片区重点发展国际商贸、新一代信息技术、信息服务等现代服务业;襄阳片区重点发展高端装备制造、新能源汽车等产业;宜昌片区重点发展先进制造、生物医药、电子商务等现代服务业。在未来3~5年试验期内,中国(湖北)自由贸易试验区将按照"开放先导、创新驱动、绿色引领、产业集聚"的总体思路,立足中部、辐射全国、走向世界,打造湖北开放新高地,有力地推动湖北产业结构优化升级,资源进一步得到整合,自然资源空间布局开始优化。目前,中国(湖北)自由贸易试验区正进一步落实国家的要求,各项建设工作也正顺利推进,其对湖北省经济社会发展的引领和推进湖北省进一步对外开放的作用已开始显现。

第六章

湖北省自然资源空间布局优化

自然资源空间布局优化既是经济社会发展的需要,也是高质量发展的根本要求。湖北省自然资源丰富,但在新时代,自然资源空间布局优化仍然有较大的空间。为此,本章将通过对湖北省自然资源空间布局优化思路、优化目标的确立,重点探讨湖北省自然资源空间布局优化方向、优化重点、优化领域和优化区域。通过自然资源区域配置结构的调整,切实提高湖北省自然资源开发利用的效率,为湖北省自然资源空间布局优化指明方向。

第一节　湖北省自然资源空间布局优化思路

湖北省作为自然资源大省，在经济社会快速发展过程中自然资源的支撑作用得到了充分的体现，但自然资源开发利用过程中仍然存在许多的不足，需要对其空间布局问题进行重新审视，并实现调整和优化。为此，本节将在确立自然资源空间布局优化原则的基础上，重点探讨湖北省自然资源空间布局优化的思路。

一、自然资源空间布局优化原则

根据湖北省经济社会发展的特点和新时代的要求，湖北省自然资源空间布局优化必须遵循以下六项原则。

（一）定期勘查，确保供给资源

加强供给侧结构性改革是湖北省乃至全国所有产业的发展要求，所以本着找到合适满意高质量的资源为着眼点，从深入探寻矿产资源区带规划中的重点项目，除了实地考察，更首先把控已有书面评估调查资料，重点发掘与挖掘需求较大但供给紧张乃至不足的矿产资源，维持相应战略储备，在找矿的艰辛过程中不忘保证量与质共赢。当然，这种找矿是有针对性有计划性的，也就是说，在这一过程中，保护生态环境，维护矿区保有量也是关键的，对现有可开采矿产要提高提炼和利用效率，保障合理开发，这才能对湖北省自然资源和经济社会可持续性做出卓越的贡献。

（二）改革转型，促进创新

不仅对于矿产资源开采和利用流程需要改革和创新，行政方面更是格外需要创新行政管理方式，在资源管理的一些主要和利益冲突高发领域重点改革，改革其治理模式，升级其流程体系，从而让看不见的手发挥效应和价值。总体在转向新模式的作用下促进创新，这也是对资源供应的保证。

（三）调整分布结构，协同共生

推动自然资源开发与区域经济发展、产业转型升级、资源环境保护、城镇体系建设相协调，实行自然资源种类、区域差别化管理，统筹安排自然资源勘查开发利用布局与时序，形成协调有序的自然资源开发利用与保护新格局。与主体功能区规划、生态功能区划、土地利用规划、矿产资源开发利用规划、水资源开发利用规划、城乡总体规划等相衔接，实现多规融合。

（四）节约先行，保护中开发

所谓节约先行，就是在发掘利用资源矿产的时候更注重保护，在保护中发展，促进发展与保护相统一。坚持这种介于意识，就是既不能忘记开源又要节流，要加大技术研发以提高利用转化效率，用最大努力把能耗效率降低到最低。全民都应该树立这种资源节约观念，这才能在观念上把保护中开发的意识树立起来，才能在实践中把它落到实处，绿色发展才不是一纸空谈。

（五）互通有无，合作并行

要充分利用"两种资源、两个市场"的发展优势，在国内发展陷入瓶颈的时期不气馁不焦虑，拓展矿业国际合作，培育在国外的产业合作项目，加强资源供给稳定化与多元化。同时及时汲取国外管理模式、人才技术优势特长，洋为中用，在与国外互通有无的过程中促进开采、投资、发展安全可靠，前途可期。

（六）以百姓切身利益为重

发挥资源优势，而且重点是把最困难地区的双手解放出来，主导革命老区、民族地区、集中连片贫困地区安排自然资源勘查开发利用项目，帮助他们找到脱贫致富的新途径与新方案。完善资源所得良性循环与合理分配机制，以百姓切身利益为重，矿产开发区做到资源开发本地百姓共享，形成"资源和谐，科学发展"的良好态势。

二、自然资源空间布局优化思路

全面贯彻和落实党的十八大、十九大精神和习近平新时代中国特色社会主义思想，坚持最严格的耕地保护制度和节约集约利用自然资源制度，以自然资源节约集约示范省创建工作为统领，优化自然资源开发利用与保护格局，提升自然资源利用质量和效益，优化自然资源空间布局，创新管理体制机制，为推动湖北"建成支点、走在前列"进程，在中部地区率先全面建成小康社会提供可靠的资源保障。

第二节　湖北省自然资源空间布局优化目标

优化湖北省自然资源空间布局是新时代的要求，也是湖北省贯彻和落实"五大发展理念"，走绿色发展和高质量发展道路，实现自然和社会和谐发展的重要途径。为此，必须制定与湖北省经济社会发展相适应的自然资源开发利用空间布局优化目标，以提高自然资源管理主动适应国民经济和社会发展对自然资源需要的能力。

一、总体目标

根据湖北省自然资源和经济社会发展现状，适应新时代的要求，湖北省自然资源空间布局优化的总体目标为：基本建立安全、稳定、经济的自然资源保障体系，基本形成节约高效、环境友好、矿地和谐的绿色矿业发展模式，强化产业区域化、集团化布局，基本建成统一开放、竞争有序、富有活力的现代矿业市场体系，显著提升矿业发展的质量和效益，塑造绿色矿业发展新格局。紧紧围绕长江经济带战略和"两圈一带一群"的区域发展战略，以科学发展观为统领，按照建设资源节约型和环境友好型社会的要求，坚持保障与保护并举、节约与集约并重的土地利用方针，转变土地利用方式和管理方式，保护好耕地和基本农田，维护国家粮食安全；协调好土地利用与生态环境建设，构建环境优美、人与自然和谐发展的绿色家园；加强区域、城乡、产业和地上与地下土地资源空间优化配置，保障国民经济和社会发展的需要。以提高水资源开发利用效率为基础，通过工程性、市场和政策性等措施全面配置和优化区域、城乡和产业水资源，实现由工程管理向水资源管理方向转变，为全面建设小康社会提供有力的水资源支持和保障。

二、阶段目标

由于自然资源种类的多样性和禀赋的差异性，每种资源的发展目标也存在不同，湖北省矿产资源、土地资源和水资源开发利用也存在不同的阶段目标。

（一）矿产资源空间布局优化阶段目标

根据湖北省的实际，湖北省矿产资源空间布局优化的阶段目标为：
（1）地质服务和资源保障能力显著提高。地质工作服务范围由原先的仅地质层面上升和拓展到农业现代化领域、新型城镇化、生态旅游、生态保护和精准扶贫等。同时，大大提升自身保护中找矿能力在资源勘探、矿业评估、产能评价锐意进取，力争在21世纪第二个十年新发现1个千亿方级页岩气田，新发现矿产地50～70个（大中型10～20个）（表6-1），提高资源的接续能力。

表6-1 湖北省矿产资源规划主要指标表

类型		指标	规划期	展望期	属性
矿产资源勘查	公益性地质调查	1:5万区域地质调查/km²	37 307	31 400	预期性
		1:5万矿产远景调查/km²	40 425	51 480	
		矿产资源调查评价/km²	86 755	99 000	
		新发现大中型矿产地/处	10	15	
	新增查明资源储量	页岩气/10^{11} m³	1	1.25	
		铁（矿石）/10^4 t	5 000	5 000	
		锰（矿石）/10^4 t	500	600	
		铜（金属）/10^4 t	80	100	
		铅锌（金属）/10^4 t	80	100	
		金（金属）/t	50	60	
		铌（Nb_2O_5）/10^4 t	100	120	
		锂（LiCl）/10^4 t	10	12	
		晶质石墨（矿物）/10^4 t	120	150	
		磷（矿石）/10^8 t	5	5	
		钾盐（KCl）/10^4 t	60	70	
矿产资源开发利用保护	重要矿种年开采总量	铁（矿石）/10^4 t	900	1000	
		锰（矿石）/10^4 t	70	90	
		铜（矿石）/10^4 t	700	700	
		金（矿石）/10^4 t	250	300	
		岩盐（矿石）/10^4 t	800	900	
		石膏（矿石）/10^4 t	250	300	
		水泥用灰岩（矿石）/10^4 t	5 500	6 000	
		饰面用石材（矿石）/10^4 m³	3 000	4 000	
		钨矿（精矿）/t	300	300	约束性
		磷（矿石/标矿）/10^4 t	2 200	2 300	
	矿业转型与绿色发展	矿山总数	2 200	2 000	预期性
		大中型矿山比例/%	10	12	
		矿山"三率"水平达标率/%	80	85	
		历史遗留矿山地质环境治理恢复面积/km²	40.49		约束性
		"三区两线"矿山复绿面积/km²	30.48		
		历史遗留损毁土地复垦面积/km²	75		

数据来源：湖北省矿产资源总体规划（2016～2020年）

(2）开采总量和矿业经济得到有效调控。矿产资源开采总量得到有效调控，在开发利用格局上得到充分提升。重点建设9个重要的矿产资源产业基地，资源供应能力进一步增强，矿业经济的支撑作用更加强大。预计到2020年，铁、锰、铜、金、饰面用石材等矿石年产量将分别达到$900×10^4$ t、$60×10^4$ t、$600×10^4$ t、$280×10^4$ t、$3\,000×10^4$ m^3；磷矿、盐矿、石膏、水泥用灰岩等矿石产量分别控制在$2\,200×10^4$ t（标矿）、$800×10^4$ t、$280×10^4$ t、$8\,800×10^4$ t；采矿业产值将达到4900亿元，年均增长8%；矿产品加工业产值将达到24000亿元，年均增长40%，基本满足国民经济和社会发展的需要。

（3）矿业升级转型初见成效。矿产资源开发利用结构更加合理，矿山集约化程度不断提高，节约与综合利用水平显著提升。所有矿山都能够达到绿色矿山标准，预计到2020年，全省矿山将减少到2000家，大中型矿山比例将控制到9%左右，主要矿产资源回采率、选矿回收率、综合利用率将提高4~6个百分点，矿山"三率"水平达标率将达到90%。这种成绩在全国也是名列前茅。

（4）矿山生态合理开发后治理。通过对开采区水文地质详尽采样考察，编制开采区相关资源节约与开采开发的规划；通过制度建设与政策支持，形成开采区生态保护良性局面；同时进行开采区生态植被恢复和开采区继续的保护中开采，两手并重，确保用最高效的速度完成损毁土地全面复垦。历史遗留矿山地质环境治理恢复面积39.58 km^2、"三区两线"矿山复绿面积29.62 km^2和历史遗留损毁矿区土地复垦面积80 km^2，初步建成开采区植被恢复与土地复垦长效机制。

（5）强化矿产资源管理与服务。健全矿产资源产权制度，调整与完善矿产资源有偿使用和利益分配制度，规范矿业权交易和中介服务机制，全面形成湖北省矿产资源现代市场体系。深化矿业权审批改革，建立健全多角度的矿产资源勘查开发监管网络与资源服务共享制度。

（二）土地资源空间布局优化的阶段目标

根据《全国土地利用总体规划纲要（2006~2020年）》，结合湖北省经济社会发展的实际，为促进湖北省经济社会又好又快发展，湖北省土地资源开发利用空间布局优化阶段性目标为：

（1）有效保护耕地和基本农田占地面积不动摇。预计到2020年，确保全省耕地保有量不低于$464.24×10^4$ hm^2，新增建设占用耕地规模将控制在$26.24×10^4$ hm^2以内。到2020年，确保$484.44×10^4$ hm^2基本农田数量不减少、用途不改变、质量有提高。

（2）优化土地利用结构与布局。合理分配城乡、区域和产业用地面积与规模，促进城市和区域农用地和城市用地无缝对接。适度开发未利用土地，提高农业垦殖率使用强度。到2020年,全省农用地面积预期为 $2484.96\times10^4hm^2$,土地农业垦殖率预期为59.84%;建设用地面积预期为 $266.52\times10^4hm^2$,国土开发利用强度为8.48%;未利用地面积预期为 $229.22\times10^4hm^2$。该面积占湖北省全省土地面积比例为22.59%。

(3)各项公共的建设用地得到有效保障。提高交通、水利、城市公共用地水平和规模,预计到2020年,新增建设用地 $24.28\times10^4hm^2$。其中,新增城镇工矿用地 $24.49\times10^4hm^2$,新增农村居民点用地 $2.6\times10^4hm^2$,新增交通、水利及其他用地 $8.29\times10^4hm^2$。

(4)提升建设用地节约集约的程度。加强对闲置及低效建设用地整治,提高建设用地的容积率和经济产出率。预计到2020年,农村建设用地整治将达到 $4.26\times10^4hm^2$,复垦废弃工矿地 $262\times10^4hm^2$;新增建设用地固定资产投资强度年均提高9.4%以上,建设用地平均在工业和服务业的产值年均提高9.6%以上;人均城镇工矿用地将控制在 $204\ m^2$ 以内。切实提高城镇公共用地规模。

(5)高产农田建设和土地整理复垦开发得到全面推进。农用地利用规模化、集约化、产业化不断推进,产出效益显著提高。预计到2020年,全省高产基本农田建设将达到 $133.33\times10^4hm^2$(2000万亩);土地整理复垦开发补充耕地面积不低于 $26.24\times10^4hm^2$。耕地面积实现占补动态平衡。

(6)土地生态环境得到明显改善。土地生态结构和空间布局更趋合理,森林生态系统、湿地生态系统和荒漠化生态系统得到有效保护,农用地特别是耕地水土流失和污染得到控制和治理,全省生态环境得到明显改善。预计到2020年,治理水土流失面积 $290.0\times10^4hm^2$,治理石漠化土地面积 $26\times10^4hm^2$,湿地保护面积将达到 $246.64\times10^4hm^2$;全省森林覆盖率将达到40%以上。

(三)水资源空间布局优化的阶段目标

根据湖北省的实际,湖北省水资源空间布局优化的阶段目标为:

(1)减少洪水之际的人财灾害。湖北省水资源空间布局优化首先投入使用的就是长江和汉江防洪工程,这套体系的形成标志着湖北省减少洪水之际的人财灾害能力的提升与机制的落实;同时为了减少发洪水时水泄不通、形成堰塞湖等相应滞留局面,需要对蓄滞洪区加强建设与管理,使用频率高的蓄滞洪区也要保障发生险情时可以正常运用,而不是到时大规模搬迁居民;病险水库除险加固,现水库全部达到一类标准,全省水库病险率控制在2.9%以内;基本去除堤坝白蚁灾害;新增除涝面积 $2.89\times10^4hm^2$,改善除涝面积 $12.98\times10^4hm^2$,平原湖区除涝能力也要至少达到设计标准;重要中等城市要能够有抗击30~50年一遇洪水的基本实力;利用山洪灾害预警体系切实增强山洪的相应防治水平。提高湖北省主要水域支流及防洪风险管控，完善水发灾害管控及影响评估机制；因地制宜制定每个主要水域洪水风险预案，建立健全全社会洪水灾害风险管理和对应服务体系。

（2）供水。基本完成大型灌区骨干工程续建配套和节水改造任务，恢复、改善灌溉面积 $32\times10^4\,hm^2$，这是要保障灌溉实际规模与居民迫切需要的粮食供给相平衡，确保粮食安全与稳定。即便是几十年一遇的干旱年份也要能保证足量灌溉用水到达农田。新增乡镇年供水能力 $200\times10^4\,m^3$，接力保证城镇居民干旱年份基本用水规模。树立全社会的节水意识，向全社会灌输节水型社会优势和好处，并对它进行推广，探索全民节水型社会管理制度，形成以市场为导向的节水机制以控制浪费水的现象。

（3）农村饮水安全。疫区改水全部完成；农村安全饮水新增 1 598.07 万人口，农村自来水普及率达到 58%。

（4）节水。新增节水工程灌溉范围达到 $35.42\times10^4\,hm^2$，全省灌溉水有效利用率也对应提高到 0.51。全省工业水资源循环重复利用率达到 64%左右。

（5）建设与利用中小水电站。增加水电装机容量 $198\times10^4\,kW$；发展电力供能生态装机容量 $10\times10^4\,kW$，基本解决 40 万人的代燃料供电问题；完成同网同价的农网改造工程；保证农村水电电气化工程继续建设，完成建设 25 个农村水电县市。

（6）水资源保护。重要水源地面源污染防控使用最大力度可利用资源，饮用水水源区水质百分之百达标。主要江河湖泊水功能区水质达标率达到 90%以上；城市现有水面得到有效控制和保护。完成湖北省内主要中河域湖域分配用水方案，实行水资源总量控制和定额管理相结合组织形式；完善水源地保护，在保护中对水资源进行利用。

（7）水土保持生态建设。在水土严重流失致使泥沙淤积的地方，完成水土流失综合治理达到 $7948\,km^2$，新增预防保护面积 $15\,987\,km^2$，使得进入干流的泥沙有效减少；全面开展长江和汉江等江河生态环境治理和绿化建设，并形成生态廊道，助力绿色发展；新建和管理水土保持监测系统，最好是能够保证定期公布本地区水土流失实时监测信息，让全社会加强监督，从而转化为控制水土、保持水土的一种动力；加强水域新老开发项目的监察强度，严格控制人为水土流失。

（8）水利血防。按照国家提出的水利血防模式总目标，结合湖北省经济和生态发展情况与需求全面落实血防要求和任务。

第三节　湖北省自然资源空间布局优化方向

自然资源空间布局优化是新时代的要求，也是湖北省经济社会发展的重要选择。其优化的一个重要方面就是优化的方向问题。

一、空间布局结构优化方向

根据湖北省资源禀赋状况和经济社会发展实际,湖北省自然资源空间布局结构优化方向如下:

(一)加强自然资源开采开发技术创新,提高利用效率

加大鄂东南自然资源深部和外围的勘查开发力度,稳定大中型资源区的供应能力。严格鄂西地区资源勘查开发的准入条件,有效保护潜在优势资源和脆弱生态环境。推动宜昌长阳、恩施鹤峰等地区资源勘查开发,注重矿产资源等开发的环境问题。在解决环保问题前,严格控制自然资源的勘查开发,加大自然资源的回收技术攻关研究,提高资源的利用效率,实现资源的综合利用。

(二)鼓励自然资源开发的科学性

重点寻找类似大冶、黄石阳新地区等资源型城市,在保证现有资源稳定供给的同时,加强规模化产业集群,便于开采和利用的高效性和科学性。大力培育鄂西地区资源勘查与评估能力,争取能发现大中型资源贮藏区域。通过不同水平企业兼并、重组和资源整合,形成具有较强竞争力和综合实力的资源型企业集团。

二、区域布局优化方向

根据湖北省的实际,湖北省区域自然资源空间布局优化方向如下:

(一)矿产资源区域布局优化方向

根据湖北自然资源布局特色、开采开发状况与承载现状能力,因地制宜地抓住湖北省经济社会现实情况和东、南、西、北、中、西南、东北、西北八大片区实地情况与分布结构来进行相应优化。

1. 湖北省东部地区(黄石、鄂州)

在保障铜、铁、金生产能力稳定的同时,促进深地探测稳步推进,推动共伴生矿产相应回收和尾矿资源研发利用创新,打造属于湖北省特有的鄂东贵金属精深加工基地;同时还要积极推动新兴非金属矿产开发,使得特色非金属矿发展也能够不断升级与壮大。生态优先,绿色发展,就正是要大力建设环境保护和资源节约型的绿色矿业发展示范先行区,使资源枯竭型城市能力强化,实力凸显,最终转型成功。

2. 湖北省南部地区（咸宁）

加强火山岩盆地的铁铜多金属矿和通城、九宫山一带花岗岩体及其周缘的金、钨和"三稀"资源综合勘查，开展蛇屋山金矿外围及深部找矿，增加矿山后备资源储量；地热资源是一种可以开采和大力推广利用的新型能源资源，要发挥优势，发展特色温泉旅游项目，积极助推幕阜山连片特困地区精准扶贫。

3. 湖北省西部地区（宜昌、荆门、保康、南漳、神农架）

对于现在要求新设的磷矿开采项目，要提高标准，严格控制。对新开展的技术创新要加强激励与扶持，对于中低品位磷矿要合理开采，加强精细磷化工产业链延伸，促进湖北磷化工产业转型升级及循环示范区建设；在冶炼技术创新上，加强高磷铁矿、银钒矿选冶加工是必要的，同时适度扩大饰面石材、玻璃用砂岩的开发开采利用规模；充分发挥宜昌石墨资源丰裕的地域性，可以对石墨深加工，研制新型深加工系列产品，扩大本地优质石墨开发加工地域影响力；对岩溶石山地下水要加强实地科学勘查，缓解困扰当地的水资源短缺状况。另外，对于神农架林区、三峡库区和长江沿岸矿产开发要加以严格限制和保护，这也是对子孙后代负责。

4. 湖北省西南地区（恩施）

天然气或页岩气是鄂西南重点资源，对其的开采开发自然是该地区资源建设的重中之重，打造页岩气的开发开采示范区；加快超标煤矿关停并转和退出工作；开展铜、铅锌、锰矿及钾盐等矿产资源勘查，大力创新应用性高磷铁矿攻关研究，保护性开采菊花石等地方特色矿产，推动富硒产业创新以发展成本地特色项目。同样，需要限制和控制长江、清江沿岸矿产开发活动，保证绿色生态与水土保持。多多发展见效快、前景好的开发利用项目，并从政策上给予支持。

5. 湖北省东北地区（黄冈、大悟、安陆、孝昌等）

加强勘查相关丰裕的多金属矿产，使得磷矿开采开发水平与能力保持在稳定线上，积极推进磷精细化工产品产业链发展与延伸；政府通过行政手段石材行业规范化、集约化发展进行引导，打造中国中部石材生产地带。同时，这对麻城市城市化进程来说也是一种机遇，充分利用、运用自身实力牢牢把握自身地位是有力之举。

6. 湖北省北部地区（随州、枣阳、宜城、襄阳等）

随州—枣阳地区贵多金属、饰面石材等资源丰富，加强相关资源开采开发，并着力提高利用效率，将其建设成为石材勘查开发基地是很有希望的；同时，要加大金红石矿的选冶技术创新研发力度，使膨润土的开发利用水平得到明显的提高。

7. 湖北省西北地区（十堰、谷城、老河口等）

严守生态红线，对于丹江口水库及南水北调汇水区域内所有的矿产开发活动要严令禁止，杜绝一切水质污染及水土流失的可能。对于低品位矿石也要合理加以利用，扩大湖北银矿开采规模，对于绿松石这样的特色珍贵地方矿产要合理保护开发，加强技术创新，提高提炼效率。至于秦巴山连片特困地区，最重要的事情就是先脱贫致富，所以利用辖区现有资源优先需要部署的必须是本金投入见效快、产出收益前景好的矿产勘查开发项目，这才会对这样的贫困地区有实质性帮助。

8. 湖北省中部地区（武汉、荆州、天门、潜江、仙桃、云梦和应城等）

加快江汉盆地及周边地区的石油、天然气勘探开发工作，针对非常规油藏，加大技术创新与研发攻关力度，保证油气供应安全稳定有保障，对含钾卤水及伴生的矿产资源也强化合理利用范围下的开采开发，把潜江—荆州打造成重要的石油（气）、含钾盐卤资源开发基地。

（二）土地资源区域布局优化方向

根据不同区域的实际情况和新时代的要求，湖北省土地资源区域空间布局优化方向如下：

1. 南水北调丹江口库区"移土培肥"工程

涉及丹江口库区南水北调的区域范围大致从丹江口市到郧阳区、郧西县、张湾区、武当山特区5个县（市、区）、10个乡镇，其区域总面积6622 km²，总人口121.21万人。因为南水北调使得很多质量优良的耕地淹没，所以，这个工程就是要把这些优质的耕作层剥离转移到交通便利、海拔在162 m以上、距库岸较近的瘠薄耕园地上，而且跟着这个项目有一系列配套措施比如土地平整、农田水利建设，方可促使"保土、保水、保肥"三保田项目实施建设。粗略估算，整个项目取土面积11万亩，覆土面积21万亩，取覆土方量1620万方[①]。预计总投资22亿元，其中，移土覆土资金11亿元，配套坡改梯项目投资为11亿元。同时，新增耕地0.14×10^4 hm²（2.1万亩）。

2. 汉江中下游滩涂开发工程

该工程范围涉及十堰、襄阳、潜江等11个市（直管市），丹江口市、老河口市、

---

① 1方=1 m³

谷城县、襄州区、襄城区、樊城区、宜城市、钟祥市、沙洋等49个县（市、区）。本次开发还是本着生态优先，安全第一，合理建设，兴地富农的原则，初步调查，区域内有滩涂$22.93\times10^4\mathrm{hm}^2$（344万亩），其中，可开发利用滩涂$10.3\times10^4\mathrm{hm}^2$（154万亩），新增耕地$6.67\times10^4\mathrm{hm}^2$（100万亩），预算工程总投资40亿元。

3. 鄂西北山区坡耕地生态整理工程

该工程主要包括十堰市的竹山县、竹溪县、房县，襄阳市的保康县、南漳县、谷城县，宜昌市的远安县。主要措施包括通过坡改梯等对土地整理，改善坡耕地、梯田生态环境，排除水土流失。该工程规模$3.7\times10^4\mathrm{hm}^2$（56万亩），新增耕地$0.3\times10^4\mathrm{hm}^2$（4.6万亩）。

4. 三峡库区移民人均一亩当家田工程

该工程主要包括巴东县、秭归县、兴山县、当阳市、夷陵区、点军区、枝江市、宜都市等地区。该工程总体规模为$2.7\times10^4\mathrm{hm}^2$（34万亩），新增耕地$0.53\times10^4\mathrm{hm}^2$（8万亩）。

5. 鄂东低丘岗地改造工程

该工程主要包括黄州区、浠水县、罗田县、英山县、团风县、大悟县、新洲区、黄陂区、江夏区、阳新县、咸安区、通山县、通城县、崇阳县。通过改善坡耕地、梯田、丘陵岗地生态环境，排除水土流失，缓解生态问题。该工程总体规模$7.07\times10^4\mathrm{hm}^2$（106万亩），新增耕地$0.53\times10^4\mathrm{hm}^2$（8万亩）。

6. 鄂北岗地及汉江中游节水整地治理工程

该工程主要包括枣阳市、老河口市、襄阳市。主要是要大力推进建设农田节水工程，提高农田在干旱年份的保有产量。该工程规模$35.8\times10^4\mathrm{hm}^2$（537万亩），新增耕地$1\times10^4\mathrm{hm}^2$（15万亩）。

7. 江汉平原及汉江下游农田整理示范工程

该工程主要包括天门市、潜江市、仙桃市、嘉鱼县、监利县、石首市、江陵县、松滋市、洪湖市、汉川市等地区。其内容主要包括高标准农田建设等，该工程规模$30\times10^4\mathrm{hm}^2$（450万亩），新增耕地$0.81\times10^4\mathrm{hm}^2$（12.2万亩）。

8. 鄂东矿山土地生态环境整治工程

该工程主要包括黄石市、鄂州市。全面开展和完成废弃矿山矿坑生态复垦和环境修复工作，恢复土地孕育能力。该工程规模为 $1.3\times10^4\mathrm{hm}^2$（19.5万亩），新增耕地 $0.29\times10^4\mathrm{hm}^2$（4.4万亩）。

9. 鄂西南次高山平地整理工程

该工程主要包括恩施市、利川市、建始县、宣恩县、鹤峰县、五峰县、长阳县等地区。根据整理出的次高山平地，充分而合理地加以利用，增加农田面积，确保绿色生态建设顺利推进实施。该工程规模为 $1.11\times10^4\mathrm{hm}^2$（16.6万亩），新增耕地 $0.36\times10^4\mathrm{hm}^2$（5.4万亩）。

10. 鄂中丘陵岗地综合治理工程

该工程主要包括钟祥市、京山县、宜城市、孝昌县、安陆市、云梦县、随州市。主要措施和任务包括对中低产水田进行治理，减少水害，提高农田产出率。工程规模 $91.13\times10^4\mathrm{hm}^2$（1367万亩），新增耕地 $0.38\times10^4\mathrm{hm}^2$（5.7万亩）。

（三）水资源区域布局优化方向

根据湖北省水资源开发利用现状，水资源区域布局优化方向主要包括以下八个方面的内容。

1. 湖北省长江中下游河势控制和河道整治

长江中下游干流河道上起宜昌、下迄长江河口，全长1893 km，其中湖北段宜昌至湖口为长江中游，长约955 km，两岸长江堤防长约1500 km，是宜昌市、荆州市、武汉市、鄂州市、黄石市、黄冈市等大中城市和江汉平原重要防洪屏障。三峡水库蓄水运用后，显著改变了来水来沙条件，在长期清水下泄的作用下，迎流顶冲段岸坡将普遍变陡，崩岸强度将明显加剧，局部河段的河势将发生变化，引发新的崩岸险情和汊道分流形势变化，如不治理将对堤防安全、河势稳定、航运等带来严重影响。

2. 洪湖分蓄洪区东分块蓄洪

洪湖东分块蓄洪区位于长江中下游干流北岸，湖北省洪湖市境内，是洪湖分蓄洪区的重要组成部分。蓄洪区总面积880.49 km²，设计蓄洪水位30.48 m，蓄洪容积 $61.40\times10^8\mathrm{m}^3$。蓄洪区内现有总人口29.41万人，耕地面积40.3万亩。东分块蓄洪工程是长江中下游整体防洪的重要组成部分，是处理城陵矶地区超额洪水的一项重要工程设施。

3. 杜家台分蓄洪区蓄滞洪和安全建设

杜家台分蓄洪区位于武汉市附近汉江下游右岸与长江左岸之间的一片低洼地带，历史上曾是长江及汉江的自然洪泛区。该分蓄洪区主要由分洪道堤、北围堤、西围堤、新合垸堤、东荆河堤和长江干堤共同形成封闭圈，总面积 613.98 km²，涉及仙桃市、武汉市蔡甸区 2 个行政区。区内有 29 个围垸，耕地 45.68 万亩，人口 18.3 万人。

4. 鄂北水资源配置

鄂北地区是湖北省历史上有名的"旱包子"。近年来随着区域城镇化进程的加快，城镇供水挤占农业灌溉用水和生态环境用水现象日益严重，旱灾频繁。水资源供需矛盾已严重制约粮食生产、生态环境、经济发展和社会稳定，需要通过工程性的措施来解决区域水资源供需矛盾突出问题。

5. 碾盘山水利水电枢纽

碾盘山水利水电枢纽工程位于湖北省荆门市钟祥市境内，是汉江干流丹江口以下规划开发的第六个梯级，上距在建的雅口航电枢纽 58 km，下距建成的兴隆水利枢纽 116 km，坝址以上流域面积 14.03×10^4 km²。该工程开发任务以发电、航运为主，兼顾灌溉、供水等。

6. 汉江中下游干流河道治理

汉江中下游干流河道上起丹江口下至河口，全长 652 km，其分流河道东荆河全长 168 km。随着南水北调中线一期工程（包括汉江中下游四项治理工程）、王甫洲水利枢纽、崔家营航电枢纽等建成运行，汉江中下游河道水文情势将发生显著变化，并将引起河道冲淤演变做相应调整。丹江口至碾盘山河段河道宽阔，洲滩发育，主流摆动频繁，不利于河势稳定和两岸水土资源开发；碾盘山至泽口河段，主流摆动导致崩岸险情增多，部分涵闸引水困难，东荆河分流口进流条件恶化；泽口以下河段河床冲刷下切，水下坡比变陡，崩岸险情增多。这些变化对防洪安全、灌溉、供水、航运和河流生态等产生了一定影响，实施汉江中下游河道治理工程十分必要和迫切。

7. 四湖流域防洪排涝灌溉

四湖流域是指长江中游一级支流内荆河流域，地处长江、汉水之间，因境内有长湖、三湖、白鹭湖和洪湖四大淡水湖泊而得名。该流域三面环水，内垸水系复杂。根据流域排灌特点，该工程分为上、中、下三大排区。各区内的湖泊、排渠、河流水系相互联系，起到行洪、调蓄、排水的不同作用，最终实现整个流域内的防洪排涝灌溉综合功能，全面解决区域内的洪涝灾害问题。

8. 梁子湖水利综合治理工程

在长江中游南岸的梁子湖，位于湖北省东南部，处于武汉、黄石、鄂州、咸宁四市之间，流域面积 3 265 km^2，水面面积 328.2 km^2。梁子湖流域由众多湖泊组成，主要有梁子湖、保安湖、三山湖、鸭儿湖等。

梁子湖湖水清澈，水质优良，水草茂盛，是江汉湖群水生植被保持最完好的近郊湖泊。梁子湖水系是湖北重点保护水系，湖区内动植物资源十分丰富，是重要的水产种质资源基因库。与此同时，梁子湖流域存在湖堤、圩垸及入湖河港堤防不达标、排水港道不畅、流域外排能力不足、湖泊水质恶化、水面缩减、湿地面积逐步缩小、水生态系统面临严重威胁等问题，亟须进行治理。该工程重点是通过生态引水、污染治理和环境保护等方式修复该湖泊的生态环境问题。

第四节　湖北省自然资源空间布局优化重点

为了进一步落实湖北省自然资源开发利用空间布局优化目标，加快湖北省自然资源空间布局优化进程，本节将从总体和区域两个方面重点讨论湖北省自然资源空间布局优化重点。

一、空间布局优化重点

根据上文的优化目标要求，将就湖北省自然资源空间布局优化重点，从矿产资源、土地资源和水资源三个方面进行具体的说明。

（一）矿产资源空间布局优化重点

为落实矿产资源勘查、开发利用与保护及矿山地质环境治理的重点任务，保障国民经济和社会发展对矿产资源的需要，重点从以下四个方面进行了优化布局。

1. 重点调查评价区

为了顺应国家发展战略需要和重要矿产开发，可以划分一批重点矿产区域，但该区域着重需要考虑成矿条件是否便利、资源储藏是否丰富、开发难度是否较低等内容。综合考虑可以作为矿产资源重点调查评价区的有西上津-房县土城金铜矿、竹溪丰溪-南漳龙门铅锌铌稀土矿等13处。圈定重点调查评价矿区除了为调查矿区矿产资源的发展潜力，还可以通过勘察矿产，找出潜在的新矿，同时借助矿区的开发带动周边其他产业的发展。

2. 重点规划矿区

基于战略需求，重点开发具有优势特色矿产的区域，该区域的矿产资源具有储量丰富的优质资源、基础设施健全、易于开发的优点，并且可以在全省资源开发中发挥举足轻重的带动作用。因此，划分了14处重点矿区，例如程潮-铁山铁矿矿区、大冶-阳新铜金矿区等，其中，宜昌磷矿北部矿区更是被评为国家规划矿区。矿区内实行严格的统筹管理和监督制度，加大勘察投入，进行科学合理的找矿，努力打造具有较大影响的矿区基地（表6-2）。

表6-2 湖北省重点规划矿区一览表

序号	矿区名称	类别	所在行政区	面积/km²	主要矿种	探明储量	预期新增储量	潜力分析
1	湖北程潮-铁山铁矿重点规划矿区（ZK001）	重点规划矿区	鄂州市大冶市	590	铁铜	铁 $20138.3×10^4$ t 铜 $30.568×10^4$ t	铁矿石 $1000×10^4$ t 铜金属量 $5×10^4$ t	程潮-铁山铁矿矿床类型属接触交代型（矽卡岩型），物探资料显示，其深部具有较大找矿潜力
2	湖北金山店铁矿重点规划矿区（ZK002）		大冶市	106	铁	铁 20 605 t	铁矿石 $1000×10^4$ t	矿床产于金山店岩体南缘接触带上，深部和外围资源潜力较大
3	湖北大冶-阳新铜金重点规划矿区（ZK003）		大冶市	1097	铜铁金钼	铜 $161.0129×10^4$ t 铁 $5604.9×10^4$ t 金 105.557 t	铜矿（70～80）×10^4 t 金矿 30 t 钼矿 $10×10^4$ t	在铜山口、铜绿山、石头嘴、蚌壳地、千家湾-叶花香等矿床深部及外围发现了新的矿体，揭示勘查区具有良好的找矿潜力
4	湖北丰山洞-鸡笼山金矿重点规划矿区（ZK004）		大冶市阳新县	250	金铜	金 17.431 t 铜 27631 t	铜矿 $10×10^4$ t 金矿 5 t	物探资料综合研究及解释、解剖铜矿深部地质构造特征，推断深部及外围具有较大的找矿潜力

续表

序号	矿区名称	类别	所在行政区	面积/km²	主要矿种	探明储量	预期新增储量	潜力分析
5	湖北蛇屋山金矿重点规划矿区（ZK005）		咸宁市	435	金	金 14.283 t	金矿 2 t	蛇屋山金矿属风化残积"红土型"金矿，区域化探综合异常显示本区具有一定的找矿潜力，同时需开展深部原生矿寻找
6	湖北云应盐矿重点规划矿区（ZKS006）		应城市云梦县	967	盐矿	盐 159 163 7.8×10⁴ t 芒硝 123 795.6×10⁴ t 石膏 38 314.9×10⁴ t	纤维石膏矿 0.3×10⁸ t 岩盐矿（NaCl）10×10⁸ t	矿区为云应向斜盆地，局部富集形成岩盐及石膏矿床，具有较大资源潜力
7	湖北荆州江陵凹陷中南部深层富钾卤水重点规划矿区（ZKS007）		荆州市	1 998	钾、锂、硼	富钾卤水 4 816 600 m³	氯化钾（液态）6 000×10⁴ t 氯化锂 20×10⁴ t	通过矿产勘查工作，发现区内有较大的富钾卤水资源潜力
8	湖北省兴神保地区磷铅锌矿整装勘查区（ZK008）		神农架保康县兴山县	1 027	磷、铅锌	磷矿 5.69×10⁸ t	磷矿 1.2×10⁸ t	发现区内存在两个磷矿富集带，指示区内资源潜力较大
9	湖北宜昌磷矿北部磷矿区（ZKG001）	国家规划矿区	保康县	442	磷	磷矿 1.95×10⁸ t	磷矿 1.2×10⁸ t 铅锌 30×10⁴ t	属宜昌磷矿矿田，区内成矿条件较好，找矿潜力巨大
10	湖北省宜昌磷矿东部磷重点规划矿区（ZK010）	重点规划矿区	保康县远安县	503	磷	磷矿 9.89×10⁸ t	磷矿 1.5×10⁸ t	属宜昌磷矿矿田，区内成矿条件较好，找矿潜力巨大
11	湖北荆襄磷矿重点规划矿区（ZK011）		宜城市钟祥市	663	磷	磷矿 6.14×10⁸ t	磷矿 1×10⁸ t	属荆襄磷矿集区，区内成矿条件较好，深部具有一定的找矿潜力

续表

序号	矿区名称	类别	所在行政区	面积/km²	主要矿种	探明储量	预期新增储量	潜力分析
12	湖北麻城饰面用石材重点规划矿区（ZK012）		麻城市	52	饰面用石材	饰面用花岗岩 1.9×10^8 m³	饰面用花岗岩 $5\,000\times10^4$ m³	白鸭山地区饰面用花岗岩属侵入岩矿床，具有较大资源潜力
13	湖北黄陵石墨金重点规划矿区（ZK013）		兴山县	658	石墨、金	磷矿 5.2×10^8 t 石墨 287×10^4 t 金 1 383 kg	晶质石墨 100×10^4 t 金矿 5 t	黄陵背斜石墨和金矿成矿条件较好，具有较大的资源潜力
14	湖北两竹铌-稀土重点规划矿区（ZK014）		十堰市	3 664	稀土	稀土 121.5×10^4 t	轻稀土氧化物 50×10^4 t 铌 100×10^4 t	区内有大型庙垭铌-稀土矿，为碱性岩浆型，具有较大的资源潜力

数据来源：《湖北省矿产资源总体规划（2016—2020 年）》

3. 矿山地质环境重点治理区

为了对矿山地质环境进行调查和评价，划定了重点规划区，但考虑到可能对规划区的生态系统造成破坏，从而重点划分了矿山地质环境问题区域 38 处，主要分布在矿产资源重点开发的 34 个县（市、区），例如，东湖新技术开发区、黄陂区、黄梅县、秭归县、竹山县等。区内重点任务是进行矿山地质环境修复，以维持矿山地区生态环境平衡。

4. 绿色矿业发展示范区

为了建设"美丽湖北"，满足生态文明发展需要，使矿区走上绿色发展道路，需要规划绿色矿业发展示范区。示范区内实行科学、可持续化的发展管理，保证绿色开采，由点到面，从而带动其他矿区实现绿色发展。因此，首先规划出的示范区主要包括黄石市、宜昌市、十堰市和麻城市、保康县五处。

（二）土地资源空间布局优化重点

根据国家的相关要求和湖北省经济社会发展的实际，湖北省土地资源空间布局优化重点主要包括以下四个方面。

1. 优化土地利用结构

土地利用结构是否优化是评价土地开发利用效率高低的重要指标。因此,湖北省在进行土地资源开发的过程中需要对土地资源的结构进行优化,具体工作如下:

一是有条不紊地进行农用地扩展,保证各种农业用地结构合理,从而最大化提高农用地的利用效率,不断提高农用地的生产效益,提升农业在"三大产业"中的地位。

二是在进行城市化建设的过程中,为了满足湖北省社会经济发展的需要,可以适量增加建设用地比例,不能过度侵占乡村土地,科学合理地优化城乡建设用地结构,以保证社会经济的可持续发展能力。

三是除利用已开发的土地外,可以适量地进行开山造林,合理利用未开发土地,在增加耕地资源的同时改善生态环境。

四是全面管控区域、产业、城乡和地上地下土地资源开发利用空间。全面开展土地空间规划,科学调整区域、产业、城乡和地上地下土地开发利用结构、空间、用途,协调土地开发利用时序、规模、质量、布局,提高土地资源开发利用空间效率,引导国民经济和社会发展对土地的需要。

2. 保护和合理利用农用地

保护和合理开发利用农用地是农业可持续发展的重要方面,也是农业现代化的重要内容。从湖北省来看,可以从以下四个方面进行农业用地开发利用。

一是加强对农业用地的保护开发。①将建设用地等用地控制在合理的范围内,保证农业用地需求。预计到2020年,湖北省新增的建设用地将控制在$15.13\times10^4 hm^2$内。②科学合理地调整各类农业用地的结构。③禁止擅自实施生态退耕。④加大灾毁耕地防治和复耕力度。到2020年,努力将还未修复的被毁坏的耕地面积控制在$1.5\times10^4 hm^2$。

二是努力开发整理可用耕地,加大补充耕地资源储备。①对长期荒置或闲置的土地进行整理。预计到2020年,整理闲置土地$5.46\times10^4 hm^2$。②鼓励进行废弃荒地重新开垦。预计到2020年,复垦废弃荒地、补充农用耕地$3.0\times10^4 hm^2$。③适量利用可用于耕地的未开发的储备土地。预计到2020年,开发未开垦耕地$6.7\times10^4 hm^2$。

三是努力提高耕地质量。①科学合理地修复、复垦、开发闲置和未开发耕地,提高耕地质量。②提高耕地利用效率、提升产出水平。预计到2020年,湖北省优质稻、优质棉花、优质油菜和优质小麦的种植面积分别将达到$180.0\times10^4 hm^2$、$40\times10^4 hm^2$、$166.67\times10^4 hm^2$和$73.33\times10^4 hm^2$以上。

四是对耕地资源进行保护性建设。①依据土地利用总体规划，对基本农田农作物的种植进行合理的规划，完善农业基础设施建设，并具体落实到每块土地和每户农民。②加强农田利用效率建设，不断提高农作物产量，努力将湖北省一般基本农田改造为高产稳产耕地，提高耕地保障水平。

3. 建设用地集约化利用

建设用地集约化利用也是评价土地资源利用效率的一个重要方面。其重点是要开展以下工作：

一是优化配置城镇工矿用地。预计到 2020 年，全省城镇工矿用地面积将达 $37.30\times10^4 hm^2$，占城乡建设用地比例为 34.95%。

二是整合规范农村居民点用地。预计到 2020 年，湖北省农村居民生活用地将保持在 $70\times10^4 hm^2$ 内，是城乡建设用地的 2/3 左右。

三是合理规划基础设施用地。预计到 2020 年，湖北省基础设施用地将控制在 $49\times10^4 hm^2$ 内。

4. 协调土地利用与生态环境建设

湖北省在进行土地资源空间布局优化的过程中，重点优化任务之一就是协调土地利用与生态环境建设，主要从以下七方面着手：

一是加强对国土生态屏障保护用地的管理。依照国家生态屏障用地规划和法律要求，按照优先顺序设立国土生态屏障用地，首先优先设立国家级和省级自然保护区，最后设立国家湿地公园等用地。为保障生态屏障用地的完整性和原生态性，对不符合要求的用地活动采取禁止的措施。同时，对居住在生态区内的居民逐步外迁，以减少对生态区的破坏。

二是加强重要水源涵养区生态用地保护。湖北省作为一个河网体系密集的地区，有着著名的水源涵养区，例如，三峡库区、丹江口库区等，需要加强保护和治理。首先，加强库区周围的生态防护林的建设，退耕还林，增加绿被面积，防止土壤退化，起到涵养水源的作用；其次，在社会生活方面，加强库区生态用地保护，有利于促进库区周围产业结构的调整，循环化处理城镇污水，对污染严重的项目进行整顿或关闭，以提高库区水源质量。

三是整顿土地生态环境。积极实施各种工程措施或生物措施及轮作措施，加大土壤退化治理力度，防止土壤沙化或者荒漠化，保护山区土地生态环境，尤其是恩施、宜昌等生态破坏严重的地区；同时，为了提高土壤环境质量，制订科学合理的治理措施，需要建立质量评价和监测制度，制止污染严重的污水被排放到农田。

四是提高平原地区绿化比例，为平原地区居民创建良好的居住环境。在建设平原绿化体系的过程中，可以由点到面、由农田到城镇农庄进行全方位的绿化种植，因地制宜，多品种乔、灌、花和草相结合，不断提升湖北省31个县的绿化水平，美化环境，创建城乡大绿化格局。

五是在进行经济建设的过程中，坚持绿色发展，尽量减少对环境的破坏。依据国家的用地标准要求，认真落实产业政策，加强产业建设监管，严格审批程序，禁止不符合生态文明建设要求的高污染项目进入市场，力争从源头上防止对环境的破坏。

六是对环境保护有利的建设项目给予大力支持。在经济建设发展中，首先支持生态文明建设需求，支持环保基础设施建设用地需求，尤其是丹江口水库、江汉平原和长江汉江等区域的环保建设。到2020年，力争环保和生态修复工作全面展开，新增环保建设用地$0.2\times10^4 hm^2$，重点污染区域污水处理厂、垃圾填埋场等环保设施全面覆盖，为湖北省环保工作提供大力支持。

七是加强土地开发利用空间管控。科学制订区域土地空间开发利用规划，协调地上地下、区域、城乡、产业土地开发利用质量、种类、规模、布局、结构和用途；科学调整城乡土地利用结构、规模和空间，满足生态保护、国民经济和社会发展对土地的需要；合理调整区域土地开发利用规模、结构、质量、种类和布局，形成区域土地开发利用和经济社会协调发展的新格局。

（三）水资源空间布局优化重点

湖北省为加强对水资源的利用，在对水资源进行空间布局优化的过程中，将按照"确有需要、生态安全、可以持续"的原则，在湖北省内因地制宜地建设一批水源及引调水工程，完善水资源区域优化配置格局，保障重要经济区和城市群供水安全。

1. 大力推进水资源节约利用

一是加大农业节水力度。为了保障农业生产过程中可以及时地输水和用水，需要加强农业基础设施建设，完善渠道节约系统改造和相关农业配套设施建设，充分发挥用水协会等专业合作社的作用。为提高用水效率，节约水资源，需要加大农业基础设施设备研发投入，积极推广节约用水产品，例如喷灌、微灌等，实现用水规模化、集约化。完善灌区监测系统，保证可以实时监控用水状况，精确农田用水量，尽量保证不少灌、不多灌，节约用水。

二是深入开展工业节水。加快推进工业节水技术改造，大力推广工业水循环利用，对一些落后、陈旧、污染严重的技术设备进行淘汰。采取鼓励措施，促进企业向循环经济发展模式转变。

三是加强生活和服务业节水。切实做好服务业和城镇生活节水工作，加快城镇供水管网改造，降低供水管网漏损率。在建筑区内，不断完善生活用水基础设施，鼓励人们使用节水产品。同时，相关行业也应加大技术研发，改造节水技术，构建节水型社会。

四是鼓励非常规水源利用。鼓励利用再生水、雨水、空中水、矿井水、"中水"、苦咸水等非常规水源。在进行房屋建设的过程中，尤其是学校、居民区等地，应该完善对非常规水的储水功能，提高再生水利用率。

五是大力推进海绵城市建设进程。以海绵城市建设为突破口，通过城市地下排水管网的改造、完善和生态环境系统的治理、修复，全面解决城市渍水、内涝地下水水位下降和水污染等问题。

2. 加快重大引调水工程建设

为全面优化配置全省的水资源，实现水资源的节约、利用效率提高、减少污染等目标，湖北省实施了一系列重大引调水工程，例如，"一江三河"水系工程，鄂北地区水资源配置二期工程、"中国农谷"水资源配置工程等重大引调水工程建设，继续开展"引江补汉"工程、江汉平原水安全保障战略工程前期工作，以不断提高水资源的环境承载能力。

3. 加强重点水源工程建设

在科学论证的基础上，有序推进一批重点水源工程建设。在全省大中型和小型水库建设规划内，加快实施前期工作基础较好的鸳鸯池、关门岩、三塔寺和泗溪等中型水库建设；同时，也需要重视小型水库的作用，以保障全省各地的储水能力，尤其是重点城市和粮食主产区。

4. 实施城市应急备用水源工程建设

对水源单一、供水保证率较低的荆门市、恩施州、仙桃市等地，建设城市应急水源，完善配套设施，在短期缺水或供水不足的情况下及时提供应急水资源，保障城市生活生产正常进行。尤其是襄阳、荆门和松滋等地，用水量较大，需要不断增强节水意识，统筹用水，完善水资源储备、节水等设施。政府也需要出台应急方案，保证水源及时供应。对现状挤占河湖生态用水的枣阳市等地，加快替代水源工程建设，保障河湖水源。另外，还需要加强水源治理，尤其是孝感市、天门市等地，水源污染较为严重，需完善水源置换设施，进行循环使用，保障水质使用安全。

5. 加强抗旱应急水源工程建设

进一步推进抗旱应急水源工程建设，逐步完善旱区抗旱工程体系，继续开展严重受旱县抗旱应急水源工程建设，启动一般受旱县应急水源工程建设，试点开展抗旱非工程措施建设，提高抗旱应急能力。

二、区域布局优化重点

为落实湖北省区域布局目标，湖北省自然资源空间区域优化重点主要包括以下三个方面。

（一）矿产资源区域布局优化重点

综合考虑矿产资源分布、储量、开发条件、社会经济等因素，湖北省在全省内确定了九大矿产资源产业基地，其中，有两处甚至被纳入全国矿产资源规划中，这些矿产资源产业基地对湖北省经济的发展具有极大的推动作用。对此，湖北省从基础设施到产业政策都给予了矿产资源基地很大支持。这九大矿产资源产业基地详细情况如下：

1. 鄂西油气（页岩气）能源资源基地（KF001）

鄂西油气（页岩气）能源资源基地主要分布于来凤、秭归、远安等鄂西地区，多以页岩气矿产资源为主。其中，我国中石油、华电集团等大型国有企业为寻找矿产资源到湖北省鄂西挖井找气，在井中发现良好的页岩气流，储量丰富，大概有 $5\times10^{12}\,m^3$，在全国排名前五，被纳入我国重点矿产资源规划。到 2020 年，预计可开采页岩气 $2\times10^8\,m^3$。除此之外，恩施等地还找到了沉积型独立硒矿床和全国最大的天然富硒生物圈，促进了当地富硒产业的发展。

2. 黄石-鄂州铁、铜、金、非金属矿资源产业基地（CY001）

该基地的铁、铜、金等矿产资源主要位于鄂州大冶和黄石阳新矿区，矿产资源储量丰富，为湖北省相关产业的发展提供了充足的原材料，同时，也推动了一大批企业的兴起和发展，例如，宝武钢铁、大冶有色、华新水泥等。在国家供给侧结构性改革的推动下，湖北省矿产资源企业不断去产能，向循环化产业结构转变。

3. 宜昌-兴山-保康磷矿资源产业基地（CY002）

该基地主要位于湖北省宜昌-兴山地区，蕴藏着丰富的磷矿资源，也被纳入我国矿产资源规划中。由于磷矿资源丰富，兴起了宜化、兴发等企业，这些企业利用自身雄厚的科技创新水平，不断向精细化产业链方向发展，走循环经济发展道路，努力打造全国最大的中低品位磷矿采矿、选矿基地及磷资源回收利用基地。

4. 宜昌优质石墨资源产业基地（CY003）

该基地拥有大量的石墨资源，资源品质优良，开采潜力好，多位于宜昌黄陵背斜中心地带。基于有利的资源优势，兴起了一批石墨新兴材料产业集群，致力于构建全国石墨产业基地。

5. 荆襄磷矿资源产业基地（CY004）

荆襄磷矿资源产业基地主要为荆门和襄阳的南漳-钟祥矿区带，曾经被誉为我国八大磷矿基地之一。借助丰富的磷矿资源兴起了一批大中型磷化工企业，例如新洋丰、中原磷化等企业，这些企业在进行磷肥生产的过程中，使用了先进的科学技术，严格把关生产质量，致力于生产高质量的磷肥产品。同时，对生产中产生的"三废"进行循环化处理，走循环化、环保型道路。

6. 潜江-荆州-云应石油盐卤资源产业基地（CY005）

该基地位于江汉盆地的潜江-荆州-云应等地，地处湖北省西北部，盐卤和油气资源丰富。其中，江汉油田就是中华人民共和国成立早期开发的油田之一，在陈旧落后的老区的基础上进行新区改造，不断提高产油量；同时，也不断改进过去单一的产业链形式，延长盐卤化工产业链，向多元化产业结构发展。另外，依托丰富的石油盐卤资源发展起来的盐化工企业，为顺应市场的需求，大力发展高质量的盐化工产品。

7. 随州-枣阳金、饰面石材资源产业基地（CY006）

该基地位于随州-枣阳矿区北部的七尖峰，多以金矿、饰面石材为主。其中，随县石材资源丰富，石材产业极具规模化发展，发展较好的石材工业园有吴山镇、万和镇，并且成为当地经济发展的支柱和特色产业群。近些年来，在生产发展中，更加注重对矿山生态环境的治理，循环利用"三废"，不断向多元化产业链发展，努力生产高标准、零排放、无污染的石材产品。

8. 竹山-竹溪银、金、铌-稀土、绿松石资源产业基地（CY007）

该基地主要位于武当隆起的竹山-竹溪地带，银、金、铌-稀土、绿松石资源丰富，银矿和铌-稀土矿的储藏量更被认为是全省唯一的。依托丰富的白银资源，湖北鑫银和鑫荣公司更是进行规模化的白银产品加工。同时对绿松石的产品生产进行了严格的把控，从控矿、入园到进城实行严格的管控措施，保证全生产过程符合绿色生产要求，致力于将武当隆起打造成世界绿松石之都。

9. 麻城-罗田饰面石材资源产业基地（CY008）

该基地位于麻城、罗田等地，大量的花岗岩资源表明该地饰面石材资源丰富。麻城更是拥有"中国花岗岩之乡"的美称。借助丰富的饰面石材进行石材加工产业园建设，走循环生产的道路，加强对矿山废弃物的处理和环境的治理，打造绿色石材资源产业集群。

（二）土地资源区域布局优化重点

为落实湖北省自然资源空间区域布局优化目标，土地资源区域布局优化重点主要包括以下三个方面。

1. "三区七带"农产品主产区

其中，"三区七带"中的"三区"主要指的是发展复合型农业的江汉平原农业发展区、以旱作物农业发展为主的鄂北岗地农业区，以及以林业发展为主的三峡库区；"七带"指的是江汉平原优质水稻产业带和双低油菜产业带、汉江流域专用小麦产业带和优质棉花产业带、三峡库区优质林特产业带、江汉平原及鄂东地区生猪产业带和水产养殖带七大优势产业带。在这些区域内，出于对耕地的保护，将实行严格的耕地管理制度，提高耕地利用率，优化土地资源布局，提升综合产出能力，保障国家粮食安全。

2. "三区三轴"城镇化地区

"三区三轴"中的"三区"包括武汉城市圈、襄阳都市和宜昌都市区；"三轴"指的是以沪渝高速公路为主的长江湖北段、以福银高速公路为主的汉渝铁路湖北段，以及以襄荆-荆宜高速公路为主的焦柳铁路湖北段。在"三区三轴"内科学合理地优化土地利用布局，适量提高土地开发力度，增加公共基础设施建设用地比例，加大力度改造落后旧城区，提高土地利用效率。加大土地治理，尤其是矿山地区土地，促进矿业向绿色化发展。

3. "四屏两带一区"生态功能区

"四屏两带一区"中的"四屏"指的是布局在鄂东北、鄂西北、鄂西南和鄂东南的大别山区、秦巴山区、武陵山区和幕阜山区四个生态屏障；"两带"指的是长江流域、汉江流域两个水土保持带;"一区"指的是江汉平原湖泊湿地生态区。在这些生态保护地区,土地开发主要以"保护优先、适度开发"为主,产业发展也主要遵循绿色发展,防止对生态环境造成过度破坏,尽力保持生态地区的原生态。对受损的地区进行治理修复,退耕还林,植树种草,保护湖北省最大的绿色宝库。

（三）水资源区域布局优化重点

按照"长江经济带建设"战略总体部署,围绕湖北省"一元多层次""两圈两带"总体布局,根据不同地区发展定位和水土资源、生态环境承载能力及生态环境保护的要求,针对突出的水环境、水安全问题,提出湖北"一核两带四屏"水利发展总体布局。"十三五"水利发展以保障"江汉平原"核心区经济发展为主线,依托两条生态廊道建设,带动"四屏"协同发展,为湖北省成为中部崛起的战略支点、挺起长江经济带脊梁、实现"五个湖北"和全省共同奔小康目标提供坚实的基础。

"一核"指江汉平原核心发展区域。它主要包括长江流域和汉江流域平原区。它是以武汉为中心的城市圈所在地,是全国及全省经济发展核心区域,也是国家主要商品粮生产和供应基地之一,人口密集,经济发达,水土资源丰富,该区域以湖北省约38%的土地面积,承载了全省近62%的人口,创造了约71%的经济总量,同时也面临着人水争地矛盾,水生态环境问题较突出等问题。针对洪水灾害风险大、供水安全保障不足、水体水质污染问题突出等问题,继续推进长江、汉江干支流治理和蓄滞洪区基础设施建设,加强洪水风险管理,完善防洪除涝减灾体系。实施"一江三河"等必要的河湖水系连通工程,开展四湖流域、梁子湖、斧头湖等重点湖泊综合整治,维护河湖健康。全面建设节水型社会,保障江汉平原城镇化进程及农业主产区的用水需求,以水资源、水环境可承载能力为刚性约束,推动区域人口、产业和空间的协调发展。

"两带"是以长江和汉江干流为主线的两条水生态廊道,它是衔接湖北省经济发展和生态保护的重要纽带。其中,长江生态廊道:在经济发展的过程中,主要遵循生态、绿色、环保的原则,坚持保护优先的原则,禁止大修大建大开发工程的进行,共同致力于修复长江生态环境,保护长江水源,为城市居民提供健康的饮用水。同时,完善排污管道等污水处理设施,提高水源质量,建设生态隔离带,发挥涵养水源和水土的作用。稳步推进水资源配置工程和沿江城市引堤水工程,加强河道崩岸治理。汉江生态廊道:在南水北调中线工程中具有极其重要的作用。重点实施汉江中下游重要堤防、分蓄洪区等工程建设,完善汉江防洪除涝减灾体系。通过实施鄂北地区水资源配置等引调水和水系连通工程,优化水资源配置格局,提高区域水资源承载和调配能力。配合汉沙运河,加强汉江中下游的水量调度，严格控制污染物入河总量，营造山清水秀、环境优美、生物多样的汉江生态廊道，建成全国流域水利现代化示范带。

"四屏"是指鄂西北秦巴山区、鄂东北大别山桐柏山区、鄂西南武陵山区和鄂东南幕阜山区，是湖北省主体功能区划中的重点生态功能区，属于国家水土保持重点功能区。四个片区人口较为分散、经济相对落后，是全国集中连片特困区，也是水利扶贫重点区域，面临着民生发展和生态保护双重任务。为此，要在保护生态环境的基础上，加强贫困地区农村饮水巩固提升、重点水源建设、山洪灾害防治、中小河流治理、绿色水电建设等，着力解决民生和发展条件问题，推进水利精准扶贫，推动区域经济绿色发展。鄂东北山丘地区，重点加强中小河流治理和水土流失治理，鄂西北秦巴山区配合南水北调中线工程，重点开展丹江口库区等水源地保护和绿色水电扶贫工作，鄂西南武陵山区重点开展供水水源和控制性枢纽建设，鄂东南幕阜山区重点开展山洪灾害防治，解决这些地区通水、通电、灌溉、防洪、生态保护等问题。

第五节 湖北省自然资源空间布局优化领域

湖北省自然资源空间布局优化同时也涉及领域的优化问题。如何体现湖北省自然资源开发的特点，实现自然资源开发利用相关领域的优化也是湖北省自然资源空间布局优化的重要组成部分和重要内容。为此，本节将重点探讨湖北省自然资源空间布局优化领域问题，为湖北省自然资源合理开发利用，保障国民经济和社会发展提供支撑。

一、矿产资源空间布局优化

矿产资源空间布局优化是自然资源空间布局能否优化的一个重要内容。其内容主要包括空间总体布局和空间区域布局两个方面。

（一）矿产资源空间总体布局

为协调区域发展，湖北省制定了"两圈两带一群"发展战略，在遵循生态文明发展战略的前提下，统筹发展，不断突出地区资源特色，致力于促进资源环境协调发展，构建了以特色资源发展为主的八大区域格局和九大资源产业基地。科学勘探开发特色矿产资源，加强资源开发治理、监督评价，给予政策支持，促进矿业绿色发展。

（二）矿产资源空间区域布局

1. 生态保护红线区的界定与管控

为了保护生态安全，国家和区域划定了一条底线，即生态保护红线。其中，湖北省的生态保护红线划定的是占全省总面积三分之一的生态区域，面积约在 $6.22\times10^4\ km^2$。在生态保护区内，又分为一类管控区和二类管控区。一类管控区内，在法律允许的范围内严厉禁止任何形式的开发建设，除进行科学研究活动外；二类管控区内，主要是维持生态系统功能和对生态环境被破坏的区域进行修复，也禁止开发建设活动。其中，生态保护红线区内需要保护的内容已经进行了确定，但区内的界线还未完全勘察清楚，需要进一步完善，勘察工作的进行也需要严格把关审批流程。

2. 勘查开发分区布局

基于湖北省矿产资源的分布特色、资源种类、开发条件、经济功能，在全省进行了矿产资源优化布局，划分了八大勘察开发区。

鄂东地区（黄石、鄂州）：鄂东地区矿产资源多以铜、铁和金矿为主，在进行矿产资源勘察过程中应该深入探测，挖掘潜在铜、铁等矿产资源蕴藏量，不断提升产量，对生产过程中产生的共伴生矿产和尾矿进行回收利用，延长产业链。增加科学技术投入力度，进行深加工，提升铜产品品质。另外，还需要加大非金属矿产的开发力度，例如硅灰石、方解石等，推动非金属矿业发展。

鄂南地区（咸宁）：鄂南地区的矿产资源分布多以金牛火山岩盆地的铁铜、通城和九宫山周边的金、钨和"三稀"资源为主，综合勘察，深地找矿，勘测潜在矿产资源，丰富矿产资源储量。该地区地热和花岗岩等资源丰富，可以大力发展温泉旅游业和石材产业，针对贫困地区幕阜山开展精准扶贫。

鄂西地区（宜昌、荆门、保康、南漳、神农架）：鄂西地区蕴藏着丰富的磷矿资源，在供给侧结构性改革的推动下，要严格控制磷矿产量，减少资源浪费，引入新技术，对磷矿进行精细化的加工，同时，充分利用质量不高的磷矿资源，推动磷矿产业结构调整，构建复合型磷矿产业基地；对于其他的矿产资源也应积极地进行勘察，例如锰矿、金矿和页岩气等资源，淘汰落后产能，加大技术研究，进行规模化、精细化的生产，推动矿业向多元化方向发展。

鄂西南地区（恩施）：该地区蕴藏着丰富的页岩气资源，需要对页岩气进行不断的开发，在页岩气资源的带动形成产业集群，同时，要积极利用先进的科学技术，坚持绿色开发，致力于生产高效清洁能源，发挥模范带头作用，在满足本地区需求的同时积极向外输出；对不符合规范要求的煤矿井下关闭、重新整顿；积极勘察其他矿产资源，发挥地区资源特色，开展特色富硒产业；为了保护长江地区的水资源，对其附近矿产资源的开发需要严格把控，定期检查，使鄂西南地区保持青山绿水的面貌；武陵山一直以来经济发展较为落后，属于湖北省的特贫困地区，对该地区的矿产资源需要优先布局开发，并且开发的项目要具有广阔的发展前景，同时见效快，使当地摆脱贫困的面貌。

鄂东北地区（黄冈、大悟、安陆、孝昌等）：该地金铜、磷矿等矿产资源较多，可以在原有的生产基础上提高科技水平，生产新型磷肥等化工产品；利用丰富的花岗岩石材发展饰面石材产业，对产生的"三废"进行及时的处理和整治，减少对环境的污染，不断提高石材加工的标准化程度，使石材产业向规模化、产业链方向发展，将麻城打造成我国中部地区的石材基地；借助石材产业发展，以带动大别山地区经济的发展，做到精准扶贫。

鄂北地区（随州、枣阳、宜城、襄阳等）：随州、枣阳多以金、饰面石材等矿产资源为主，可以发展黄金产业和饰面石材产业；金红石矿的冶炼一直是一个难题，需要加大技术投入，攻克技术难关，增加利用率。

鄂西北地区（十堰、谷城、老河口等）：鄂西北地区有我国著名的丹江口水库，在南水北调工程中也发挥着重要的作用，因此在矿产开发中，要严守生态红线，不能过度开发，造成水土流失，水资源污染；两郧、两竹地区多以金、铌-稀土等金属为主，在矿产勘查中要提高银矿开采规模，对较为稀有的绿松石、板岩等具有地方特色的矿产要保护为主，适量开采；超贫磁铁矿、钒矿等矿产由于较为稀缺，同时冶炼难度较大，技术水平还有待进一步的提高，为避免造成资源的浪费，需要严控开采量，实现资源环保开发、高效利用；秦巴山一直以来经济发展较为落后，属于湖北省的特贫困地区，对该地区的矿产资源需要优先布局开发，并且开发的项目要具有广阔的发展前景，同时见效快，使当地摆脱贫困的面貌。

鄂中地区（武汉、荆门、天门、潜江、仙桃、云梦、应城等）：鄂中地区位于江汉盆地，拥有较为丰富的石油、页岩气等矿产资源，在开采的过程中需要加大技术投入，攻克石油勘察难关，使油气产量保持在一个稳定的状态；对该地区的其他矿产资源的开发也应严格控制，以保持当地经济的长期发展潜力，同时，借助矿产资源优势，调整产业结构，延长产业链，打造特色产业基地，例如，云应盐化工生产基地。

二、土地资源空间布局优化

（一）农业用地布局

湖北省作为我国的农业大省之一，在积极向现代农业方向发展下，致力于实现农业高产量、农产品高品质、农业生产高效率、生态化生产的目标。根据湖北省农业发展的实际情况，统筹规划，优化布局，将农业生产用地划分为"三区七带"。从占地面积来看，"三区七带"占据湖北省2/3的土地资源，是总耕地面积的4/5，在湖北省农业安全上发挥着极其重要的作用，保障了湖北省在全国作为农业大省的地位。

（二）城镇体系用地布局

为了更好地优化城市格局，便利社会经济的发展和人们的生活，需要合理地进行交通网络规划，发挥各级城镇在全省中的作用。因此，依据"点-轴-面"的结构体系，将湖北省城市格局体系分为"三区三轴"。

武汉作为我国中部崛起战略的重要省会城市，在整个经济发展中具有极其重要的作用。武汉地处中部，占地面积广阔，河网体系密集，拥有丰富的地理优势，发展潜力巨大。因此，在建设武汉的过程中，需要不断提升武汉的经济实力，调整产业结构，增加第三产业的比例，以不断提高湖北省就业率，同时，要努力完善基础设施，为武汉市居民创造良好的生活生态环境，致力于把武汉构建成现代化的大都市。在建设武汉的同时也要带动周边城市的发展，特别是襄阳和宜昌两个省副中心，完善铁路、公路和航空等基础设施，建设特色工业基地，发挥它们城市的辐射带动作用，使它们成为连接渝东地区的桥梁。

（三）生态建设用地布局

当前，我国正在大力进行生态文明建设，构建环境友好型社会。因此，为了响应国家的政策要求，进行生态建设，发挥生态用地的功能和作用，湖北省在全省范围内划分了"四屏两带一区"，共占湖北省土地面积的48%。

三、水资源空间布局优化

按照统筹规划、分步实施的原则，分阶段推进汉江流域综合开发工作；2011～2015年为强基固本阶段，2016～2020年为全面发展阶段。对此，将从"安澜""畅通""富饶""绿色""和谐"五个方面对湖北省水资源空间布局进行优化。

"安澜"汉江。规划到2020年，基本建成现代水利带，打造"安澜"汉江。

"畅通"汉江。规划到2020年，基本建成现代水利航运带和现代综合交通枢纽，率先实现"畅通"汉江。

"富饶"汉江。规划到2020年，地区生产总值达到18 530亿元，地方公共财政预算收入达到1 482亿元。基本建成现代农业带、先进制造业带、山水休闲和历史文化旅游带，打造"富饶"汉江。

"绿色"汉江。规划到 2020 年，基本建成现代生态环保带，森林覆盖率达到 40%，打造"绿色"汉江。

"和谐"汉江。规划到 2020 年，该区域农村居民人均纯收入和城镇居民人均可支配收入分别达到 19 687 元和 41 492 元，基本形成经济稳定发展、社会全面进步、人民安居乐业、人与自然和谐的新局面，打造"和谐"汉江。

第六节 湖北省自然资源空间布局优化区域

根据湖北省经济社会发展的特点，湖北省大致可分为鄂东南、鄂西北、鄂西南和江汉平原四个大的区域。由于不同区域经济社会发展条件不同，其自然资源空间布局优化的方向、重点和领域也就存在差异。为此，本节将就这些区域的自然资源空间布局优化问题进行分析。

一、鄂东南自然资源空间布局优化

（一）鄂东南矿产资源空间布局优化

鄂东南地区位于长江中下游成矿带的西部。该成矿带与区域性的主断裂（NNE 向郯庐隐伏大断裂）产出方向一致，故又称长江中下游主矿带。长江中下游主矿带长约 600 km，在大地构造上主要属于下扬子台褶带，位于扬子地台的东南端，靠近中朝地台东南部，为一向南突出的弧形断裂拗陷带。长江中下游主矿带区域内褶皱和断裂构造发育。褶皱轴主体为北东和近东西向。燕山早期以来，经过地质的不断运动，岩浆的侵入、火山的喷发，该地逐渐成为矿产形成的主要场所，或称为亚成矿带或矿集区。沿长江中下游主成矿带已发现 6 个矿集区，从西往东北方向依次为鄂东南地区、瑞昌地区、安庆—贵池地区、铜陵地区、南京地区和金山地区，上述矿集区与主成矿带大多呈大角度相交。一个矿集区控制矿田产出的数量是有差别的，有些可控制数个重要矿田的产出，如鄂东南地区自北而南就有鄂城、铁山、金山店、灵乡、阳新等数个矿田。

结合该区域成矿特点，该区域矿产资源空间布局优化主要是要以鄂东南建材工业经济走廊为依托，通过进一步找矿行动的实施，大力发展冶金、建材工业，进一步形成和壮大建材工业集聚区。

（二）鄂东南土地资源空间布局优化

1. 区域土地利用特点

鄂东南位于湖北省经济的主要发展区，土地资源质量、可使用率等并不高，其土地资源主要具有以下四个特点：第一，人均耕地少，后备耕地少，优质耕地少。该区域的人均耕地低于全省的平均水平；同时，土地资源不足使得武汉、仙桃、天门等地区的发展差异较大，很难平衡。第二，矿业生产中形成的废弃工矿占据了较大的面积，多指的是废弃砖瓦厂、采石场等，大约占据了 $1.33\times10^4 hm^2$ 的土地，制约当地经济的发展。第三，建设用地利用率较高，节约水平相对较高；最后，由于过度的工业化发展，忽视对环境的保护，土地污染较为严重。

2. 区域土地利用政策

根据上述鄂东南地区土地利用的特点和实际状况，其具体的土地政策如下：

（1）统筹兼顾，保障重点。土地资源是有限的，在经济的发展中，无法确保所有区域都能平衡地使用到土地。因此，需要有重点地进行支持和保障，在保护环境和保障耕地的前提下，优先对武汉城市圈给予建设用地支持，其次才是大力支持武汉化工新城、武汉新区、武汉临空经济区等的用地需求。同时，对土地进行修复和治理，控制矿业用地，提高城镇和生态用地比例。

（2）节约集约，合理扩展。在有限的可利用的土地资源的限制下，要努力开发潜在荒废的土地，调整用地结构，限制建设用地需求，提高土地利用效率，构建土地控制指标体系，对城镇土地进行分级管理。

（3）探索实施城乡建设用地增减挂钩。为了适量的保证城镇建设用地的需求，可以挖掘农村潜在的集体建设用地。事实上，农村相对城镇来说，富裕土地较多，在保证耕地需求的条件下，可以对一些利用不合理、废弃闲置的土地进行整治修复，不仅增加了耕地面积，还可以增加城市建设用地，实现土地的集约化、规模化利用。

（4）健全土地市场运行机制。土地资源的开发利用一直离不开政府管制和调控。因此，在进行土地市场调控的过程中，需要完善改革土地出让征管方式，严格考核、补偿、退出等制度，统一建设用地市场。

加大矿山生态环境用地修复治理力度改善生态环境。黄石、鄂州、咸宁、黄冈等地矿业发展较好，但在早期发展中，存在不合理的开采、生产，使得矿山环境遭到了严重的破坏，需要加强对矿山生态环境整顿治理，进行循环生产。除此之外，还要加强公路、铁路、城市用地等地的绿色通道建设。

（三）鄂东南水资源空间布局优化

位于长江中下游干流鄂东南区域的洪湖东分块蓄洪区，是洪湖分蓄洪区的重要组成部分。蓄洪区总面积 $877.49 km^2$，设计蓄洪水位 $30.48 m$，蓄洪容积 $61.40\times10^8 m^3$。蓄洪区内现有总人口29.41万人，耕地面积40.3万亩。东分块蓄洪工程是长江中下游整体防洪的重要组成部分，是处理城陵矶地区超额洪水的一项重要工程设施。

工程包括蓄洪工程和安全区建设工程两大部分。其中，蓄洪工程主要包括洪湖东分块腰口隔堤工程、东荆河右堤加固工程和洪湖主隔堤加固工程，内荆河、南套沟节制闸及穿堤建筑物工程，套口进洪闸、补元退洪闸工程，新滩口泵站保护工程，腰口泵站、高潭口二站工程、新建和改造小型泵站涵闸工程等；安全区建设工程主要包括新滩、黄家口等安全区建设和人口转移安置等。

工程实施后，与洞庭湖三垸联合运用，可使城陵矶附近基本具备防御类似1998年大洪水的条件，达到有计划地分蓄超额洪水，削减洪峰，保证城陵矶附近重点垸、荆北大平原和武汉市的防洪安全。

二、鄂西北自然资源空间布局优化

鄂西北的地理范围从襄阳、十堰到随州，占地面积达 $529.82\times10^4 hm^2$，占湖北省土地面积的29%。这一部分按主体功能区来说主要是生态屏障区及工农业协调发展区，是一些轻型纺织工业等制造业为主的工业基地和粮、棉、油生产基地。同时，鄂西北作为铁路枢纽而具有重要且独特的地理意义。

（一）鄂西北矿产资源空间布局优化

严守生态红线，禁止在丹江口水库及南水北调中线工程汇水区域内开展矿产开发活动，防止水土流失和水质污染；全面开展尾矿治理和废弃矿山环境恢复工作。

（二）鄂西北土地资源空间布局优化

1. 区域土地利用特点

（1）土地石漠化较严重。据不完全统计，该地区的土地石漠化范围波及整体地域面积的近6%，达到了 $31.9\times10^4 hm^2$。十堰是该问题发生的重灾区。

（2）土地利用不够经济化与精细化。在该区第一产业人均占地 $229 m^2$，而地均产出则只有 2.27 万元/亩，这显然是利用率低下、产业粗放造成的。同时，这里的废弃工矿也有 $0.62\times10^4 hm^2$，没有被及时整理出来合理开发利用。

（3）但是耕地后备有强劲力量。各地耕地资源潜力总量达到了 $7.68\times10^4 hm^2$，如果能够在未来好好发掘，既可以满足占补协调均衡，还会存有剩余的耕地面积。

（4）农田水利基础不够。正是因为设施不够齐全，农业基础灌溉用水都得不到保障，所以鄂北岗地向来是被戏称为"旱包子"，这样农业受灾情况时有发生，农业产出也就常因天灾影响表现不佳。

2. 区域土地利用目标

到 21 世纪第二个十年末，要保持和创造 $102\times10^4\,\text{hm}^2$ 面积的保有耕地；与之相对的建设用地由于城镇化等因素影响面积预期能达到 $35\times10^4\,\text{hm}^2$；工业上来说，工矿用地占地面积预期达到 $6.39\times10^4\,\text{hm}^2$，具有超过一半的城市化水平；城市农村基础设施用地也要达到 $12.2\times10^4\,\text{hm}^2$，并严格限制和管控新增建设占用耕地比。

（三）鄂西北水资源空间布局优化

鄂西北地区是作为"赫赫有名"的鄂豫"旱包子"，加之南水北调中线工程实施等一系列城镇化中的人为因素干扰，对该区域的水资源供应产生了不利的影响，日益密集的城镇人口每天都有大量的供水需求亟待保证，而水资源总量固定，就不得不抽调原本属于农业灌溉或是生态环境的用水，加剧了旱情。这种本身的气候原因及现实供需矛盾的不利影响共同严重制约了该地区的农业产量、环境生态治理和经济社会可持续发展，必须通过工程性的措施解决该区域水资源供给不足的问题。

为了进一步减少南水北调中线工程实施对本区域的影响，提高本区域的水资源供给能力，湖北省实施了鄂西北地区水资源配置工程。这个工程输水线路总长度 269.67 km，设计流量 $2.0\sim38.0\,\text{m}^3/\text{s}$，年引水量为 $7.70\times10^8\,\text{m}^3$，主要建筑物由取水建筑物、明渠、隧洞、渡槽、倒虹吸、节制闸、分水闸、检修闸、退水闸、放空阀、跨渠桥梁及末端王家冲水库等组成。

该工程已于 2015 年 10 月开工建设，目前，工程进展顺利。该工程建成后可保障受益区内 380 万人口、480 万亩耕地用水安全，同时，改善生态环境用水条件，是一项重大民生工程和民心工程。

三、鄂西南自然资源空间布局优化

鄂西南横跨了宜昌市（下辖的当阳市、枝江市不属于鄂西南范围）、恩施州和神农架林区，面积 $451\times10^4\,\text{hm}^2$，占全省土地面积的 24.30%，这个地区主打和发展生态农业、生态旅游。尤其神农架林区森林面积宽广，生态系统优良，特别适合发展旅游业。适度发展旅游业也是一种保护式的开发，有利于缓解生态与经济相持不下的矛盾。而且林区水、矿、农林特产都异常丰富，应妥善开发与合理利用，造福当地人民。

（一）鄂西南矿产资源空间布局优化

充分利用天然气及页岩气等优势资源，将该区域的矿区着力打造为页岩气开发示范地带，能源产出既干净又有效率；加快煤矿关闭退出工作；对于饱含地方特色的相关矿产比如菊花石这样的品种，一定要加强技术攻关能力，提高开采转化率，进行保护性开发。对于富饶的硒矿资源要好好利用，发挥地域优势，建成相应的富硒产业。长江、清江沿岸矿产开发要严格地审核和限制，共同保护秀丽河山。而对于需要扶贫开发武陵山连片特困地区，还是像巴山特困区一样，首先开发见效快、前景好的项目，这才能转化为经济福利，让当地居民早日受益。

（二）鄂西南土地资源空间布局优化

1. 区域土地利用特点

（1）水土保持能力较差。虽然鄂西南有着64.9%的森林规模，植被覆盖率高，但同时它也几乎是整个湖北省水土流失问题最紧迫的地方，它的土地有超过$67.5\times10^4 hm^2$的区域已经石漠化，占全省石漠化面积的15%。

（2）城镇工矿用地比重较低。该区域城镇工矿用地占区域土地面积比例为0.52%，远远不及全省1.3%的平均水平，当然这也是该地区地域特征与生态需求导致的。

（3）基础设施建设滞后。区域发展不协调，加之政府财政投入未及时跟进，致使鄂西南的基础设施建设极度的滞后，达不到甚至是远远少于其他区域。该区域交通、水利及其他用地规模也仅超过60%的水平，用地比例明显偏低。

2. 区域土地利用目标

规划到2020年，保有耕地面积不能少于$62\times10^4 hm^2$；期望的建设用地面积大致可达到$16.6\times10^4 hm^2$；城镇工矿用地在城市化浪潮之下可能会突破至$3.9\times10^4 hm^2$，城镇化率预期为半百左右；基础设施用地面积有望增加到$4.1\times10^4 hm^2$，同时，控制新增建设占用耕地。

（三）鄂西南水资源空间布局优化

鄂西南位于长江中上游，受汉江丹江口水库上游天然来水减少及南水北调中线和上游引汉济渭调水工程的叠加影响，未来鄂西南地区可供水量将进一步减少。为保障湖北省鄂西南社会经济的可持续发展，改善长江中上游水生态环境状况，提高区域水资源配置能力，湖北省拟启动"引江补汉"引水工程。工程位于湖北省西南部，受益区自然面积约$6.3\times10^4 km^2$，约占全省的1/3，为湖北省社会、经济核心区。

引江济汉引水工程主要以三峡水库为水源。引水线路有两种方案。一种是提水方案,进水口位置在三峡水库库区的沿渡河镇下游左岸罗坪湖(神农溪),提水至新建的老君垭水库,然后经 60 km 输水隧洞,进入龙背湾水库,沿途流经龙背湾、松树岭、潘口、小漩、黄龙滩等水库,最后流入丹江口水库。另一种为自流方案,从三峡库区龙潭溪取水,向东修建隧洞横穿宜昌市的板仓河、黄柏河、柏临河等河流,到达当阳市巩河水库和荆门市漳河水库,线路折向北穿过荆门市浰河支流,宜城市和南漳县蛮河支流及主干等,继续向北穿过谷城的郭峪河、南河、北河,最后进入王甫洲水库(88 m),线路全长约 300 km。引水干渠多穿越沿线河流的源头区或上游区,且中途穿过众多水库,有利于线路途经地区的水资源优化配置。

工程补水规模约 200 m³/s,多年平均补水量约 $26.2 \times 10^8 m^3$,工程建成后可在综合考虑北方和长江中上游用水需求情况下,科学配置丹江口水库来水,改善长江中上游水生态环境和沿岸工农业用水要求,同时为可南水北调中线和引汉济渭工程近期调水目标实现提供保障。

目前,引江济汉引水工程的汉沙运河已经建成,并在发挥效益。它对缓解因南水北调中线工程启动对汉江下游产生的不利影响起到了积极的作用。

四、江汉平原自然资源空间布局优化

江汉平原行政区划范围涉及荆州市、荆门市、当阳市、枝江市,土地面积为 $300 \times 10^4 hm^2$,湖北省的 16.12%的面积集中于此地。由于是重要的商品粮、商品棉产区,该地区从主体功能区上来说是隶属于工农业协调发展区和农业发展区。

(一)江汉平原矿产资源空间布局优化

地热资源作为江汉平原拥有的特色资源,作为新型工业用能、家庭供暖及生态旅游的弄潮儿,要合理有效率地进行开发。同时在精准扶贫上,要有效有针对性地帮扶幕阜山连片特困地区,增进当地居民切实福祉。

(二)江汉平原土地资源空间布局优化

1. 区域土地利用特点

(1)人均耕地多、产出水平高。机械化集约化生产全面推广可能是该地区成为全国商品粮、商品棉种植基地的重要原因。这里人均耕地为 1.8 亩,高于其他地区水平;区域耕地产出水平较高,其中,荆门粮食单产为 507.8 kg/亩,是全省平均水平的 1.4 倍,有利于土地集约利用。

(2)洪涝灾害较多。该区域内有长江、汉江、洪湖、长湖等大型河流湖泊,地势低洼,洪涝灾害较多,是著名的"水袋子",但另一方面,农业基础设施建设薄弱,抵抗自然灾害能力较差。

2. 区域土地利用目标

到 2020 年,保有耕地不能松懈,至少保持在 $117.1 \times 10^4 hm^2$ 的水平;期望建设用地面积达到 $23.1 \times 10^4 hm^2$;城镇工矿用地规模也有望上升至 $6.19 \times 10^4 hm^2$,城镇化率进程达到 56%左右;基础设施用地也能够达到 $11.8 \times 10^4 hm^2$ 的预期目标,同时控制新增建设占用耕地。

(三)江汉平原水资源空间布局优化

江汉平原河网稠密,湖泊众多,水域面积广大。对此,湖北省"一江三河"水系连通工程位于湖北汉北地区,"一江"指汉江,"三河"指汉北河、天门河和府澴河。工程地处江汉平原腹地,主要涉及荆门市、天门市、孝感市和武汉市四个地区,是湖北长江、汉江经济带交汇区的核心区域。项目区自产水量不足和生产生活用水持续增加,以及农业面源污染、城乡排污等污染加剧等影响,导致区内河湖萎缩、水质下降、水生态日益恶化。受来水不足和河道淤塞等影响,航运也日益萎缩。一江三河水系连通工程可以通过实施雨洪资源综合利用、河湖连通供水工程,合理调配和利用汉江洪水资源,向江汉平原汉北地区的重要城镇、湖泊、湿地供水,保障城乡供水安全、粮食生产安全、水生态安全,并兼顾内河航运等综合效益。

工程从汉江兴隆库区引水,自流经汉北河、天门河、府澴河下游等水域,给沿线河湖提供安全可靠的水源保障。主要建设内容包括江河湖(库)连通和重要区域水系整治工程。其中江河湖(库)连通工程包括扩建罗汉闸及天南总干渠;对天北干渠、天门河、汉北河、府澴河下游、涢水故道、沧河、东西湖总干沟等骨干引水河道进行生态整治满足引水需求;新建河道控制工程满足供水和航运需求;对引水沿线湖泊实施河湖连通工程满足湖泊供水及水生态保护需求;对孝感市、天门市、汉川市和武汉市东西湖区等城市水系进行生态水网构建,改善城区生态环境。

工程建成后可保障受益区内 715 万人口、752 万亩耕地用水安全,保障区内湖泊、骨干河道供水和生态安全,改善内河航运里程约 310 km,可为湖北长江、汉江经济带开放开发注入强大的经济增长动力,为全省经济发展开辟新的亮点。

第七章

促进湖北省自然资源空间布局优化的政策建议

　　本章将针对湖北省自然资源空间布局优化的影响因素问题,从加强自然资源管理,提高自然资源参与宏观经济决策的能力;转变自然资源监管方式,提高自然资源执法监察能力;开放土地资源市场,提高土地资源的供给能力;不断深化节约集约用地制度,提高土地资源开发利用率;调整自然资源空间布局,实现区域经济社会协调发展方面提出相应的政策建议。

第一节　加强自然资源管理，提高自然资源参与宏观调控的能力

我国宏观经济运行中出现的新情况和新问题客观上需要创新宏观调控的方式和手段。近年来，我国资源短缺形势日益严峻，经济发展中的资源环境约束压力增大。加强自然资源管理，提高自然资源参与宏观调控的能力，引导国民经济和社会发展是实现经济持续发展的重要选择。

自然资源参与宏观调控已经在实践中得到应用和体现，从2003年开始中央就明确提出将土地政策作为宏观调控的政策工具（丰雷 等，2009）。近年来，土地、矿产及水等资源参与宏观调控的效果也逐渐显露，其调控的影响作用越来越突出，但是，我国在发展过程中逐渐意识到，资源短缺问题已经不仅仅局限于土地、矿产、水等资源，而是自然资源即包括土地、矿产、水、生物及气候等资源整体上的有限与短缺。湖北省虽然自然资源禀赋相对丰富，但是自然资源的有限性同样是无法避免的问题，因此，有必要加强对各类自然资源的管理，提高自然资源整体参与宏观调控的能力。

一、建立灵活高效的自然资源形势分析报告制度

提高自然资源参与宏观调控能力的基础是全面掌握省域内各类自然资源的形势，要摸清自然资源开发情况和现有存量。安徽、河北等省已经率先建立了自然资源形势分析研究制度。目前，湖北省也亟须建立自然资源形势分析报告制度，分析省域内各类自然资源有关数据变动的原因和规律，结合经济发展形势，关注面临的重点问题和动向，制定相应的自然资源管理政策，发挥与其他宏观调控手段的协同作用，通过对自然资源数量、品种、时序、区域等的调控，主动、积极地参与到宏观经济调控之中。

自然资源形势分析是我国在自然资源管理方面探索的一种管理方式。它在时间上应采取定期与不定期相结合的方式。在获取相关数据的基础上，充分征求各领域内专家意见并综合分析研究，年中应召开自然资源形势分析报告会，年末则召开形势分析与对策研究报告会，最终形成相应年度分析报告和调控政策建议。对于阶段性、局部的及突发性的自然资源供需矛盾和热点、焦点问题，要及时组织应对小组和专家展开分析研究，掌握形势动态，相应地提出针对性政策。

自然资源形势分析空间上应采取省级自然资源部门总领，市级部门负责本市区域内自然资源相关数据统计与分析，并在定期报告会中共同研讨。自然资源的

重要特点之一就是其分布的广泛性，整个省域空间内均有自然资源，数据统计、分析工作需要大量人力、物力，因此仅仅依靠省级自然资源部门难以实现形势分析工作。形成省级部门统筹、市级部门具体实施的工作结构，既能保证形势分析工作的完成，又能充分发挥市级部门充分了解本地资源分布的优势，提高工作效率。

二、完善自然资源利用规划

规划是重要的宏观调控手段，是调控总量与区域资源利用结构最有力的手段。目前，我国比较完善的规划体系是土地和矿产资源的规划编制体系，也形成了《土地利用总体规划编制审查办法》和《矿产资源规划编制实施办法》等自然资源规划编制和实施的规定，但是其他类别的资源在利用规划的编制和实施方面有所欠缺。湖北省土地与矿产资源的利用规划的编制工作开展得较好，各县市基本完成本区域土地利用规划，湖北省自然资源厅编制的矿产资源总体规划于2019年2月申请审核，虽然落实程度需进一步提高但相对于其他类别资源利用规划已是遥遥领先。其他类别自然资源或是仅有总体规划未能落实到各县市区域，或是没有编制。例如对于森林资源，湖北省各县市大多在进行森林城市总体规划的专家评审，至于森林资源利用规划的编制并无实质进展。

虽然湖北省自然资源禀赋较好，但是自然资源有限和稀缺问题依然无法避免。当前，湖北省处在经济社会快速发展阶段，大量的基础设施建设都需要自然资源的投入，两者之间的矛盾决定了自然资源的开发利用必须从长远和全局出发，综合协调统筹安排各类自然资源的使用。完善各类自然资源开发利用规划是目前湖北省统筹资源开发利用，保证经济社会可持续、绿色发展的重要措施。

我国的实践已经证明，规划在国民经济和社会发展中具有重要的引领作用。自然资源规划作为国民经济和社会发展规划中的重要组成部分，对保障国民经济和社会发展健康、快速和可持续发展具有重要的支撑作用。搞好规划的编制和落实可为国民经济和社会的健康发展提供重要保障。根据湖北省的实际和新时代的要求，湖北省完善自然资源开发利用规划主要是开展以下工作。

（一）完善自然资源规划体系

随着"十三五"规划编制和实施工作的逐步展开，自然资源各项规划对区域国民经济和社会发展的影响，特别是对自然资源在保发展和生态功能的逐步发挥，如何将"共抓大保护，不搞大开发"，走绿色发展和高质量发展道路的要求贯彻到自然资源规划之中，提高规划的质量就显得尤为重要，因此，编制和落实自然资源"十三五"规划就成为自然资源部门的一项重要任务。

一是要落实新发展理念，谋篇布局，科学编制湖北省自然资源规划。要适应新时代的要求，认真贯彻和落实"五大"发展理念，着力解决自然资源保重点、保发展问题，科学编制《湖北省自然资源"十三五"规划纲要》和相关专项规划，同时，要围绕湖北省经济和社会发展重大需求，适应经济社会发展新常态和新时代的要求，突出绿色发展和高质量发展的要求，按照国家对湖北省自然资源开发利用的总体定位要求，结合湖北省自然资源禀赋状况和开发利用实际，进一步调整和完善《湖北省土地利用总体规划》《湖北省矿产资源开发利用总体规划》等总体规划，完成《湖北省"十三五"土地整治规划》等专项规划的编制和完善工作。在规划的编制过程中要充分体现和突出规划的科学性、前瞻性和方向性，更要符合本地区的实际，体现国民经济和社会发展的需求，使其更具有可操作性和预见性，同时，也要使各规划之间实现有效衔接，并形成自然资源规划体系。

二是要抓规划的落实工作。目前，各地相关规划已相继编制完成，并进入了规划的实施阶段，其作用也开始显现。为此，自然资源部门要高度认识和重视自然资源各项规划对国民经济和社会发展及国土资源开发利用的引领和导向作用，突出自然资源在保发展和生态两条底线中的独特功能，积极开展工作，全面落实和完成规划提出的各项目标、任务和要求，提高规划的执行力，为湖北省国民经济和社会可持续发展提供支撑。

（二）形成"多规合一"的空间规划平台

随着互联网技术的发展，各个规划之间的融合问题也日益突出和迫切，而"多规合一"作为解决规划之间的衔接方案已成为一大发展趋势，也是经济社会发展的必然要求。目前，实现"多规合一"问题已提上议事日程。湖北省自然资源规划要形成"多规合一"的空间规划平台主要是开展以下工作。

一是要形成"多规合一"的空间规划体系。要充分利用互联网、大数据和智能化技术和手段积极整合国民经济和社会发展各项规划，使其成为一个相互衔接、相互支撑、内容丰富、手段多样、表达形式多样的规划体系。为此，要积极开展"多规融合"大数据分析应用，探索建立统一系统、统一标准的多规融合衔接机制，构建功能互补、相互衔接、协调一致、内容丰富、形式多样和共享、共建的空间规划体系，为形成湖北省一个规划、一张蓝图创造条件。

二是建立"多规合一"的空间规划平台。要充分利用互联网新技术、新手段，统筹推进国家"自然资源云"湖北省中心和"湖北省自然资源云"平台建设工作，按照"多规合一"的要求，整合各级、各类规划，建立"多规合一"的空间规划平台，实现各级、各类规划的有效衔接和统一，为国民经济和社会发展数据分析、应用、共享和科学决策提供数据支撑和服务。

三、突出自然资源管理宏观调控功能，引导国民经济发展

在新一轮的政府机构改革中，新的自然资源部门的建立理顺了自然资源管理的关系，推动着自然资源管理在国民经济和社会发展中发挥更大的作用。自然资源管理的角色开始逐渐从被动适应国民经济和社会发展向主动参与宏观经济决策转变。自然资源参与宏观调控功能有利于对自然资源统一管理，并促进自然资源管理工作更加适应经济社会发展的要求。发挥自然资源宏观调控作用，一方面能够提高自然资源开发利用的效率，推动生态文明建设；另一方面，也能够满足国民经济和社会发展对于自然资源日益增长的需求，减轻生态环境对经济社会发展造成的约束。突出自然资源宏观经济决策能力，形成与经济社会发展要求相适应的管理功能，引导国民经济发展主要是要做好四个方面的工作。

（一）发挥自然资源的扶贫功能，切实提高落后地区居民的收入水平

自然资源的扶贫是我国近年来扶贫实践中总结出的一个重要经验，也是扶贫工作开展过程中的一大亮点。实践表明，自然资源扶贫主要是通过大力开发落后地区自然资源，充分利用当地自然资源禀赋，提高其造血功能，推动区域经济发展。目前，我国农民的收入主要由经营性、转移性和财产性三类收入组成，其中，经营性收入、转移性收入则成为农民，特别是落后地区贫困人口收入的主要来源，但是落后的经济发展条件和水平限制了这两类收入的增长，贫困人口的收入也无法获得提高。缺乏收入的实质性增长，贫困地区人口的贫困问题将难以解决。

为此，要促进落后地区发展，提高贫困地区人口收入，就需要充分发挥自然资源扶贫功能，具体从以下两个方面开展工作。

一是要加快农村土地产权制度改革步伐，为贫困人口脱贫致富提供新的渠道。要加快农村地区土地产权制度改革，建立和完善土地产权交易市场，通过规模化生产、集约化经营及专业化服务，盘活农村闲置土地，推进农业和农村现代化进程，同时，要将"财产"变"资产"，增加当地农村居民财产性收入，切实改善贫困地区发展环境，为贫困人口脱贫致富注入新的动力。

二是要以自然资源制度改革带动自然资源空间布局更加合理和优化。自然资源空间优化和合理布局是提高我国自然资源开发利用效率的重要途径，也是近年来自然资源管理重点改革工作之一。发展条件不足是目前限制落后地区经济发展、造成区域贫困的主要原因，而通过对落后地区自然资源的有序开发和合理利用能够为当地经济发展提供新的动力，可提高区域发展能力，加快经济社会发展进程。积极探索和落实自然资源收益向资源地和贫困人口倾斜的政策，通过自然资源合理开发利用项目的带动，也可使落后地区人民群众的收入水平得到显著提高。这

些措施能够为其脱贫致富创造条件，减少我国部分地区的贫困率。因此，应将自然资源空间优化和合理布局作为切入点，深化自然资源资产有偿使用制度改革，实行自然资源国家所有权益与勘查、投资权益分体运行机制，理顺自然资源勘查、开发、投资收益和自然资源国家权益分配关系，重点加强对落后地区的自然资源空间规划布局和开发利用，为落后地区发展提供新动能、贫困人口的脱贫工作创造条件。

（二）发挥自然资源公益性功能，带动地区经济社会发展

在自然资源改革开放逐步推进的过程中，自然资源市场体制逐步建立和完善，我国自然资源目前被分为公益和商业两个方面或层次。自然资源的公益性与商业性是相对应的概念。自然资源的商业性主要是通过让产权明确的自然资源流入市场中进行交易而实现的，而自然资源的公益性主要是通过政府的作用来体现或实现的。自然资源的公益性使其供给能够受到调节，进而影响自然资源的开发利用和地区经济社会发展工作。自然资源的公益性主要体现在以下方面：自然资源的教育、科研、勘探、调查、战略性资源的开发利用、自然资源开发利用技术的推广与应用、生态地质环境保护与修复等。从我国过往的发展实际来看，自然资源公益性功能对地区经济社会发展的带动作用是明显的。

要发挥好自然资源的公益性功能，带动区域经济社会发展要做好以下工作。

一是要合理布局自然资源公益性项目。应在经济社会落后地区布局一批自然资源勘探、开发、利用等公益性项目，借此加大贫困地区的自然资源开发力度，为区域经济发展提供新动力。需特别注意的是自然资源公益性项目要与当地经济社会发展相联系，因地制宜，推动区域经济社会发展。自然资源公益性项目的开展应重点解决涉及的民生问题，着力改善贫困地区的生产和生活条件，特别是道路、桥梁、水利等公共产品供给方面的问题，要优先作为解决对象。

二是要建立自然资源开发共享机制。建立自然资源开发共享机制，首先要完善自然资源资产管理体系，其次在自然资源公益性事业的广泛开展的过程中，调整自然资源开发利用收益分配机制，使自然资源开发利用收益更多地向地方和人民倾斜，让资源地和人民切实获得自然资源开发红利，为资源地经济社会发展增速创造条件。

（三）加强自然资源管理的惠民功能，让人民共享发展成果

我国的自然资源管理体制和管理方式在我国改革开放不断深入的进程中经过多次改革和调整已发生了重大变化，目前符合市场经济体制要求、有利于自然资源高效开发利用的管理体制和运行机制已经形成。其主要特征之一是惠民利民的

自然资源开发共享机制已逐步形成,并发挥作用。它在充分体现和照顾效率的同时,更多地是关注了公平问题。这也是近年来我国自然资源开发共享战略的实践成果。

要使发展成果惠及更多的人民,应围绕着加强自然资源管理,并从以下四个方面开展工作。

一是要建立自然资源动态管理机制。要按照国家的总体要求,加强本地区自然资源资产和资本账户的设立和管理工作,形成有利于反映自然资源资产和资本动态变化的管理和运行体制,为实现自然资源资产的保值、增值奠定基础。

二是要积极推进自然资源资产产权制度改革工作。要按照国家的相关要求和部署,通过自然资源资产产权制度的改革,发挥市场配置资源的决定性作用,建立和完善自然资源产权市场。要加大对自然资源开发利用相关建设的投入,提高资源开发利用效率。要着力调整利益分配机制,使人民群众获得来自自然资源开发利用的红利,切实增加人民群众的收入来源,实现区域发展成果让全民共享,增强人民群众在加强自然资源管理中的获得感,以此推动落后地区的经济发展。

三是要大力开展惠民工程建设。要切实做好城镇保障性安居工程、生态移民工程、棚户区改造工程用地供应工作,提高公共用地规模,改善居民生产生活条件,切实提高居民生活质量。

四是要形成自然资源开发利用利益共享机制。落后地区自然资源开发利用过程中,要主动倾听民众的诉求,掌握并解决资源地居民关切的问题,保障其合法利益,推动和谐资源区的建设。自然资源开发利用利益分配应适当倾斜,重点照顾资源区及居民的利益,形成资源区和当地人民共享自然资源开发利益新机制。

(四)主动调控自然资源供给,强化对区域产业发展的引导功能

自然资源是区域产业发展的重要物质基础,其供给状况对产业的发展产生着重要的影响,因此调控自然资源供给可以引导区域产业发展方向。要发挥自然资源对产业发展的引导功能,需做好以下四个方面的工作。

一是要加强自然资源供给的调控。要突出自然资源在守住"发展和生态"两条底线的重要作用,主动适应区域经济社会发展的需要,深化自然资源供给侧结构性改革,发挥其宏观调控功能,将自然资源供给数量、品种、结构、节奏和区域布局作为调控重点,在基本满足本地区新型工业化和城镇化发展对自然资源日益增长的需要同时,引导地区经济结构和产业结构调整和升级,为本地区绿色发展和高质量发展提供支撑。

二是要为区域经济社会新旧动能转换提供支撑。要在充分整合和挖掘本地区水资源、生态地质环境资源、人文资源的开发利用潜力的基础上,通过自然资源

供给数量、种类和区域的调控，倒逼区域经济结构和产业结构调整及经济发展方式转变，为区域支柱产业和特色产业的发展提供物质支撑，使其在产业结构转变过程中逐步成为支撑本区域经济社会快速发展的新动能。

三是要引导地区产业的发展。依据当地自然资源禀赋条件，在自然资源开发利用的过程中，必须要协调资源开发区与资源保护区、资源富集区和资源贫乏区、经济活跃区和贫困地区之间的关系，合理规划和优化自然资源开发利用空间分布格局，促进自然资源开发利用科学有序。此外要发挥自然资源对产业发展的引导功能，推动产业向集群发展、创新发展、绿色发展和高质量发展方向转变，最终实现自然资源空间有序开发和合理保护目标，促进区域的协调、可持续发展。

四是要优化自然资源开发利用空间布局。完善区域自然资源空间规划和布局，合理调整城乡土地用途和结构，适度提高城镇建设用地规模，加强区域水资源空间配置能力建设，控制矿产资源开发利用节奏，引导国民经济和社会发展对自然资源的需要的增长。要切实保障区域支柱产业土地需求的同时，也要为生态环境保护和公共基础设施的建设提供充足用地，并分类指导和管理，形成结构合理、分布有序、环境友好、利用高效、人与自然和谐发展的自然资源开发利用新格局。

第二节 转变自然资源监管方式，提高自然资源执法监察能力

执法监察工作是自然资源管理的重要组成部分，贯穿于整个自然资源管理工作之中。但是，目前来看，自然资源开发利用违法总量仍然较大，主要是重点工程和农民住宅用地违法，执法重点不够突出，监察效果不够明显；对日常的执法监察工作重视程度不够，需要转变监察理念；监察覆盖面不够，存在缺位问题。针对这些问题，湖北省需推动自然资源监管方式的转变，提高自然资源执法监察能力。

一、多部门参与自然资源监管，升级监察力量

自然资源的特殊性在于其包括了省域范围内所有的土地、江河湖海、矿产、生物等，范围十分广阔，如果仅仅依靠自然资源部门，很难监管到位。因此，必须为自然资源监管注入新的力量，形成以自然资源部门为主，城管、规划部门为辅的监管模式，解决自然资源监察人力不足、覆盖缺位的问题。

自然资源执法监察的客体是自然资源，具有属地性质和公共属性，执法监察工作事关重大，从来不是自然资源部门的"独角戏"，而应该是由政府主导多部门共同奏响的"大合唱"。2016年湖北省松滋市获评成为"第三届全国国土资源节

约集约模范县（市）"，以创新思维打造了自然资源执法监察升级版。

以松滋市为例，松滋市自然资源监管工作全部在政府主导之下，部门所有相关文件的制定和部署，均以政府名义出台并实施，最后的考核工作同样由政府负责，此外各级政府每年与各乡镇党政一把手、各村（居）负责人需层层签订责任状，并由市委、市政府"两办"牵头抽调纪检监察、国土执法、规划和城管等多部门人员组成专项小组，对全市各乡镇认真进行明察暗访和监督检查，硬账硬结，奖优惩劣。在严格的考核制度下，由各级政府主导负责，推动城建、国土、规划等多个相关部门共同组建巡查和管理专班参与到自然资源的监管工作之中。

松滋市通过建立新的严格的考核机制，使单一的部门行为，成为政府的统一部署，压实了乡镇党委政府的责任，促使乡党委不仅全力配合，更要全力主抓。让各级乡镇村的"一把手"成为宣传员、巡查员、负责人统领各相关部门加入自然资源的监管工作之中，成功攻克了自然资源部门执法检查力量不足、覆盖缺位的难关，效果良好。松滋市的先进工作经验值得在全省范围内推广、学习借鉴。

二、加快卫星遥感应用体系建设，升级监察手段

以卫星遥控应用体系建设为主要内容的深空对地观测，是"三深一土"（深地探测、深海探测、深空对地观测和土地工程科技）科技创新战略体系中的重要内容，是提高自然资源调查监测监管能力和治理能力现代化的重要支撑。

湖北省作为一个科技资源比较丰富的地区，在深空对地观测方面具有明显的学科、人才和科研优势，成果丰富。结合国家的要求和湖北省的优势，湖北省目前应以完善集卫星数据接收、处理、信息加工、专题产品制作、信息综合分析与服务一体化的自然资源卫星应用体系为目标，实时监控自然资源变化情况，形成数据保证与数据应用良性发展的自然资源卫星遥感业务信息化模式，全面提高自然资源监测与监控能力，为自然资源监管工作提供技术支撑。

围绕自然资源卫星应用体系的建设，应做好以下四个方面的工作。

第一，制定完善的卫星遥感发展规划。适应生态国土和智慧国土建设的需求，与国家一道，谋划和设计对地观测卫星重大工程和应用技术发展规划，以规划统领未来一段时间内卫星遥感信息化建设的方向及进程。

第二，创新卫星遥感技术体系。重点加强卫星遥感应用关键技术开发和应用工作，着力向定量化和智能化方向转型，同时，要努力推动卫星遥感技术专业应用产品升级为共性产品。

第三，打造卫星遥感技术交流平台。打造一个高水平、有特色、国际化的卫星遥感应用科技创新平台，为卫星遥感应用技术的交流开发，提供一个好的平台，为重大专项、重大科研计划聚集更多的创新要素。加强在国内及国外的先进技术

交流，既能够将卫星遥感技术"请进来"，也要能够"走出去"。

第四，持续加强卫星遥感能力建设。建立卫星遥感青年人才培养机制，加强创新团队的建设，构建一流的科技创新队伍是推动卫星遥感能力提升的根本动力。要聚焦自然资源工作需求，跨领域合作，集中优势资源，共同开发利于湖北省自然资源监管能力提升的应用产品（曹卫星，2017）。

科学技术是发展的第一动力，卫星遥感应用技术能够全方位实时监测省域内各类自然资源，不仅能减少自然资源监管工作的人力、物力耗费，而且能完成许多过往难以完成的工作，例如对湖北省域内的土地资源实现全范围的动态监测。因此，要集结各方力量为卫星遥感应用技术体系的完善提供良好的环境，加快建设步伐，为湖北省自然资源监测工作注入科技力量。

三、融服务于监管之中，升级监察理念

自然资源执法监察工作是为了监管好土地等自然资源的开发利用情况，但最终的目的仍然是服务群众，维护国家和人民群众的根本利益。因此，要积极动员和引导自然资源执法人员融服务于监察之中，不能只局限于利用强制性手段开展监管工作，要宣传、教育及帮扶等多种方式并行，让自然资源执法监察工作的面貌焕然一新。

一是加强法律宣传和教育。法律宣传和教育是将发展服务融于监管之中的重要手段之一。自然资源部门除在每年的"4·22"世界地球日和"6·25"全国土地日采用多种形式宣传自然资源相关知识法律之外，还要加强日常普法宣传，对有可能或发生过违法行为的人员要重点宣传教育。此外，在现今网络普及程度较高的背景下，资讯发达，媒体多样，受众广泛，自然资源部门可以将网络宣传作为一个重要的平台和途径，如将普法内容以文字、图像、短视频和案例等多种形式发布在各大社交媒体平台上，让更多的人了解和熟悉法律的相关内容，达到宣传和普及法律的目的。实践表明，这种普法方式近两年来在全国各地公安和交通管理部门中应用较多。它既适应了当今的快速浏览习惯，又达到了法律宣传教育和互动的目的，群众反响非常好。

二是严格执法。在执法过程中，既要严格执法，又要柔情教育，不仅使执法对象心服口服，更要让自然资源法规刻骨铭心，永不再犯（松滋市国土资源局，2016）。对于有用地需求的服务对象，国土执法人员要及时了解情况，制订解决方案，排忧解难，让人民群众切实感受到国土执法监察不仅仅是监管工作更是一种便民利民的服务工作。强制手段虽然能解一时之忧，但终究不能从根本上杜绝违法违规行为的出现，不是长久之计。只有转变监管理念，融服务于监察工作之中，将宣传、教育及帮扶等柔性方式与强制性手段相结合，坚持"预防为主、

事前防范"的执法监察原则,让人民群众自觉自主地遵守自然资源法律,才是从根本上减少自然资源开发利用违法违规行为的出现。

第三节 开放土地资源市场,提高土地资源的供给能力

党的十九大报告指出,"坚持社会主义市场经济改革方向""加快完善社会主义市场经济体制",明确"经济体制改革必须以完善产权制度和要素市场化配置为重点,实现产权有效激励、要素自由流动、价格反应灵活、竞争公平有序、企业优胜劣汰"。在众多生产要素中,土地是一种最重要的基础性资源,与我国目前的工业化和城镇化进程息息相关。而如今在商品市场已经基本完成市场化的背景下,土地市场化改革也需要加快进程,落实市场在土地资源配置中的决定性作用。

我国现行建设用地制度是经营性建设用地由地方政府独家征收、卖地,并获得土地出让收入。这种用地制度的形成始于20世纪90年代。随着我国城市化进程的推进,建设用地的需求不断增加;此外,自1994年开始实行分税制改革后,国家收入中中央政府的比重增加,地方政府收入相应减少,经营性建设用地的出让收入就成为地方政府新的财政资金来源。

这种土地制度在实行初期效果明显,首先是地方政府通过土地出让而获得的收入弥补了财政不足,满足了地方发展的扩大投资需求,支持地方基础设施建设。其次,由政府采用行政性手段征地,避免项目由于买卖双方反复讨价还价而无法推进,也能够减少"钉子户"阻碍征地的现象,提高工作效率,加快投资建设速度。但是随着我国经济社会继续发展,这种土地制度的弊病逐渐显现,而且有弊大于利的趋势。第一,土地的收入巨大,地方政府可能会因为利益驱动而过度鼓励房地产开发,造成房地产大量空置,导致资产泡沫、资源浪费,不利于地方经济社会长期发展。第二,地方政府独家征收、卖地,使得土地资源不存在供给侧的市场竞争,在缺少市场竞争的情况下地价房价不断攀升,特别是在大城市中,高房价成为中低收入居民的沉重负担,同时也会导致商业租金提高,最终随产业链转嫁给消费者。第三,由地方政府独家进行征地、卖地,就存在政府官员通过权力配置土地资源的可能,其配置效果远不如市场。而且部分政府官员会对利益关联的开发商优先、低价供地,并从中抽取回扣,导致公共资源交易成为官商勾结、贪污腐败的伪装,极大损害社会公众的利益。第四,随着城镇化发展,越来越多的农民进城,导致农村出现大量的闲置土地。按照现行土地制度,如若不是政府征地,这些土地不能够出让或者是流转,闲置土地无法被集体利用,又无法转变财富,这实际上就是对资源的浪费(王小鲁,2016)。

土地市场化改革关乎着要素市场改革的全局,也会影响到未来经济社会的发展模式,是现代经济体系建设的重要内容。

一、加快建设农村土地流转市场

湖北省据长江中游的优势,农业资源丰富,水土气条件配合良好,生产历史悠久,有"鱼米之乡"的美称,农业经济发达,是全国范围内的农业大省之一。湖北省域内农村范围广泛,归属于农村集体所有的土地也多,形成了农村建设用地多、而城市建设用地少的现状。但是随着城镇化和工业化进程的快速推进,目前,湖北省的人口分布情况却恰恰相反,大部分人口集中在城镇,而农村常住人口则相对较少,减少明显。将农村集体建设用地纳入土地市场供应主体之中,能够有效缓解城市建设用地的紧张局面,也能在一定程度上解决城市住房价格偏高的问题。

湖北省人民政府2015年出台的《省人民政府办公厅关于推进全省农村产权流转交易市场建设的指导意见》中明确提出农村产权流转交易品种包括了农户承包土地经营权、"四荒"使用权、林地经营权、林木所有权和使用权等土地相关产权,并对农村产权流转交易市场的总体要求、管理方案及保障措施做出了阐述,这是湖北农村土地流转市场建设中迈出的重要一步。

除将上述几类归属于集体所用的土地加入流转之外,还需要进一步探索其他闲置农村集体所有土地进入土地市场的可能性。在提高土地供给能力的同时,也能够让农村居民获得相应的收益。资料表明,在农村建设用地中,宅基地约占70%,而随着我国城镇化,大量的农村人口进城,导致宅基地很大一部分成为闲置土地,因此,在促使土地资源配置合理化,提高土地资源供给能力方面,这一部分的土地有很大的开发空间和潜力。2018年中央一号文件中提出探索宅基地所有权、资格权、使用权"三权分置",即落实宅基地集体所有权,保障宅基地农户资格权,适度放活宅基地和农民闲置房屋使用权。通过农村土地产权制度改革,在提高农村土地利用效率的同时,也可使农民的收入来源实现多元化。这意味着宅基地有了加入土地市场流转的可能性。紧跟中央脚步,湖北省于2018年出台了《农村宅基地"三权分置"试点方案》,包括了武汉市黄陂区、大冶市及洪湖市等12个县(市、区)已经开始先行试点。

农村宅基地"三权分置"的实现意味着农村宅基地三权之一的"使用权"能够实现流转,特别是出租、转让及抵押得到政策性支持,有助于形成城乡之间土地资源的合理配置。值得注意的是在2018年中央一号文件中,对于宅基地使用权的放活只是适度。这就意味着使用权进入流转应当受到一定程度的限制。目前而言,对于宅基地的"解放",有两条红线:第一,土地属性不改变,还是属于集体建设用地；第二，允许租赁住房产品先探索，其他产品类似普通住宅是否跟进还要看后续改革的进度，因此，租赁住房市场将是未来一段时间内农村宅基地的主要流转方向。但是这对于盘活农村闲置土地，合理配置城乡土地资源，提高土地的利用效率依旧有着非常重大的意义。例如，武汉目前依旧有数量非常巨大的城中村，城中村中如果是属于"尚未'撤村建居'"，那么其土地性质就属于集体所有，而这些城中村宅基地占建设用地比例更大，一旦这些宅基地进入租赁住房市场，就能够有效缓解武汉相当程度的住房压力。

需要警惕的是，农村宅基地使用权加入市场流转之中，并不意味着宅基地使用权可以任意买卖，政府及自然资源部门要严格监察和管理，保证使用权合理合法的流转，特别是要严禁城里人到农村买宅基地，用于建私人别墅或者私人会馆等。

按照传统思路，集体外部成员是不能参与到集体建设用地的流转，城市人口也不能参与到农村宅基地和建设用地的流转，最后形成的局面是，城市要用地却无地可用，农村不用地却有大量闲置土地。而且一旦集体用地被荒置，实际上就是让集体组织权益可能带来的经济效益无法被农村居民享有。因此，有必要打破思想的局限性，将农村集体用地纳入土地资源市场供应主体之中，完善土地流转机制，合理配置土地资源，提高土地资源供给能力和配置效率。

二、搭建补充耕地指标交易平台

耕地是人类赖以生存基础和保障，也是农业发展的重要依托。我国是一个人口众多的农业大国，而湖北又是一个农业大省，发展经济保障民生就必须保有一定面积的耕地，才能保证粮食、农产品的供给。目前，在我国的土地使用政策中规定，建设用地占用耕地的，必须"占一补一""占优补优"，以保证耕地达到"占补平衡"，即占多少耕地就必须补多少耕地，占优质耕地就必须补充优质耕地，杜绝占多补少、占优补劣、占水田补旱地的现象，实现耕地的占补动态平衡。但是从实际来看，这种最严格的耕地管理制度虽然有利于保障耕地面积不减少，有利于农业发展，但也给工业化和城镇化快速发展对土地有强烈需求的地区产生了较为不利的影响。

目前，湖北省耕地资源开发利用中存在的问题主要表现在：首先，耕地后备资源已经严重不足。根据 2007 年第二次全国土地调查结果，湖北全省耕地总面积为 7 985 万亩，人均 1.30 亩，相较于全国平均水平人均低 0.22 亩，实际可供开发的耕地资源只有 150 万亩（陈岩 等，2016）。其不足的状况在短期内无法解决；其次，湖北各市州之间可供补充的耕地后备资源分布并不平衡。如武汉、鄂州等地耕地的后备补充资源严重欠缺，而有的地区则相对宽裕。在坚持耕地占补动态平衡的前提下，如果有新的建设项目要占用耕地，那么后备补充耕地少的市州就会遇到瓶颈，经济发展受到限制。

如湖北省鄂州市在2016年就遇到了上述问题。鄂州市有大批的高新技术项目及民生项目，但是因为无地可用而导致项目无法实施。为解决此问题，鄂州方面向宜昌购买了5 000亩补充耕地指标，有效地缓解了耕地占补平衡的压力，大批项目可以尽快落地实施，推动鄂州经济发展，同时宜昌也从富裕的补充耕地指标中获得经济收益，所以这次交易的成功可以说是双赢，而这次交易在湖北省土地管理史上也具有里程碑意义。

补充耕地指标交易平台是一种利用市场化手段，进行土地资源管理，有效配置土地资源的重要途径。湖北省人民政府办公厅于2016年3月29日出台《湖北省补充耕地指标交易管理暂行办法》为补充耕地指标交易提供了依据。未来要在湖北全省范围内搭建补充耕地指标统一交易平台，市州间竞拍方案要由省自然资源部门严格审核，对交易文件的编制、交易方式及交易流程进行规范，打造一个示范性交易平台，推动湖北省公共资源交易领域改革创新不断深入。同时，也要对城乡土地利用结构问题进行规范，通过城乡土地利用结构的调整为城镇建设用地的不断增长创造条件。

第四节　不断深化节约集约用地制度，提高土地资源开发利用率

节约集约用地的含义主要包括了三个方面的内容：第一是节约用地。就是各项建设都要尽量节省用地，想方设法地不占或少占耕地；第二是集约用地。即每宗建设用地必须提高投入产出的强度，提高土地利用的集约化程度；第三是提高土地利用效率。就是通过整合、置换和储备，合理安排土地投放的数量和节奏，改善建设用地结构、布局和空间，挖掘用地潜力，提高土地资源配置和利用效率。

2008年，国务院发布的《关于促进节约集约用地的通知》中明确要求，切实保护耕地大力促进节约集约用地。2014年国土资源部签署国土资源第61号令，发布《节约集约利用土地规定》，是我国首部专门就土地节约集约利用进行规范和引导的部门规章，其重点是提出对建设用地进行总量控制，对存量用地要注重盘活利用。2015年国土资源部下发批复，同意《湖北省国土资源节约集约示范省创建工作方案》，湖北省于2016年开始在全省范围内大力推进国土资源节约集约示范省创建工作。

自然资源节约集约示范省的建成，需要全省上下齐心协力，统筹兼顾，不断深化节约集约用地制度，借助科学合理的具体措施，促进湖北省向节约集约用地，

提高土地利用效率，走绿色发展和高质量发展道路的转变，并在全国范围内起到标杆和示范作用，形成自然资源节约集约利用的发展环境。

一、提高新增建设用地利用效率

随着经济发展，城市圈不断扩大，各类建设用地的需求量不断攀升，如若大量开发自然资源，盲目新增建设用地，不仅会对生态环境造成巨大压力，不利于城市的长期发展，而且难以让人们意识到如今土地资源的稀缺性。在城市自然资源弥足珍贵的现状下，提高新增建设用地利用效率迫在眉睫。

首先，坚持项目招标划地。由于部分地区之前为谋求本地发展，存在激烈的招商引资竞争，地价降低，甚至有地区出现无项目划地、小项目划地过大及拿地不开发等行为。如此一来这些新增的建设用地或是未能充分利用或是直接未利用而荒废闲置，使土地利用效率大大降低。对此，地区间应协调好招商引资工作，避免恶性竞争而导致的地价过低，既浪费了土地资源又会导致经济损失。同时招商单位要严格审查用地企业或项目主体的项目计划书及经验规模、注册资本、主要产品、市场占有等相关信息，杜绝企业拿地过大而利用效率低下，甚至浪费土地资源。

其次，土地产出实现定额管理制度。投资项目一旦确定，用于企业经营的必须拟定土地产出额，用于公共设施建设的必须定期进行绩效考核并责任到人。当地政府要出台相应的处罚奖励机制，根据单位土地利用的经济效益、社会效益和生态效益等多个角度对企业或项目主体分别进行考核并奖惩，对于难以达标、情节较为严重者应重新审核项目用地资格。就企业自身而言，要不断优化经营生产模式，提高单位土地的产出率，高效用地，从而达到节约用地的目的。

最后，项目用地必须加强跟踪管理。对于已中标且已供地项目，要有设置项目用地负责人加大跟踪督察力度，对违反用地规划改变土地用途、建筑性质，不按照合同约定条件违法违规开发土地，以及无法达到一定投资强度的项目要及时叫停，重新审核项目拿地资格并由土地执法监察部门进行查处。

二、科学合理开发自然资源空间

区域土地资源并不只包括地上易开发土地，同样也包括了地下空间及地上荒废或用途有限土地。要提高自然资源的利用率，就必须科学、合理地对自然资源进行空间立体开发利用。

（一）科学合理有序开发地下空间

在当今城市化不断加快的情形下，城市人口增长、城市化水平提高与土地资源可用可开发量不断减少之间的矛盾日益激烈。随着这种矛盾逐渐激烈化，作为城市重要土地资源的地下空间逐渐开始受到人们的重视，开发地下空间也成为缓解这种矛盾并实现城市经济社会协调发展的有效途径之一。

2017年9月国土资源部印发了《关于加强城市地质工作的指导意见》（以下简称《指导意见》），根据《指导意见》内容，接下来将鼓励合理开发利用城市地下空间，国防、人防、防灾、城市基础设施和公共服务设施等符合《划拨用地目录》使用地下建设用地的，可以采用划拨方式供地。

湖北省武汉市的地下空间开发成绩较为显著。近年来，随着武汉市地铁线路建设速度不断加快，一定程度上缓解了城市地上交通压力，地下停车场也解决了部分区域停车难的问题。如武汉光谷广场综合体地下部分也是亚洲目前最大的地下综合体，具备购物、娱乐及交通等多种功能。既有政策的支持，又有武汉地下空间开发这一实例的证明，开发地下空间缓解可用可开发土地资源不足与经济社会发展之间的矛盾确实有其可行性。统筹地上地下空间是提高土地资源利用效率的重要途径。

地下空间具有多种功能，是国土资源的重要组成部分，也是我国土地资源空间开发利用调整的重要方向，而开发利用地下空间具有一定的风险，容易造成地质灾害。《指导意见》中也表明，要以地质调查为基础，科学统筹地上、地下空间资源开发利用，并纳入土地利用规划之中，与空间性规划做好有效衔接，发挥地质调查在地下空间、资源开发中的先导性作用。因此，地下空间的开发必须科学有序，地质调查工作先行，要有科学的可行性报告才能进行开发，而且开发全过程中要有地质、建筑等专业的专家参与，保证开发工作的科学性。此外，地下空间开发功能范围除上述公共基础设施和人民防空功能外，同样可鼓励仓储、商业等经营性项目等合理开发利用地下空间，至于用于其他功能是否可行仍然有待探索。最后要注意到的是，开发地下空间这一手段仅限于可开发土地资源不足的城市，目前而言并不能作为开发国土空间的一种常规手段。

（二）创新荒废、功能单一土地的利用方式

湖北省是一个多山的地区，山区面积广大，山区可用耕地较少，而且山地通常直接开垦难度较大，造成许多山地利用率低甚至是荒废。在湖北省大部分农村地区也有着许多因为无法作为耕地利用的土地被闲置。这些荒废或者功能单一的土地将是未来一段时间自然资源开发利用的重点。

对于荒废的土地，首先应该在全省范围内全面开展荒地或者闲置用地调查，详细了解和全面登记荒地的分布、用途、数量等，由市县单位负责建立荒地及闲置用地统一管理制度，全面盘存荒废的土地。同时建设不合理、开垦失败的废弃用地，要引进专家团队帮助复垦或进行生态补偿，复垦完成的土地统一管理用于进一步规划使用。对于农村和山区荒地和闲置用地，可以配合目前大力推行的乡村振兴战略，建设依据当地的自然风光，兴办风景区或是农家乐等吸引游客，此外，利用当地自然资源创办绿色产业，也不失为提高自然资源利用率，促进当地经济发展的好方式。对于难开垦利用的土地，过去受限于技术问题，仅由农民自己完成开垦利用确实难以成功，但如今随着科学技术的进步，在地质及农业专家团队的帮助下，提高这些土地的利用率值得期待，政府要出台相关的帮扶和激励政策，为相关科学技术的研发和应用提供支持。

目前，湖北省在土地开发利用模式进行了许多的探索，并取得了明显的成效，如湖北省十堰市茅箭区、张湾区和宜都市就探索出了"工业梯田""人造平原"等山地利用模式。它的核心是将未利用地补到工业用地指标之中，并以新的方式开发利用荒废及功能受限的土地，使该地的土地资源利用率得到显著的提高。这种创新土地利用模式及经验值得在全省范围内推广，各地区应结合本地自然资源、生态及区位优势等探索自己的土地开发利用模式，全面提高土地的利用效率。

三、推进矿产资源节约与综合利用

矿产资源节约与综合利用是绿色发展和高质量发展的内在要求，也是提高自然资源供给能力的重要途径。从湖北省的实际来看，推进矿产资源节约与综合利用主要是要开展以下几个方面的工作。

一是要加强政策与制度引导。立足于现有法律法规，结合湖北省矿产资源开发利用实际，对中低品位、难选冶及共伴生矿石的开采利用提供税收等优惠政策，并制定矿产资源节约与综合利用及废弃矿或采掘不完全矿二次开发利用的激励政策。对开采单位的开发行为也需要进一步约束，开采完成后的生态补偿制度也要严格执行。同时，要将矿产资源产业链延长有机结合起来，利用集群发展优势，也利用统筹全局，对矿产资源开发利用进行宏观调控。

二是要坚持科学引领。大力推广地下充填采矿法等采矿新技术，提高矿产资源的回采率，同时推进伴生矿中伴生元素的回收利用技术，以及加速攻克难选冶矿产等利用技术难关，充分有效利用各类矿产资源。此外政府主导建立矿产资源开发利用科研体系也是必要之举，要建立重大科研战略计划及项目要科学管理体系，针对湖北省矿产资源特点，注重科研项目实用性。

三是要加快资源型产业转型。明确湖北省各地的自然资源优势，改善自然资源的配置方式，重点帮扶具有资源优势和产业基础的地区建立优势资源产业集群和产业集团，提升矿产资源开发利用效应，充分发挥资源优势。鼓励绿色矿山建设，严格落实"边开采、边治理、边恢复"的要求，实行对矿产从探矿开采到复垦生态恢复补偿全过程负责和管理的制度，并将矿产地周边的环境治理情况纳入矿产企业年检之中，推动安全环保矿产资源产业的建成。

四是要健全矿产资源管理办法。在现有管理办法的基础上加速全省范围内矿产资源储量的动态监管制度的建设，由市级单位对市域内矿产资源存量及动用量定期核查，并报备省级单位，并对矿山的采掘计划执行情况与矿产综合利用效果进行考核，设立配套的惩奖机制，促进矿产企业提高自身管理能力及资源综合利用效益。此外，矿业市场的准入和退出机制要加快健全，严格审核矿产企业是否有能力综合利用矿产资源，特别是否拥有开发利用共伴生矿、难选冶矿的相应技术条件。对于已进入产业市场但无能力实现高效利用矿产资源或是对矿山周边环境造成恶劣影响的矿产企业要及时责令整改，并给予行政处罚，直至吊销采矿许可证。

第五节 调整自然资源空间布局，实现区域经济社会协调发展

协调是经济社会健康发展的内在要求。基于湖北省目前自然资源、产业以及生态的实际，不断优化自然资源空间布局，兼顾经济发展与环境保护，统筹推进各地区建设，是实现湖北省区域经济社会协调发展的必要举措。要通过调整自然资源空间布局，实现区域经济社会协调发展，首先要以科学合理的自然资源空间规划体系为指导，逐步完成主体功能区的编制，并加快产业聚集区的建设。

一、加快自然资源空间规划体系建设，把握总体格局

国务院于2017年印发的《全国国土规划纲要（2016—2030年）》是我国自然资源空间布局规划体系建设取得突破性建设的标志性文件。纲要中所涉及的几项基本原则，即国土开发与资源环境承载能力相匹配，集聚开发与均衡发展相协调，坚持点上开发与面上保护相促进，陆域开发与海域利用相统筹，节约优先与高效利用相统一。这些原则已被纳入国家战略性空间布局规划之中，充分说明了我国走协调、可持续发展道路的决心，也说明通过调整和优化自然资源空间布局是实现经济社会协调发展，提高自然资源开发利用效率的重要措施之一。

目前，湖北省首先需要以《全国国土规划纲要（2016—2030年）》为依据，结合湖北省实际及国民经济和社会发展需要，建设本省自然资源规划体系，并在有成熟的规划体系前提下充分发挥规划体系对于调整自然资源空间布局的指导作用，从整体上把握好湖北省自然资源总体和空间布局，实现自然资源空间布局的进一步优化，为绿色发展和高质量发展提供切实保障。

（一）加快湖北省自然资源空间布局规划体系建设

首先，要加强顶层设计。《全国国土规划纲要（2016—2030年）》作为国家战略性空间布局规划是我国自然资源空间规划的最顶层设计，是建设湖北省自然资源规划体系最基本的依据。国家自然资源空间战略的要求、最基本的原则都要充分体现在本省的规划体系之中，并落实到市县的自然资源空间布局规划。在确定建设的依据之后，下一步则是结合湖北省资源分布、产业布局及生态环境等合理制定规划。其中需要注意的是规划体系的建设并不能一蹴而就，而且调整自然资源空间布局也不是一日之功，因此，要注意规划体系应保证一定的弹性，并在实施过程中不断完善、修正。

其次，要解决好湖北省规划体系建设中所面临的挑战。第一，完善空间规划体系中承上启下的中间层级。我国自然资源空间布局规划可以大致分为三级，即国家规划、省级规划及市县级规划。省级规划处于中间层是承上启下的关键位置。湖北省自然资源空间布局规划体系应与省域空间尺度和省级政府事权相匹配，同时要将国家战略性指示及精神准确传导到市县级规划之中。此外，要确保三级规划之间的合理分工，避免出现功能交叉、冲突导致各单位间互相推诿，以及传统的规划中常出现宏观过细、中观流于形式和微观过粗的情况。第二，以生态文明的理念解决新常态下发展与保护的矛盾。在我国发展进入新常态的背景下，产业结构在不断调整中，以信息产业和"互联网＋"为代表的新兴产业兴起，必将对自然资源空间结构和开发利用方式产生重大影响，未来自然资源空间开发将面对不同的风险，发展与保护的矛盾可能进一步增多。编制省级自然资源空间布局规划，要以生态文明理念为引领，着力解决省域内自然资源空间开发利用所面临的这些挑战与矛盾，为地区可持续发展提供重要支撑（祁帆 等，2017）。

最后，自然资源空间布局规划要能够明确省域空间发展的战略方向问题，回答自然资源要素组织运行问题。省域空间范围广阔，这就决定了省级规划是宏观的，不能够太细，要从全局视角和长远眼光把握好湖北省自然资源空间布局的调整和优化方向。同时，省级规划要能够回答地怎么用、人去哪、产业如何分布，以及各类资源取自何处、用于何地等关键问题，要能够统筹好各类自然资源空间要素的运行，形成基本的组织运行框架，为市县级自然资源规划提供依据。

自然资源空间布局如同一盘棋一样，要首先布好自然资源规划体系这个"棋盘"，"棋局"才能开始。后期的自然资源开发和布局调整都如同"落子"一般，都必须在"棋盘"之内，不可逾越边界。因此，自然资源空间布局规划体系对于布局调整尤为重要，是开端，也是从始至终贯穿于整个调整过程的规则。从省政府到自然资源管理部门要重视规划体系的建设工作，必要时进行公开招标，请专家团队参与体系建设工作。规划体系一旦形成就必须严格执行。

(二)切实发挥好湖北省自然资源空间规划体系的指导作用

一旦自然资源空间规划体系构建完成,将在未来很长一段时间内成为湖北省市县级空间规划制定的依据,进而对湖北省自然资源空间布局的调整优化起到长期的指导作用。好的制度如果不能得到好的实施,终究是一纸空谈,自然资源空间规划体系必须在自然资源空间布局中切实发挥好指导作用。

由于自然资源空间布局的调整时间跨度大、涉及面广,在调整过程中可能会出现两类问题:①随着时间推进,市县级规划的制定可能会逐步脱离省级规划的战略方向,导致最终实际的自然资源空间布局调整结果与省级战略相悖。②规划体系并不是一成不变的,而是随着经济社会的宏观环境不断优化完善,因此,在战略性指示和精神由中央、省委省政府向市县级单位传导时,不准确性和滞后性均会影响到省级规划体系对于市县级规划的指导作用。

针对此类问题,省级单位要对市县级单位进行长期监督与帮扶指导,保证市县级规划战略方向偏差无误,而且确实规划得到实施。在以市县级单位自行或公开招标制定规划为前提下,省级单位要定期对市县级规划制定工作完成情况进行审核,必要时对部分市县进行帮扶或提出修改意见。此外,在市县级单位实际进行自然资源空间布局调整时,省级单位同样需要起到监督作用,要成立专门的工作小组,定期进行现场调研指导,避免出现偏离或不符合规划情形的出现。

二、逐步完成主体功能区规划编制

主体功能区是我国出于对区域经济社会协调发展的考虑,引进国外先进自然资源空间布局规划经验的创新制度。主体功能区是根据不同区域现有的资源环境条件、社会经济基础按照分工和协调的原则划分的具有特定主体功能的土地空间单位。主体功能区的编制一旦完成,能够促使区域发展差异化,进而避免资源的盲目配置,提高资源利用率,最后达到地区整体效能最大化。编制主体功能区,能够推进人口、经济和资源环境相协调的自然资源空间布局的形成,加快经济的发展对于促进经济长期平稳并保持一定增速和社会和谐稳定有重要的战略意义。

具体来说,主体功能区的意义有三点:①促使资金的投入更具有目的性。基于区域的不同主体功能,财政转移支付将具备明确的目的,用于公共服务或者生态补偿的财政资金对不同区域将会相应地增加或减少,而不是盲目地均等投入。②便于自然资源和人口管理。按照区域的主体功能定位,引导人口有序流动,形成人口和资金等生产要素合理的流动运行机制;鼓励重点开发区域吸纳外地人口定居,而限制开发区域则逐步引导过量人口平稳转移,严格把控资源环境承载力上限，如此一来就能够起到缓解人与自然关系紧张的状态。③有利于建立更加有效的绩效评级机制。立足于不同的主体功能区，能够建立更为明确、差别化的考核指标，例如以经济发展为目标的地区考核的重点主要应集中在经济结构、产业结构改善、增长平稳性等指标，而生态补偿区域则应该以生态环境质量提升情况等指标为主。

我国首个全国性自然资源空间开发规划《全国主体功能区规划》于2011年6月8号正式发布。这份规划中将自然资源空间划分为优化开发区域、重点开发区域、限制开发区域和禁止开发区域四类主体功能区，并规定了相应的定位、发展方向和开发管制原则，是我国主体功能编制制度的开始。湖北省人民政府根据《全国主体功能区规划》结合湖北省自然资源空间布局现状编制了《湖北省主体功能区规划》并于2013年2月28日发布，为荆楚每一块土地科学规划、定位，将全省国土空间分为重点开发区域、限制开发区域和禁止开发区域，湖北103个县级行政单位中，国家层面、省级层面的重点开发区域共44个；国家层面重点农产品主产区29个；国家层面、省级层面重点生态功能区共28个。禁止开发区域包括自然保护区、世界文化自然遗产、风景名胜区、森林公园、地质公园、湿地公园、蓄滞洪区七大类，约占全省面积的31.3%。规划的目标是到2020年，全省开发强度控制在8.38%以内，城市空间控制在2 209.32 km^2，森林覆盖率提高到43.5%，粮食产量达到$2 500 \times 10^4$ t，将呈现人口、经济、资源相协调的美好图景。目前，规划期限将至，各相关部门应协同完成规划收尾工作，保证在2020年能达到既定目标，发挥主体功能区职能（廖志慧，2013）。

三、基于资源环境承载力优化产业布局

资源环境承载力即在一定时间和空间内，在维持相对稳定的前提下，环境资源所能容纳的人口规模和经济规模的大小。资源环境承载力是衡量人类社会经济与环境协调程度的标尺，它决定了一个区域经济社会发展的速度和规模。习近平总书记曾在第六次中央政治局集体学习时发表的关于大力推进生态文明建设的重要讲话中提到，资源环境是生态文明的承载体，正确认识和评价一个地区的资源环境承载力是生态文明建设的首要任务。习总书记多次强调，"国土是生态文明的空间载体。"要按照人口资源环境相均衡、经济社会生态效益相统一的原则，整体谋划国土空间开发，科学布局生产空间、生活空间、生态空间，给自然留下更多修复空间。在自然资源空间布局调整的过程中必须将不同地区的生态环境承载力这一影响因素纳入考虑范围之中。

对于产业布局优化，国内外学者主要在产业聚集和产业链网等方面提出了途径，但随着发展和保护环境的矛盾逐渐凸显，学者们开始将资源环境约束纳入分

析框架之中。资源环境承载力与产业布局之间存在双向的反馈关系：一方面资源环境承载力约束需要产业在空间布局上进一步优化，以破解资源环境硬约束；另一方面，产业结构的优化可以进一步促进资源和环境的有效利用，两者为互相促进的关系。因此，对于产业布局的优化不能仅仅局限于建立产业聚集区、构建产业链网等常规方式，还要将地区资源环境承载力作为产业布局的一个约束条件（刘习平，2018）。

基于资源环境承载力优化产业布局还需要结合湖北省主体功能区划进行类别划分：重点开发区是资源环境承载能力较强、经济和人口集聚条件较好的区域，应建立金融、服务及制造业等产业聚集区，以承担经济发展的重任；限制开发区是有一定的发展基础和特色产业，但系统稳定性相对较差，对外来干扰抵抗能力弱，生态恢复有一定难度，而且耕地面积较多、发展农业生产条件较好的区域，在这些区域中有特色产业的应大力扶持，以农业为主的地区应加快建成综合农业发展区，打造全国重要农业生产基地和商品粮基地；禁止开发区或生态保护区是资源环境承载能力较弱、大规模集聚经济和人口条件不够好，或生态问题比较严峻，或具有较高生态功能价值并关系较大区域范围生态安全的区域，在这些区域应以生态农业为主，并积极发展生态文化旅游，延长产业链，带动交通运输、餐饮等服务业的发展，在保证生态环境不遭到破坏的前提下，使该区域经济得到较好的发展。

参 考 文 献

阿尔弗雷德·韦伯, 1997. 工业区位论[M]. 李刚剑, 等译. 北京: 商务印书馆.
安淑新, 2018. 促进经济高质量发展的路径研究: 一个文献综述[J]. 当代经济管理, 40(9): 11-17.
白永亮, 王来峰, 2004. 湖北省矿产资源发展报告[J]. 经济研究参考(77): 19-30.
BAH BOUBACAR ALPHA, 2018. 自然资源禀赋对经济增长的影响的研究: 来自西非的经验证据[D]. 长春: 吉林大学.
本刊编辑部, 2018. 2017 商务工作年终综述之 积极有效利用外资, 推动经济高质量发展[J]. 中国外资(3): 18.
曹卫星, 2017. 切实加快卫星遥感应用体系建设[N]. 中国自然资源报, 2017-2-18(3).
曹子坚, 刘雪, 2017. 甘肃省战略性新兴产业空间布局研究[J]. 河北地质大学学报, 40(2): 58-62.
陈澄, 付伟, 2017. 国内绿色发展研究综述[J]. 经贸实践(9): 8-9.
陈岩, 洪艳华, 操胜利, 2016. 跨市州"买卖指标", 让土地资源活起来[N]. 湖北日报, 2016-8-31(2).
陈竞捷, 吴振环, 齐亚彬, 等, 1999. 国土资源对社会经济发展支撑与保证作用研究[J]. 地质技术经济管理(Z1): 61-69.
崔志新, 2018. 提升区域发展质量与促进区域协调发展: 2018 年中国区域经济学会年会综述[J]. 区域经济评论(5): 123-128.
大卫·施沃伦, 许迎辉, 2005. 全球自觉资本主义: 从自觉的角度透视经济管理和经济责任[J]. 求是学刊(5): 5-8.
丁鸿君, 沈坤荣, 2016. 产业转移促进国土开发空间结构优化机理探析[J]. 求实(12): 40-50.
定光莉, 2017. 绿色发展和国家治理能力现代化: "第三届国家治理体系和治理能力建设高峰论坛"综述[J]. 华中科技大学学报(社会科学版), 31(1): 138-140.
杜玥, 2017. 当代中国绿色发展理念研究综述[J]. 中共山西省委党校学报, 40(3): 60-63.
范剑勇, 2006. 产业集聚与地区间劳动生产率差异[J]. 经济研究(11): 72-81.
范媛媛, 林苗, 王高强, 等, 2018. 湖北省土地资源生态承载力评价[J]. 安徽农业科学, 46(4): 47-52.
丰雷, 孔维东, 2009. 2003 年以来中国土地政策参与宏观调控的实践: 特点、效果以及存在问题的经验总结[J]. 中国土地科学, 23(10): 8-13.
付宏, 陶珍生, 2018. 补齐湖北经济发展短板问题研究[J]. 湖北经济学院学报, 16(1): 91-97.
付伟, 罗明灿, 陈澄, 2017. 绿色经济与绿色发展评价综述[J]. 西南林业大学学报(社会科学), 1(4): 25-30.

高红贵, 王苏楠, 2009. 湖北环保产业投融资现状及资金供需矛盾的纾缓策略[J]. 科技进步与对策, 26(20): 42-46.

巩键, 2018. 中小企业高质量发展新动能研究[J]. 中国工业和信息化(11): 56-65.

关子健, 2015. 人力资源对经济可持续发展的促进作用分析[J]. 科技与企业(1): 64.

郭兆红, 2017. 科技哲学视野中的创新发展与绿色发展: "新常态下的科技创新与社会发展"学术研讨会综述[J]. 南京林业大学学报(人文社会科学版), 17(1): 123-126.

何报寅, 2000. 湖北省土地资源利用现状分析与展望[J]. 长江流域资源与环境, 9(3): 320-326.

洪辉, 2010. 基于GIS的重庆市国土空间综合评价及开发布局优化研究[D]. 重庆: 西南大学.

侯艺, 2018. 供给侧结构性改革与经济高质量发展理论研究综述[J]. 公共财政研究(3): 87-96.

胡楠, 2018. 习近平绿色发展思想研究综述[J]. 科教导刊(上旬刊)(7): 146-147.

胡跃龙, 2009. 经济发展资源支撑研究[D]. 北京: 北京交通大学.

黄永林, 2015. 民俗文化发展理论与生态规律阐释及其实践运用[J]. 民俗研究(2): 12-19.

黄秋月, 2017. 根植绿色生态理念 谱写创新发展华章[N]. 贵阳日报, 2017-06-14(4).

黄慧诚, 钟奇振, 陈惠陆, 等, 2017. 美丽与发展共赢: 党的十八大以来广东加强环境保护、推进绿色发展综述[J]. 环境(11): 24-28.

贾康, 2015. 把握经济发展"新常态"打造中国经济升级版[J]. 国家行政学院学报(1): 4-10.

蒋钊, 2017. 绿色为现代农业开启新引擎: 党的十八大以来农业绿色发展综述[J]. 农村工作通讯(17): 6-9.

蒋钊, 2018. 先行先试 为乡村绿色发展"打样": 第一批国家农业可持续发展试验示范区创建工作综述[J]. 农村工作通讯(2): 6-9.

金碚, 2015. 中国经济发展新常态研究[J]. 中国工业经济(1): 5-18.

景春梅, 陈妍, 王成仁, 等, 2018. 中国经济 推动高质量发展: "2017～2018 中国经济年会"综述[J]. 经济研究参考(1): 78-80.

雷俐, 2018. 工业绿色发展评价与影响因素: 一个文献综述[J]. 重庆工商大学学报(社会科学版), 35(5): 32-38.

李茜, 2019. 上海拟为区域协调融合提供更多"引擎"[N]. 上海金融报, 2019-02-19(8).

李婷, 2019. 区域协调战略下我国工业产业转移研究[J]. 现代商业(5): 46-49.

李九一, 李丽娟, 2012. 中国水资源对区域社会经济发展的支撑能力[J]. 地理学报, 67(3): 410-419.

李明月, 张志鸿, 胡竹枝, 2018. 土地要素对经济增长的贡献研究: 基于土地资源与土地资产双重属性的视角[J]. 城市发展研究, 25(7): 61-67.

廖志慧, 2013. 湖北省政府首次发布《湖北省主体功能区规划》[N]. 湖北日报, 2013-3-1.

刘慧, 高晓路, 刘盛和, 2008. 世界主要国家国土空间开发模式及启示[J]. 世界地理研究(2): 37-46.

刘珂, 2010. 国土资源对产业经济发展的支撑度研究: 以矿产资源为例[J]. 中国矿业, 19(3): 16-18.

刘润, 孙冰洁, 邓婷, 2017. 湖北省工业结构优化研究[J]. 中国国情国力(1): 71-73.

刘婷, 2018. 资源禀赋、区域技术创新能力与合资企业外商独资化[J]. 湖南师范大学社会科学学报, 47(5): 78-87.

刘勇, 2005. 中国新三大地带宏观区域格局的划分[J]. 地理学报, 5: 361-370.

刘劲松, 2003. 试论湖北省矿产资源开发利用区域布局[J]. 资源环境与工程, 17(3): 35-41.

刘习平, 2018. 基于资源环境承载力的湖北沿长江干流经济带产业布局优化[J]. 湖北经济学院学报, 93(3): 46-53, 126.

刘安国, 张越, 张英奎, 2014. 新经济地理学扩展视角下的区域协调发展理论研究: 综述与展望[J]. 经济问题探索(11): 184-190.

刘双圆, 孙小舟, 汪冰寒, 2014. 湖北省水资源供需平衡及其承载力[J]. 中国农学通报, 30(29): 192-196.

柳莎, 余青, 2013. 湖北省投资结构优化与产业升级探析[J]. 现代商贸工业(3): 55-57.

卢焱群, 2015. 加快推进湖北市场化改革的建议[J]. 政策(3): 34-35.

陆大道, 2002. 关于"点-轴"空间结构系统的形成机理分析[J]. 地理科学, 2: 1-6.

栾玉博, 孟庆丰, 2018. 绿色交通拉开美丽中国新画卷: 党的十八大以来交通运输绿色发展综述[J]. 人民交通(7): 26-28.

罗志军, 吴文成, 2002. 湖北省土地资源可持续利用研究[J]. 高等继续教育学报, 15(3): 1-4.

马珍珍, 尤龙, 李晓燕, 等, 2015. 河北省国土资源经济结构依存度研究[J]. 河北青年管理干部学院学报, 27(5): 75-77.

牛可, 李玉梅, 2017. 中国区域协调发展文献综述[J]. 合作经济与科技(5): 5-7.

牛叔文, 祁永安, 伍光和, 2004. 甘肃国土资源态势及其对经济社会发展的支撑能力分析[J]. 甘肃社会科学(4): 40, 120-123.

祁帆, 邓红蒂, 张建平, 2017. 关于省级国土空间规划关键问题的思考[N]. 中国自然资源报. 2017-8-24(5).

覃成林, 1997. 中国区域差异研究[M]. 北京: 中国经济出版社.

任文海, 梁华东, 巩细民, 等, 2017. 湖北省近三十年耕地地力等级及养分变化研究[J]. 湖北农业科学, 56(9): 1633-1637.

沈熙, 廖显珍, 王莉娜, 等, 2016. 对推进湖北省农业绿色发展的几点思考[J]. 湖北农业科学, 55(10): 2682-2685.

松滋市国土资源局, 2016. 打造自然资源执法监察升级版[N]. 湖北日报, 2016-11-7(11).

宋歌, 2016. 优化内陆地区战略性新兴产业布局研究[J]. 区域经济评论(4): 76-82.

宋玉春, 2017. 现代煤化工: 探索"黑色产业绿色发展、高碳产业低碳发展"新路——2017(第六届)中国国际煤化工发展论坛综述[J]. 中国石化(10): 37-40.

覃娟. 一个综述: 国外自然资源开发理论与模式[J]. 学术论坛, 37(8): 75-78.

汤鹏飞, 2017. 以生态优先引领长江经济带绿色发展: "中国长江论坛·2016"综述[J]. 社会科学动态(3): 112-115.

汤长安, 张丽家, 2018. 产业空间联动与区域经济协调发展研究综述[J]. 商学研究, 25(1): 114-120.

汤长安, 张丽家, 殷强, 2018. 中国战略性新兴产业空间格局演变与优化[J]. 经济地理, 38(5): 101-107.

唐承财, 郑倩倩, 秦娜娜, 等, 2017. 旅游业绿色发展研究综述(英文)[J]. Journal of Resources and Ecology, 8(5): 449-459.

滕海峰, 李含琳, 2016. 甘肃省优化国土空间开发格局的思路与对策[J]. 甘肃理论学刊(5): 149-154.

汪明召, 蔡杰, 2016. "互联网+"推动湖北农业转型升级的策略[J]. 科技创业月刊(2): 3-4.

汪增洋, 张士杰, 2018. 中国城市群建设与区域协调发展: "中国城市群发展高端论坛(第2期)"综述[J]. 重庆大学学报(社会科学版), 24(5): 29-33.

王成, 2010. 自然资源与经济增长关系研究文献综述[J]. 经济学动态(6): 80-83.

王瑞生, 2004. 国土资源是宏观调控的重要手段[J]. 国土资源通讯(4): 42-44.

王晓东, 2014. 经济新常态与湖北新作为: 学习习近平同志关于中国经济新常态的重要论述[J]. 湖北行政学院学报(5): 5-9.

王小鲁, 2016. 开放土地市场 推进改革结构改革[J]. 农村工作通讯(19): 47.

王爱民, 高翔, 2006. 深圳社会经济发展与国土资源互动关系研究[J]. 热带地理(2): 139-144.

王苏生, 胡王江, 付波航, 2017. 新常态下的区域协调发展与区域合作: 第二十届全国经济地理研究会年会观点综述[J]. 区域经济评论(4): 140-146.

王若梅, 马海良, 王锦, 2018. 效益与公平视角下省际水资源支撑能力比较分析[J]. 地域研究与开发, 37(6): 122-127.

王一波, 易明, 张尧, 2015. 湖北省技术引进、科技成果转化与开发区产业布局优化升级研究[J]. 湖北社会科学(11): 67-71.

吴黎, 李细归, 吴清, 等, 2017. 湖北省体育旅游资源空间分布格局研究[J]. 资源开发与市场, 33(2): 223-227.

吴传清, 2008. 区域经济学原理[M]. 武汉: 武汉大学出版社.

吴次芳, 潘文灿, 等, 2003. 国土规划的理论与方法[M]. 北京: 科学出版社.

肖伏清, 2019. 推进稻渔产业提档升级 打造湖北现代农业高质量发展样板[J]. 农村工作通讯(4): 37-38.

向洪, 1990. 国情教育大辞典[M]. 成都: 成都科技大学出版社.

向仁康, 曾伟, 2012. 土地资源在经济增长中的影响效应研究[J]. 技术经济与管理研究 (12): 89-95.

熊胜绪, 柯玲, 2013. 湖北科技人才优势转化为发展优势的困境与对策[J]. 农村经济与科技(12): 156-158.

徐光明, 2018. 推动经济高质量发展 系统推进创新型省份建设: 省政协十二届一次会议联组会议综述之一[J]. 江苏政协(3): 31-33.

徐康宁, 2001. 开放经济中的产业集群与竞争力[J]. 中国工业经济(11): 22-27.

严文萱, 2017. 在绿色发展中创新的航标: 2017生态文明建设(张家港)高层研讨会综述[J]. 中国生态文明(5): 84-88.

杨良敏, 2018. 新时代的中国: 迈向高质量发展, 与世界共赢——中国发展高层论坛 2018 年会综述[J]. 中国发展观察(7): 5-11, 57.

杨顺顺, 2017. 系统动力学应用于中国区域绿色发展政策仿真的方法学综述[J]. 中国环境管理, 9(6): 41-47.

杨晓倩, 2015. 自然资源价值核算文献综述[J]. 现代商业(23): 257-258.

杨仲基, 2017. 区域战略性新兴产业综合优势发展机制研究[D]. 哈尔滨: 哈尔滨理工大学.

姚书振, 胡立山, 1999. 湖北省矿产资源与经济可持续发展[J]. 地球科学, 24(4): 344-350.

叶红春, 刘琳琳, 2017. 推进湖北省服务业转型升级研究[J]. 湖北大学学报(哲学社会科学版)(6): 132-138.

殷冬水, 2018. 寻求更高质量的发展 追求更加美好的生活: "发展路径比较: 中国、东亚与世界" 国际学术研讨会综述[J]. 吉林大学社会科学学报, 58(1): 198-202, 209.

袁道凌, 2007. 湖北省环保产业 SWOT 分析[J]. 环境科学与技术(5): 53-54.

袁紫璇, 汤尚颖, 2018. 自然资源管理在引导国民经济发展中的作用研究[J]. 领导科学论坛(10): 20-22.

翟仁祥, 黎伟, 2016. 区域经济协调发展研究文献综述[J]. 新经济(12): 9-11.

张晴, 2016. 战略性新兴产业集聚研究述评[J]. 榆林学院学报, 26(4): 103-106.

张莉莉, 2018. 大数据——引领内蒙古高质量发展——第 46 期发展改革论坛综述[J]. 北方经济(3): 34-37.

张秀生, 王鹏, 2015. 经济发展新常态与产业结构优化[J]. 经济问题(4): 46-49, 82.

张友安, 郭尚武, 2004. 湖北省城镇化进程中土地资源利用问题及对策[J]. 湖北农业科学(6): 8-9.

张跃强, 陈池波, 2017. 新常态下湖北省农业转型发展研究[J]. 湖北农业科学(7): 1369-1372.

张洪武, 张玮, 王莉莉, 等, 2018. 土地利用与绿色发展: "土地与未来上海国际研讨会" 报告观点综述[J]. 上海国土资源, 39(1): 5-9.

赵凌云, 辜娜, 2014. 中国经济新常态与湖北发展新机遇[J]. 湖北社会科学(10): 60-64.

钟春云, 2017. 绿水青山八桂幸福担当: 党的十八大以来广西绿色发展综述[J]. 当代广西(16): 24-25.

周国文, 许晓楠, 贾桂君, 2018. 生态文明与绿色发展的观念阐释: 2018年中国环境伦理学环境哲学年会会议综述[J]. 南京林业大学学报(人文社会科学版), 18(2): 107-111.

朱明春, 1991. 区域经济理论与政策[M]. 长沙: 湖南科学技术出版社.

朱厚伦, 2010. 加快转变经济发展方式 加速推进科学发展步伐[J]. 湖北教育(领导科学论坛)(3): 11-12.

朱曾汉, 程伯禹, 2000. 湖北省矿产资源开发与矿业经济可持续发展[J]. 资源环境与工程(1): 33-39.

朱松琳, 高阳, 2018. 站位新时代 引领新发展 为推动河南经济高质量发展提供智力支持: 河南2018年度全省发展研究中心(研究室)主任座谈会综述[J]. 决策探索(上)(7): 12-13.

朱志龙, 胡昌盛, 2004. 湖北省水资源可持续利用对策[J]. 科技创业月刊(4): 56-57.

邹晓涓, 2014. 自然资源的环境价值评估研究综述[J]. 湖北经济学院学报, 12(2): 72-76.

BERRY B J L, GARRISON W L, 1958. The functional bases of the central place hierarchy [J]. Economic Geography, 34: 145-154.

COX B M, MUNN I A, 2001. A comparison of two input-output approaches for investigating regionaleconomic impacts of the forest products industry in the Pacific Northwestand the South[J]. Forest Products Journal, 51(6): 39-46.

JEFFERSON M, 1939. The law of the primate city[J]. Geographical review, 29(2): 226-232.

KUHN M, 2003. Greenbelt and green heart: separating and integrating landscapes in European city regions[J]. Landscape and Urban Planning, 64(1-2): 19-27.

LIAO C C, 2005. A field study in the externalizing of tacit knowledge on-the-job training[J]. International Journal of Management, 22(1): 79-88.

MYRDAL G, 1957. Economic theory and under developed regions [M]. London: Duckworth.

MCCULLA D J, 1976. Minerals in Canadian economic development-recent quan-titative analysis [C]. Proc Counc Econ AIME for AIME Annu Meet, 105th: 129-139.

OLOF J, 1925. Agricultural Regions of Europe[J]. Economic Geography, 1(3): 277-314.

PAOLO S, 1969. Arcology: The city in the image of man[M]. Cambridge: MIT Press, Massachusetts and London, England.

PRIEMUS H, 1994. Planning the randstad between economic growth and sustainability[J]. Urban Studies, 31(3): 509-534.

YOUNG R A, GRAY S L, 1985. Input-Output models, economic surplus, and the evaluation of state or regional water plans [J]. Water Resources Research (21): 1819-1823.